农村社会事业研究

2019

农业农村部农村社会事业促进司

中国农业出版社
北　京

前　言

农村社会事业是党的“三农”工作的重要组成部分，是乡村振兴的重要内容，政策性和实践性都很强。为不断加强农村社会事业政策研究能力建设，更好地服务科学决策，加快推动农村社会事业发展，农业农村部农村社会事业促进司2019年围绕农村社会事业发展热点难点问题，采取公开遴选和定向委托相结合的方式，组织开展了一批课题研究，内容涉及农村公共服务供给、农村人居环境整治、农村基础设施建设、乡村优秀传统文化传承、农村社会事业评价等多个方面。各课题承担单位高度重视，在深入调查研究基础上形成了一批质量较高的研究成果，提出了许多有针对性、可操作的政策建议，为促进农村社会事业发展发挥了积极作用。为进一步扩大这些研究成果的影响，促进研讨交流，我们选择了18篇优秀课题成果汇编成册，供大家参考。

由于水平所限，文中难免疏漏和不足之处，恳请读者批评指正。

编　者

2020年4月

目　　录

农村公共服务供给

城乡统筹的基本公共服务投入机制研究*

一、概念界定与理论分析

（一）城乡基本公共服务的内涵界定

1. 既有文献对公共服务的界定

公共服务属于公共产品或公共物品范畴。一般的产品具有“消费竞争性”和“产权排他性”两个性质，而萨缪尔森提出公共产品在消费中则具有“非竞争性”和“非排他性”两个特点。“非竞争性”指消费主体之间不存在竞争性，即其他人对该产品的消费情况不会增加或减少自己的消费数量。“非排他性”指的是当公共产品被提供时，消费主体可以是任何人。江明融对公共服务给出的定义是指物化服务的公共产品，满足均等化的政府行为是其核心。[1]陈昌盛和蔡跃洲则指出，公共服务是指建立在一定社会共识基础上，一国全体公民不论其种族、收入和地位差距如何，都应公平普遍享有的服务。[2]对于公共服务，政府虽不是唯一的供给者，但仍是最重要的提供主体，因此在城乡统筹和农村公共服务供给方面，政府应发挥主导作用。

2. 中央文件对基本公共服务的界定

《国家基本公共服务体系“十二五”规划》（以下简称《十二五规划》）指出：“基本公共服务是指建立在一定社会共识基础上，由政府主导提供的，与经济社会发展水平和阶段相适应，旨在保障全体公民生存和发展基本需求的公共服务”。享有基本公共服务属于公民的权利，提供基本公共服务是政府的职责。基本公共服务的范围，一般包括保障基本民生需求的教育、就业、社会保障、医疗卫生、计划生育、住房保障、文化体育等领域的公共服务，广义上还包括与人民生活环境紧密关联的交通、通信、公用设施、环境保护等领域的公

---

* 课题主持人：王定祥，西南大学普惠金融与农业农村发展研究中心。

共服务，以及保障安全需要的公共安全、消费安全和国防安全等领域的公共服务。[3]和普通的公共服务不同，基本公共服务强调的是与人的基本生存和发展相关的服务产品。

根据《十二五规划》给出的定义可以发现，基本公共服务主要强调三个方面：首先是基本性。政府提供基本公共服务的标准应与社会发展阶段和水平相适应，应能维持人们基本生存的权利，能确保每个人都有尊严地活着。其次是公共性。享受基本公共服务是全体公民的权利，而不是某些人的特权。最后是政府性。强调提供基本公共服务的主体主要是政府，通过提供合理的基本公共服务来缓解社会发展中的主要矛盾和潜在的社会问题。

（二）城乡基本公共服务均等化的理论界定

1. 基本公共服务均等化的内涵界定

城乡基本公共服务均等化就是统筹城市和农村，并把它们作为一个有机整体，推动城乡的教育、医疗卫生、社会保障等基本公共服务的发展，提高农村基本公共服务水平，逐步缩小城乡居民享有公共服务的差距。邱霈恩认为，基本公共服务均等化就是要逐步使全体公民在基本公共服务方面的权利得到基本实现和维护，特别是使困难群众和落后地区尽快享受到社会平均水平的基本公共服务。[4]吕炜和王伟同认为，其涵义是指并非每个人都享有均衡划一的服务水平，而是具有相同特征的个体应该享有大致相同的服务。[5]之后，丁元竹基于国际经验认为，均等化是中央政府通过制定相关基本公共服务国家标准，在财政上确保负责提供服务的地方政府具有均等支付这些基本公共服务的能力，以确保每个公民均能够有机会接近法定基本公共服务项目的过程。[6]

2. 基本公共服务均等化的目标界定

不同学者对基本公共服务均等化目标表述侧重点各不相同，整体而言，可以从五个方面理解：

（1）城乡基本公共服务均等化应当保障城乡居民享有基本公共服务的机会均等。即使地域不同，地区发展水平有差异，个体天赋和身份有差别，但城乡所有公民享受基本公共服务的权利是一致的，机会是公平的。

（2）基本公共服务均等化应包含享受基本公共服务结果大体相等。结果均等一般是指基本公共服务均等化分配，人们能够同等享有一定的社会文化资源。

（3）公民作为基本公共服务的需求者，应当享有对基本公共服务的选择权。在基本公共服务供给过程中应本着“求同存异”的原则，尊重公民的真实需求，有效整合社会资源，实现基本公共服务效用最大化。

（4）在基本公共服务供给中应兼顾效率和平等。在提供基本公共服务的过程中，除了应注意城乡差距还应注意把握人口密度与公共服务投入量之间关系，在保证效率的基础上实现平等。政府在主导供给过程中应建立这样一种理念：未来让大部分专业农户到附近的城市或镇区获取公共服务，而不是把所有专业农户集中起来获得公共服务，更不是为小型专业农户居民点提供完善的公共服务。[7]基本公共服务均等化是在较大空间尺度上实现的效率均等化。

（5）基本公共服务的提供应当主要是无偿的，但不排除具有差异化、高级化的公共服务可以是有偿的。公民不需要支付与受益等价的货币，享有相同的基本公共服务水平。有些公共服务如社会养老保险服务，提供的服务级别高，为了维持供给主体的财务正常运转，吸引市场主体投资，则需要通过收费机制进行有偿使用。

（三）城乡统筹的基本公共服务投入机制内涵及与均等化目标的关系

1. 城乡统筹的基本公共服务投入机制内涵

所谓城乡统筹的基本公共服务投入机制，是指在城乡统筹过程中，基本公共服务投入主体、投入规模、运营管理及利益分配补偿的关系总称。基本公共服务投入主体主要是各级政府，在市场经济条件下，为了减轻政府的财政压力，发挥市场和社会的积极性，不排除利用政府的引导机制，吸引市场主体和社会互助机制投资基本公共服务，以满足人们对基本公共服务的更高或更急需求。在基本公共服务投入主体多元化背景下，就客观存在着对投入规模、产出管理、利益分配或补偿等进行有序规范，并依靠政府进行城乡统筹规划与安排，这就是城乡统筹的基本公共服务投入机制的形成。

在基本公共服务供给中，政府掌握着信息和资源优势，既要为市场主体提供基本公共服务时创造公平透明的环境，也要监督它们提供基本公共服务时在价格、质量等方面是否符合要求，是否实现了效率与公平的相对完美结合等，并对整体公共服务体系建设进行宏观调控。[8]对于那些具有排他性特征且进入成本不高的基本公共服务领域，如农业机械、基础设施和医疗服务等，都可引入市场机制，由市场主体来提供。这不仅可以提高基本公共服务供给效率，扩大公共服务供给总量并提升供给质量，而且能促进社会力量对公共事务的参与，培育政社伙伴关系，形成良好社会合作氛围。社会互助包含社会捐赠、以工代赈和一些团体组织的互助互济，主要由非政府组织构成，他们以促进公共利益为主要目标，能够且有意在基本公共服务供给方面贡献力量。政府部门应积极推动非政府组织和个人参与公共事务，发挥社会互助组织在公共服务供给中的重要补充作用。同时，政府部门应强化对其监督和管理，确保相关团体组织在既定框架内发展。[9]

2. 城乡统筹的基本公共服务投入机制与均等化目标的关系

基本公共服务投入机制不仅决定着基本公共服务投入建设规模、速度，而且决定着基本公共服务供给的目标实现程度。如果没有城乡统筹作为支撑，城乡基本公共服务均等化供给目标就根本无法实现。因此，基本公共服务投入机制是手段，均等化是目的，要实现城乡基本公共服务均等化目标，就必须将基本公共服务投入机制构建放在城乡统筹背景下，基本公共服务投入要在城乡之间按照人口密度、人口规模、受益范围等进行统筹规划，然后根据基本公共服务的产品属性决定采取何种投入与成本补偿机制，从而实现城乡基本公共服务均等化目标。

二、基本公共服务投入现状及效果考察

（一）基本公共服务投入政策

1. 基本公共服务投入的中央政策

国务院于 2017 年 1 月 23 日依据《中华人民共和国国民经济和社会发展第十三个五年规划纲要》编制了《“十三五”推进基本公共服务均等化规划》（国发〔2017〕9 号）[①]，作为“十三五”乃至更长一段时间推进基本公共服务体系建设的综合性、基础性、指导性文件。

（1）主要目标。到 2020 年，基本公共服务体系更加完善，体制机制更加健全，在学有所教、劳有所得、病有所医、老有所养、住有所居等方面持续取得新进展，基本公共服务均等化总体实现。包括四个方面：均等化水平稳步提高；标准体系全面建立；保障机制巩固健全；制度规范基本成型。

（2）制度框架。国家基本公共服务制度紧扣以人为本，围绕从出生到死亡各个阶段和不同领域，以涵盖教育、劳动就业创业、社会保险、医疗卫生、社会服务、住房保障、文化体育等领域的基本公共服务清单为核心，以促进城乡、区域、人群基本公共服务均等化为主线，以各领域重点任务、保障措施为依托，以统筹协调、财力保障、人才建设、多元供给、监督评估等五大实施机制为支撑，是政府保障全民基本生存发展需求的制度性安排。

（3）实施机制。国家建立健全科学有效的基本公共服务实施机制，改善人、财、物等基础条件，以推动规划目标顺利实现，确保国家基本公共服务制度高效运转。通过统筹协调机制、财力保障机制、人才建设机制、多元供给机制和监督评估机制全面推进中央政策落地。

---

① 《国务院关于印发“十三五”推进基本公共服务均等化规划的通知》（国发〔2017〕9 号），2017 年 3 月 1 日。

2. 基本公共服务投入的省市政策

（1）重庆市美丽乡村建设试点。2013 年 9 月 10 日重庆市财政局发布了《重庆市农村基本公共服务标准化及美丽乡村建设试点财政奖补资金管理暂行办法》（渝财基〔2013〕25 号）[①]，根据财政部、市政府办公厅有关文件精神，市财政局在一定期限内设立农村基本公共服务标准化、美丽乡村建设试点财政奖补资金，支持区县开展农村基本公共服务标准化、美丽乡村建设试点工作。截至 2018 年 12 月上旬，已完成全部 28 个试点区县申报建设项目的批复工作。试点建设项目 763 个，项目总投资 3.4 亿元，建设内容涵盖基础设施、文体娱乐、环境整治、金融商贸等农村生产生活的若干方面，部分项目已在实施建设，项目建成后预计增加农村道路里程 5 040 千米，增加灌溉面积 2.8 万亩，增加蓄水 34 万立方米，改造村容村貌 486 万平方米，惠及农村近 100 万人。

（2）四川省推出第四批全省 PPP 示范项目。四川省于 2019 年 7 月 24 日发布了《四川省推出第四批全省 PPP 示范项目》，注重引导规范运作，突出示范引领带动效应。优先支持基础设施补短板、基本公共服务均等化领域有一定收益的公益性项目，优先支持民营企业参与项目和国务院确定的推广 PPP 模式成效明显市县项目。评定并公布第四批全省 PPP 示范项目 10 个，总投资 647.62 亿元。分布于全省 8 个市，包括 4 个市本级、6 个县（区），分属基础设施、公用事业、农林和社会事业三大领域，城镇综合开发、市政工程、交通运输、旅游、医疗卫生等 5 个行业。

其他各省市政府也在不断推进基本公共服务均等化，例如贵州省提出要提速公共服务领域 PPP、湖南省将打造基本公共服务的“新引擎”以及河南省为全省及全国提供“兰考经验”。

（二）样本乡镇基本公共服务供需现状

为了摸清我国城乡基本公共服务供需状况及特征，课题组于 2019 年 7—8 月在全国选择了 83 个样本乡镇和 287 户乡镇居民进行了问卷和访谈调查，共收集了 345 份有效问卷，其中干部版 83 份、农户版 262 份，有效样本率分别达到 95.3%和 92.8%。样本主要来自重庆、山东、四川、贵州、河南、云南、河北、江西等省市。

（1）基本公共服务供给现状。从支出结构看，追求经济发展绩效、重视基础设施等能快速带来经济效益的基本公共服务，其他民生方面投入增长乏力，而社会发展方面的文体服务与环保服务投入不足。在本次调查中，78.31%的

① 《重庆市农村基本公共服务标准化及美丽乡村建设试点财政奖补资金管理暂行办法》（渝财基〔2013〕25 号），2013 年 9 月 10 日。

乡镇基本公共服务的财政支出主要投入方向是道路、通讯等基础设施，其次会选择基础医疗、社会保障、义务教育。养老服务、农产品营销服务、文体服务投入很少，仅有8.43%的乡镇会将文体服务纳入投入范围。

（2）基本公共服务需求现状。通过调查发现，按照关切度为各项基础公共服务排序，乡镇居民最为迫切想要改善的基本公共服务为义务教育服务、医疗卫生服务、基础养老服务，其后依次为社会保障服务、就业服务、农技推广、文体服务、加强环保。样本中39.00%的乡镇居民迫切想要提高子女义务教育的质量，32.82%的居民想要加强医疗卫生服务的质量，对社会保障、基础养老、就业服务以及农技推广的需求分别占比28.57%、27.03%、24.32%、11.58%。而需求占比最低的为文体设施建设和加强环保均为9.27%。

（三）基本公共服务投入效果分析

1. 基本公共服务投入规模与结构

根据《2018年民政事业发展统计公报》数据显示，截至2018年底，全国民政事业费支出4 076.9亿元，占国家财政支出的1.8%。其中，中央财政向各地转移支付的民政事业费1 485.6亿元，占全年民政事业费支出的36.4%。

（1）养老服务方面。2018年养老机构数量及床位出现大幅增长，截至2018年底，全国各类养老机构和设施16.8万个，养老床位合计达到727.1万张，比上年增3.3%，每千名老年人拥有养老床位29.1张。在调查的样本乡镇中，敬老院数量1 870家，其中位于场镇和村的敬老院分别有2 727家、4 902家，私立敬老院有4 382家，养老床位有25 185.2个，养老服务人员共计6 797名，养老院平均利用率达到60.66%，平均每年投入养老经费有50万元，在养老服务投入方面与全国平均水平相比还有很大差距，同时养老院利用水平较低，说明投入水平和农民需求出现矛盾。

（2）社会救助和医疗卫生服务方面。截至2018年底，全国有农村低保对象1 901.7万户3 519.1万人。全国农村低保平均保障标准4 833.4元/(人·年)，比上年增长12.4%。全年支出农村低保资金1 056.9亿元。在样本乡镇中，最低生活保障服务平均达到4 790.1元/(人·年)，养老保险服务平均达到2 136.1元/(人·年)，合作医疗保险服务达到平均500元/(人·年)。可见，样本乡镇社会救助水平相对全国偏低。根据调研结果显示，样本乡镇近三年平均医疗卫生经费投入分别为54.0亿、57.0亿和57.4亿元，而医疗卫生服务满足率仅30%。

2. 样本乡镇基本公共服务满意度分析

样本地区农村居民对当地包括义务教育服务、养老院服务、就业服务、医疗服务、社会保障服务、交通服务、信息服务、农业技术服务、农产品营销服务、农业社会化服务和文体服务共计 11 项基本公共服务是否满意是本次调查的重点。调查结果显示，农村基本公共服务整体情况方面选择“满意”及以上的有 53.71%。在各项满意度中，养老服务的满意度只有 34.48%，是各项基本公共服务中满意度最低的一项，义务教育服务“不满意”率高达 16.9%，是所有服务中不满意度最高的。与此同时，文化服务的不满意度是除养老服务外唯一超过 10%的服务，而满意度仅仅有 43.68%，处于倒数第三的位置。表明在基本公共服务中，养老服务、义务教育、文化服务都迫切需要提高。

在调查的样本乡镇中，大部分基本服务和过去相比已有了显著的提高，尤其是医疗卫生服务方面取得了较为明显的成效。首先，医疗服务体系的布局与服务目标基本合理，在城市形成了市、区两级医院和街道门诊部（所）组成的三级医疗服务和卫生防疫体系；其次，医疗卫生工作的干预重点选择合理，突出预防为主。干预重点集中于成本低、见效快的常见病和多发病治疗上，技术路线选择中西医结合。最重要的是形成了广覆盖的医疗费用保障机制，确保了全国绝大多数居民特别是经济困难群体能够看得起病，从而大大提高了医疗卫生服务事业的公平性。

三、基本公共服务投入机制存在问题分析

（一）基本公共服务供给规划机制不完善，投入结构不合理、方式单一、投资缺口大

乡镇基本公共服务供给主要由上级政府统一规划、统一推进。上下级政府供给职责划分明确但不科学，最了解乡镇情况的乡镇政府缺乏基本的话语权，乡镇居民缺乏表达诉求的有效渠道，农村基本公共服务的供给往往是出于上级政府的财政支出偏好。通过对 83 个乡镇居民的调查研究发现，几大基本公共服务供给中，义务教育基础设施数量充裕但质量较低，农村生源不断向城市流动导致大量校舍闲置，说明农村教育资源和教育质量缺乏吸引力；而医疗卫生服务、养老与社会保障等则表现为供给数量与质量的双重不足，乡镇医院医务人员文化水平普遍偏低，“看病难，看病贵”等问题尚未彻底解决；养老设施利用率不足，养老保险参保率低，社会救济方式单一；农业生产性服务、就业服务更是严重缺位，基本公共服务投资供给与实际需求尚不平衡。地方政府为追求经济发展绩效，更多重视基础设施等能快速带来经济效益的基本功能服务，民生性福利性投入增长乏力。同时基本公共服务投入主要依赖于政府财政与发债筹资，投入模式单一且受到乡镇政府财政收入与上级政府财政拨款制约，严重影响投资效率与基本公共服务项目建设进度。与主要发达国家相比，我国主要公共服务支出处于较低水平，供给总量不足，供给质量不高，尤其是

在义务教育以及基础医疗等方面，虽然覆盖率高，但服务质量不高。且存在城乡地域差别以及不同就业群体之间的差别，导致我国基本公共服务体系不仅难以起到缩小收入分配差距的作用，还在某种程度上成为扩大收入差距的原因。[10]总体上讲，乡镇基本公共服务的供给规模较小，供给不足，供需矛盾还较为突出。

（二）政府间财权与公共服务事权划分不科学加剧城乡基本公共服务不均衡程度

我国大部分财政收入权均集中在中央政府手中，但基本公共服务供给责任却更多地由地方政府承担。事实上，应该由哪一级政府提供基本公共服务取决于其受益范围，因此可以通过财权的划分反映政府事权的划分。[11]事权的逐级下移导致处于整个财政分配链最末端的县乡政府不得不担负起区域内最多的公共服务供给。国家对欠发达地区乡镇政府虽然通过转移支付方式来弥补财政支出缺口，在一定程度上减轻乡镇政府财政压力，但是这些转移支付资金大部分实行专款专用，乡镇政府统筹调剂基本公共服务投入的余地有限。乡镇政府财政收入与基本公共服务支出责任的不匹配，导致乡镇基本公共服务供给数量有限、质量不足，甚至部分农村地区的基本公共服务支出得不到最基本的保证。

（三）基本公共服务投入财政与信贷支持政策不完善使得政府投资对社会资本带动力不足

在对样本乡镇政府相关干部的调查中发现，义务教育、基础医疗、基础养老、社会保障基本上完全依赖于政府投入。而农产品营销服务、农技服务、养老服务虽有社会资本进入，但成效并不显著。基本公共服务领域由于投资规模大、回报期长、利润率不高等特点，决定了大多数中小规模的社会资本必须依靠融资来保障后续项目建设与运营。但实际中社会资本投资主体往往由于缺乏信用评级、资信度不高与财务管理不规范等问题，难以满足相关信贷要求，制约了中小资本对基本公共服务的投融资热情。另外，政府对于社会资本参与公共服务运营缺乏配套的成本补贴机制，且由于政策不稳定与地方政府财力不足导致补贴资金难以到位，挫伤社会资本参与公共服务投资积极性。资金短缺、投资风险大成为困扰社会资本参与基本公共服务项目投资的根本因素，导致基本公共服务供给中社会资本参与度低。

（四）基本公共服务投入收费机制与收益分配机制不合理，政府与社会资本联合投入机制不健全

一些地方陆续出台鼓励政府与社会资本合作（PPP）投资基本公共服务的方案，但实际落地项目不多，尤其中西部欠发达地区社会资本投入更少。当前

PPP 项目主要集中于市政工程、交通运输、城镇综合开发、生态环保等领域，对养老、教育、医疗等公共服务参与度还很低。课题组调查发现，目前施行的收费机制包括事业性收费与行政性收费，但明目繁杂，多重收费现象大量存在，收费机制效率低下，导致以政府与社会资本合作（PPP）为代表的公共服务联合投入机制不相适应。由于基本公共服务拥有投资量大、周期长、服务面积大等特点，导致制定合理的利润分配机制显得尤为重要。一般政府和企业合作或者各级政府之间合作，从立项、实施到真正运行的时间长、环节驳杂，其利益具有显著的"异质性"，再加上契约性与非契约性、经济私有性与社会公共性相互交错，使得基本公共服务的收益分配需要兼顾多方利益。[12] 目前收益分配更多地只对最终成果进行简单的固定利益分配，缺乏对整个基本公共服务建设与运营全过程的监督以及收益动态调整机制，对社会资本激励不足。

四、完善城乡统筹的基本公共服务投入机制

（一）立足城乡融合发展，优化基本公共服务供给规划机制

一是优化基本公共服务在城乡的空间布局，遵循"分级配置、保障基层"的原则，充分考虑区域人口密度、时空半径、受益覆盖面及社会习俗等因素，按县、乡、村、组分级规划基本公共服务建设。二是优先保障基本公共服务设施建设选址与土地供应，对基本公共服务用地取得方式、用途等进行合理规划，鼓励在自愿前提下以租赁、出让与作价出资及入股等方式提供公共服务用地。三是完善基本公共服务投资筹资规划，根据基本公共服务性质、收费标准、受益群体的不同，综合考虑筹资方案。因地制宜出台地方性公共服务管理规范，对涉及民生最紧要、迫切问题的公共服务投资建设项目，适当放宽投资条件，引入社会资本投资。四是强化基本公共服务经营机制规划，整合公共服务资源，建立起不同级别、不同类别公共服务供给主体目标明确、权责清晰、公平有效的分级供给机制，按照可持续经营原则对分级供给进行分级定价与分级收费。

（二）强化政府托底力度，健全基本公共服务财政投入机制

一是理顺各级政府财政关系，健全"乡财县管"的财政管理体制，研究完善基本公共服务项目的财政支出统计体系，合理划分基本公共服务事权，明晰各级政府差异化公共服务供给职能。二是优化公共服务投入结构，发布明确性文件形成县乡两级基本公共服务供给清单目录，明确基本公共服务县级统筹供给领域。明晰城乡基本公共服务投入重点，尤其是以质量为导向，重视对满足基本民生需求的基础医疗、基础教育以及养老、社会保障等公共基础设施建

设。建立起针对不同收入群体间、不同公共服务类别间分层次、多极化的公共服务投入结构。三是完善城乡基本公共服务公开招投标机制。加快制定招投标相关标准、范围与规模的方案，对涉及民生的重大公共服务建设项目适当放宽有关规模标准。健全基本公共服务建设项目监督制度，逐步实现对关键环节重点流程监督的全覆盖，彻底遏制招投标腐败行为。四是探索建立城乡基本公共服务投入资金审计稽核机制，逐步形成规范性文件，明确基本公共服务投入资金监管稽核重点事项，保证资金使用规范、有效。

（三）引入市场机制，建立基本公共服务社会投资机制

一是逐步向民间资本放开城乡基本公共服务投资市场，出台民间资本投资城乡基本公共服务的支持引导政策。出台相关政策文件，明确可享受税收优惠政策的公共服务建设项目范围，依据公共服务项目性质、投资规模、持续期限、实际收益等建立灵活的税收优惠调整机制。设立基本公共服务投资的风险补偿基金，依据公共服务建设项目性质、风险类型与程度的不同建立科学的补偿标准。二是推动地方政府与社会资本合作，完善基本公共服务混合投入机制。加强地方政府对基本公共服务 PPP 项目的遴选，重点关注城乡自来水供给、污水处理、垃圾回收、保障性安居工程及养老服务设施等需求量长期稳定、收费定价机制透明的基本公共服务建设项目。通过严格的合作协议明晰基本公共服务各投入方权利和义务边界，明确基本公共服务收益分配方式与比例。建立动态收益分配机制，根据公共服务项目运营具体情况、绩效、社会满意度等对价格、财政补贴等进行适度调整。

（四）明晰基本公共服务设施产权，构建基本公共服务投入产权保护机制

加强对城乡基本公共服务设施的产权保护，明确所有权和经营权分离情况下权利拥有者的责任和义务；对于权利归属明确、证件齐全的公共服务设施经营者，在遇到产权纠纷或所有权人提前收回经营权时，政府部门应当提供有效的产权保护和仲裁机制，保障投资者与经营者合法权益。

（五）适当放宽信贷融资条件，建立基本公共服务投入金融支持机制

一是对积极投入公共服务建设项目且有贷款需求的市场投资主体，在收益有保障、风险可控条件下，可适当提高信贷风险容忍度，放宽贷款条件，降低贷款门槛，并定期对市场投资主体的资金使用质量进行考核，以保证风险可控。二是对投资建设周期较长的公共服务贷款需求者，金融机构可根据其建设情况、资金占用规律和建设进度需求，试行适当延长贷款期限、推迟还款时间

或给予还款利率优惠等。三是试点探索公共服务设施保险机制，将部分不动产公共服务设施纳入财产保险范围。

参 考 文 献

[1] 江明融．公共服务均等化论．中南财经政法大学学报［J］. 2006（5）：33－35.

[2] 陈昌盛，蔡跃洲．中国政府公共服务：基本价值取向与综合绩效评估［J］. 财政研究，2007（6）：20－24.

[3] 赵强社．城乡基本公共服务均等化制度创新研究［D］. 杨凌：西北农林科技大学，2012.

[4] 邱霈恩．基本公共服务均等化理论与政策研究［J］. 公共管理高层论坛，2007（1）：43－260.

[5] 吕炜，王伟同．我国基本公共服务提供均等化问题研究——基于公共需求与政府能力视角的分析［J］. 财政研究，2008（5）：10－18.

[6] 丁元竹．基本公共服务均等化说易行难——国际视角下的均等化"得与失"［J］. 中国社会保障，2011（6）：31－33.

[7] 党国英．关于乡村振兴的若干重大导向性问题［J］. 社会科学战线，2019（2）：172－180.

[8] 王方秀．我国政府在基本公共服务体系建设中的作用分析［D］. 北京：中共中央党校，2013.

[9] 蔡潇彬．以多元供给推进基本公共服务均等化［J］. 全球化，2019（6）：98－108.

[10] 王震．公共政策 70 年：社会保障与公共服务供给体系的发展与改革［J］. 北京工业大学学报（社会科学版），2019（6）：25－35.

[11] 李燕凌，喻琪．我国基本公共服务供给的现状分析与思考［J］. 经济研究导刊，2015（6）：4－7.

[12] 陈婉玲，曹书．政府与社会资本合作（PPP）模式利益协调机制研究［J］. 上海财经大学学报，2017（4）：100－112.

农村基本公共服务供给标准化研究*

基本公共服务是最基本的民生需求，也是政府公共服务职能的“底线”。2019 年 5 月出台的纲领性文件《中共中央国务院关于建立健全城乡融合发展体制机制和政策体系的意见》，明确提出“建立健全有利于城乡基本公共服务普惠共享的体制机制”，推进城乡基本公共服务标准统一、制度并轨。国家把“标准化”作为创新社会管理、提升公共服务水平的重要技术支撑，一方面可以通过标准化的技术手段，有效解决供需矛盾，保证农村基本公共服务供给的数量、质量，并对管理、服务、监管等各个环节进行设计[1]；另一方面可以有效提升农村基本公共服务质量和效能，破解城乡二元分割体制加快形成城乡一体化新格局，助力供给侧结构性改革[2]。因此，如何推进基本公共文化服务的标准化、均等化成为各级政府必须重点考虑的问题和今后努力的方向。本文以全国农村综合改革标准化试点地区为研究对象，总结试点地区进行农村基本公共服务标准化建设成就和亮点的基础上，分析其存在的问题，努力探索基层政府推进农村基本公共服务供给清单标准的路径。

一、我国农村基本公共服务标准化的实践情况

（一）总体概况

自 2014 年中央 1 号文件中提出要“开展农村公共服务标准化试点工作”以来，已首批设立了 39 个农村综合改革标准化试点项目，涉及浙江、安徽等 12 个省（市、区）。这些试点地区围绕涉及农民基本生存、基本发展、基本环境和基本安全的基本公共服务事项，通过完善农村地区公共资源配置，制定精细化的农村基本公共服务标准体系，推动建设地方标准等形式在整个试点范围内进行农村基本公共服务标准化建设，有效提高了农村基本公共服务的水平，对在全国范围内推行农村基本公共服务工作起到积极的示范效应。

---

* 课题主持人：王植，北京市农林科学院农业信息与经济研究所。

（二）实践经验

1. 构建农村基本公共服务标准体系

农村居民是农村基本公共服务的直接供给对象，农村居民的需求是构建农村基本公共服务标准体系的动力基础[3]。只有深入农村实际调研，了解农民最迫切、最急需、最真实的公共服务需求，才能获得构建科学的基本公共服务体系的第一手资料。四川省宜宾县围绕农村基础设施和环境、农业生产服务、农村生活服务、农村社会管理等 4 大公共服务模块，从农村道路与水利设施、农业科技推广与良种服务、农村文体健身活动、农村矛盾纠纷化解等涉及农村居民切身利益的公共服务事项入手，形成了完善的公共服务标准体系，并构建了一种“让习惯符合标准、让标准成为习惯”的标准化工作模式，在农村居民共同参与标准化建设的过程中不断提升服务质量，强化标准监督[4]。

在深入了解农村居民基本公共服务需求的基础上，根据政府财力与经济社会发展实际，通过统筹规划，逐步实现农村基本公共服务的全覆盖，构建科学的农村基本公共服务标准体系，有效满足农村居民涉及生产、生活、生态的各项公共服务需求。

2. 推动建立农村基本公共服务标准

根据不同地区的经济社会发展实际，以及农村居民的基本公共服务需求，地方政府在全面覆盖的基础上，制定具有针对性的公共服务标准，实现公共服务提供的有标可依、有章可循[6]。浙江省遂昌县根据地区经济相对落后的情况，结合地区经济发展的方针政策，连续推出了包括《农村信息服务规范》《农家乐基本信息资源规范》《农村信息收集规划》等在内的数项农村基本信息服务规范，旨在完善该县域内的农村信息化建设水平，为农村电子商务的发展搭建良好的基础设施平台，也能有效解决农村公共服务中最后一公里的问题[5]。四川省广汉市结合地方发展乡村旅游业以及现代服务业转型升级的发展方向，而联合制定并发布了《农村垃圾处理规范》《农家书屋运行维护规范》《村级绿化运行维护规范》等地方标准，既与当地的经济发展方针相一致，同时也能有效提高当地农村的基本公共服务水平。

3. 严格落实农村基本公共服务标准

只有通过严格的贯彻执行，才能将农村公共服务标准落实到实处，让农村居民切实体会到“标准红利”带来的实惠，同时也有利于农村居民对于标准体系、管理运行的有效监督[6-8]。湖北省保康县在标准执行过程中，通过以会代训、举办培训班、现场培训、发送标准文本等多种方式进行地方标准的宣传培训工作，累计宣贯培训地方标准 8 次，累计培训 1 200 人次，印发标准相关资料 2 400 份，旨在培养基层地方政府人员坚决贯彻落实标准的态度与决心。四川省广汉市也通过标准知识培训、发放宣传手册、专家现场答疑、有奖知识竞猜等一系列形式多样、丰富多彩的现场宣传活动，引导农村居民增强对于标准体系的理解，并积极配合农村基本公共设施的管护、农村环境改善等相关工作，极大地增强了农村基本公共服务标准化实施的动力。

二、农村基本公共服务标准化建设存在的问题

（一）农村基本公共服务标准制修订滞后

一方面，由于农村基本公共服务标准化是一个系统的建设过程，不仅需要政府高层次的战略规划，也必须取得政府各个部门以及相关工作人员的支持，只有这样才能上下联动，积极调动各个部门参与到农村基本公共服务各个领域的标准制修订工作中。另一方面，由于农村基本公共服务标准化建设与农村居民的切身利益息息相关，只有在农村居民充分了解、认同的基础上才能吸引农村居民参与到标准需求表达、协助推行标准的过程中。

但是从现实情况来看，由于基层地方政府以及社会公众缺乏对于农村基本公共服务的认识，导致关于农村基本公共服务的各个领域的标准制修订比较滞后，覆盖面不广；同时从现有的标准体系看，所制定的标准也多侧重于基本公共服务的事项、内容标准以及管理维护标准，而对于标准的管理、服务、评估等方面的规范性事项相对缺失。

（二）农村基本公共服务标准体系不完善

1. 农村基本公共服务资源配置标准缺失

我国农村基本公共服务相对起步较晚，尚未建立起完善的标准体系，导致农村基本公共服务标准化普遍存在标准缺失的问题。一是产品品质标准缺失。产品品质标准是农村公共服务标准化的核心内容，同时也是公共资源配置的主要依据，但是由于不同地区的经济发展水平存在差异，不仅导致很难制定全国统一的标准定额，并由于其直接关乎地方的财政支出数额，所以难以有效调动地方政府的积极性[9,10]。二是机构设施保障标准缺失。虽然我国制订了国家级以及地市级的相关规范要求，初步形成了包括教育、基础设施、文化体育、社会保障等在内的基本公共服务体系要求，但是这些标准覆盖面不够全面，而且标准定额要求较低，不具有普惠性[11]。三是资金保障标准缺失。资金保障是推动实现农村基本公共服务标准化的重要物质基础，而财政资金拨付的依据就是基本公共服务的产品品质标准与机构设施标准，而这两者的缺失则导致财政资金拨付缺乏科学依据，不利于标准体系的科学性建设。

2. 农村基本公共服务管理控制标准缺失

一是服务提供与岗位管理标准缺失。由于缺乏对于基本公共服务提供的岗位、人员方面的标准规范，难以对服务流程、服务人员进行科学化的管理，并引导农村基本公共服务提供向流程导向型转变。二是管理控制标准缺失。农村基本公共服务标准化的根本任务是在建立完善的标准体系的基础上，通过建立明确的责任机制，增强标准管理运行的透明度、标准执行的问责性，从而保障标准体系具体并严格落实。但是由于我国基层地方政府对于这一方面的管理运行标准的缺失，导致标准落实不到位、责任问责不到人。三是社会参与方面的标准缺失。社会公众在农村基本公共服务标准化建设中，一方面发挥着标准制定中的需求表达、献言献策的作用；另一方面也发挥着标准执行中的社会监督作用。由于社会公众标准参与的标准缺失，难以有效调动公众参与标准的积极性。

3. 农村基本公共服务绩效评估标准缺失

一是绩效评价标准缺失。由于缺乏完整的农村基本公共服务绩效评价标准体系，导致很多地区的基本公共服务提供与监管评价处于自发状态，缺乏科学依据的指导，而且从绩效评价的内容与方式上看，科学化与规范化的程度较低。二是评估方法标准缺失。难以对评估程序与评估结果进行客观公正的衡量，往往导致评估流于形式，降低了评价结果的公正性。三是评估主体标准缺失。从目前的公共服务绩效评估体系看，我国实行政府内部考核，并且多是上级对下级的考核，流于形式，缺乏明确的评估主体标准，不利于对公民参与、第三方机制等评估主体的参与条件、资质等进行规范界定。

4. 农村基本公共服务标准化监督监管机制不健全

政府作为农村基本公共服务的主要供给主体，如果缺乏来自于内部与外部的有效制约，极易导致政府在基本公共服务供给过程中的执行不力，甚至出现侵害农民利益的“寻租”行为。特别是在农村基本公共服务标准化建设的过程中，由于缺乏从标准需求表达、需求评估，标准制定与发布、标准执行、标准评价等方面的专门的监督制约与监督机制，导致在农村基本公共服务供给中出现资金管理不善、执行效率不高等问题。此外，由于缺乏对于农村基本公共服务供给的职责划分，以及对于农村基本公共服务标准化建设的绩效考核与行政问责等监管机制，导致农村基本公共服务标准化工作很多地方都流于形式，难以将“标准红利”落到实处。

三、提升农村基本公共服务标准化水平的路径选择

标准化作为提高公共资源的配置效率以农村基本公共服务水平、推进实现农村基本公共服务均等化的重要手段，也是实现转变政府行政服务理念、创新

完善新农村建设管理模式的重要推动力。

（一）培育多元参与主体，做好标准需求表达与评估

农村居民的基本公共服务需求是制定农村基本公共服务标准体系的基础。只有详细了解农村居民对于农村基本公共服务的种类、数量、质量的真实需求，并在科学评估的基础上制定出民主化、科学化的标准体系，才能保证标准的可行性。因此，在制定农村基本公共服务需求的过程中，要注意培育多元化的市场主体，建立政府主导，公民、私人部门、非政府组织、社区、智囊机构与新闻媒体共同参与的农村基本公共服务供给体制[12]。一是推进政府主导标准化体系建设工作。通过政府部门统筹调动各相关部门参与、运行、管理农村基本公共服务标准化建设的各个环节，保证标准制定、推行、监管的协调运行。二是广泛动员农村居民参与标准制定的积极性。通过政府信息公开、公共服务供给的透明化等，在保障农村居民基本知情权的前提下调动其政治参与热情，从而形成主动表达基本公共服务需求的稳定机制。三是积极吸引非政府组织、私人部门、社区参与到农村基本公共服务标准化过程中。通过市场化手段减少政府干预和责任，在政府的管理实践中引入竞争机制，鼓励私营组织参与到公共服务的提供中。例如，对于效率较低的公共服务项目，可以通过招标、政府参股、补助等形式吸引非政府组织、私人部门、社区的参与，既可以建立与政府的良好协作关系，也能有效提升公共服务供给效能。四是充分发挥智囊机构与新闻媒体作用。通过新闻媒介报道、“两会”提案、市场化反馈以及科研调查等方式，对农村居民的需求进行全方位的把握，在此过程中也要注意不断提高农村居民需求表达的真实性。通过发挥专家及智囊团的作用，对农村居民的基本公共服务需求进行科学的筛选与评估。将需求的真实性、可行性与当地经济社会发展政策及政府供给能力相匹配，筛选出适合纳入标准体系的需求，从源头上保证标准体系的科学性。

（二）及时进行标准制修订工作

全面质量管理理论强调在质量控制的基础上，不断提高顾客满意度以及组织成员、社会成员的长远利益。因此，通过运用标准化的技术手段，对于农村基本公共服务产品质量进行严格把控，不仅可以推进农村基本公共服务水平，同时也是政府自身管理模式创新的重要手段[15]。一方面，农村基本公共服务标准化可以通过管理服务标准的推行，引导政府部门及其工作人员在行政职能履行中的规范化，进一步推进政府行政模式由管控型向服务型转变；另一方面，农村基本公共服务标准化通过将标准细化为各个部门与人员的目标与责任，从而形成相对应的绩效评估标准，推动政府绩效的提升与优化。因此，各

级政府尤其是基层地方政府必须高度重视农村基本公共服务标准化工作，充分调动中央到地方各级政府以及农村居民的积极参与，形成“上下一盘棋”的联动局面，全面推进标准化制定与执行。

针对基层政府对于农村基本公共服务标准化建设认识不足以及部门、地区协调不畅的问题，需要基层政府提高重视度，积极参与到标准体系的制定与修订过程中。首先，中央与地方政府要加强统筹规划，形成对于农村基本公共服务标准化的统一认识，增强行政部门、行政人员的协调，并逐步完善相关的政策、资金保障机制，从而为标准化工作的推行提供制度性与支持性保障。其次，要及时进行标准制定与修订工作，不断完善农村基本公共服务标准体系。一方面，要通过对农村居民需求的征集与评估，对农村居民公共服务的种类、数量、质量等方面的需求，及时进行标准化的反映与呈现，并全面覆盖基础设施、教育、医疗、社会保障等各方面，形成较为全面的标准体系；另一方面，要根据动态发展原则、可持续性原则的要求，根据政府的经济发展政策与水平、政府服务供给能力的提升，不断改进基本公共服务标准体系，渐进性地提升标准的额度，力求公共服务标准体系不断满足人民日益增长的物质文化需求，并与经济社会发展水平相适应。

（三）构建农村基本公共服务标准体系框架

需要构建包含农村基本公共服务通用标准、保障标准、提供标准、岗位标准、监督标准在内的完善的农村基本公共服务标准体系，并涵盖公共教育、公共就业、社会保障、医疗卫生等方面的基本公共服务事项，来实现农村基本公共服务标准运行管理、标准内容、标准监督考核的全覆盖，从而不断满足农村居民的基本公共服务需求，有效提升政府的公共服务效能。

1. 农村基本公共教育

从我国农村发展的实际情况来看，所承担的公共教育主要是九年制义务教育，而对于高中阶段教育以及中级、高级职业技术学校则主要由县级及以上政府提供。因此，在推进农村基本公共教育标准化的过程中，主要涉及以下方面：一是要推进中小学义务教育标准化，涉及学校规模建设标准（包括学校规模与班额人数、校舍用房标准、学校用地及校舍建设面积、其他主要指标等）、师资队伍标准（包括编制设置、学历和职称结构、教师培训等）、装备技术标准（包括图书配置、教学仪器设备、信息化环境等）、校园环境和安全标准（包括校园条件、医疗卫生、校园安全、学校保卫等）四个方面。二是要完善基本公共教育的经费投资机制。要明确中央、地方政府关于农村公共教育的职责，加大经费投入，推行中央与地方政府共同负责，基层地方政府统筹落实的责任机制，保障公共教育经费的发展性与科学性。

2. 农村社会保障

目前，我国农村社会保障体系的主要内容包括：农村居民最低生活保障制度、新型合作医疗制度、农村居民医疗救助制度、五保供养制度、自然灾害生活救助制度五项内容。因此，为有效推动农村社会保障标准化，需要从以下方面努力：一是要构建完善的社会保障标准体系，要及时制定社会保障基础标准（包括社会保险术语、分类及代码标准），不断完善社会保障经办服务标准（包括经办人员业务素质标准、经办服务流程规范等），加快制定并完善专业技术标准（包括新型合作医疗标准、劳动能力鉴定服务规范、养老保险标准等），逐步完善业务服务标准（包括参保登记、个人账户管理、基金征缴、待遇审核等各项业务工作流程）。二是完善农村社会保障标准化的保障机制。主要涉及积极开展农村社会保障标准化的理论研究，通过研究农村社会保障发展的现状、趋势、标准宣贯、示范等先进工作方法的研究，不断提升标准的科技含量；做好标准建设的人力、物力、财力保障，有计划地招录相关专业人才，并加强标准政策、知识等技能的培训，加大对于标准经费投入力度，完善标准制修订经费补助机制以及政府与市场相结合的多元化的资金筹措机制[12,13]。

3. 农村医疗卫生

医疗卫生体系包含医疗体系与卫生体系，其中医疗体系主要是三级医疗机构，卫生体系主要是疾病预防控制中心、妇幼保健院及卫生消毒站等，而具体到农村医疗卫生服务体系主要包括医疗设施、医护人才、医保资金、疫病控制、妇幼保健、健康教育、卫生监督等。在推进农村医疗卫生标准化的过程中，应着重加强农村乡镇卫生院及卫生室建设，主要的工作内容包括：一是完善农村医疗卫生标准体系的各项要素。主要包括：①组织机构管理标准（包括机构设置与制度建设标准、依法执业标准、人员管理标准、信息系统管理标准、财务管理标准、后勤管理保障标准等、药品设备管理标准等）；②基本医疗服务标准（包括门诊时间、门诊登记、医疗质量管理、医疗文书、医疗安全等）；③基本公共卫生服务标准（包括农村居民健康档案建档、健康教育以及儿童、老年人、孕产妇、高血压患者、糖尿病患者的管理标准，传染病及突发公共卫生事件的应急管理等）。二是要完善保障体系建设，通过推行县、乡、村三级医疗卫生服务体系的同步标准化工作，带动财政资金向农村地区倾斜；不断完善基层医疗卫生单位的设施设备更新，并广泛吸引并留住人才，保障农村地区医疗卫生水平的财力、物力、人力。

4. 农村公共就业

农村公共就业服务标准是为农村劳动者提供就业指导与服务的规范，具体来说应涵盖以下几个方面的内容：一是服务保障规范。主要包括服务人员、服务场所、设备设施规范等。二是服务内容与要求。主要是为农村就业人员提供就业政策咨询、信息发布、调查统计、登记服务（包括就业信息登记、失业信息登记、劳动者求职信息登记等）、职业指导、职业介绍、农村困难人员就业援助（包括就业困难人员信息登记、开展职业指导等）、农民创业（包括创业登记、创业培训辅助、项目推介、开业指导、后期跟踪服务）等服务活动。三是服务监督评价与改进。包括：①要加强服务监督。建立完善的行政监督与社会监督体系，并根据监督结果实施纠正或预防措施。②要完善服务质量评价，实行内部评价与外部评价相结合的评价机制。③要进行严格的投诉处理。④要加强服务质量改进。

5. 农村公共文化

在推进农村公共文化服务标准化的过程中，要以农村文化活动中心建设为阵地，为农村居民提供更加集约化、专业化、丰富化的文化服务。农村公共文化活动中心在建设过程中，需要遵循的基本服务规范包括：第一，职能定位与服务内容。农村文化活动中心的主要职能包括：时政科普与农业技术宣传、书刊报纸杂志借阅、体育健身与文化娱乐场所、文艺演出活动、数字文化信息与公共资源流动服务、非物质文化遗产传承活动。第二，设施建设与设备配置情况。主要包括设施建设（如建设面积、建设方式、无障碍设施配置等），空间布局（应涉及对书报借阅室、电子阅览室、文体活动室等基本空间的设计，并注意节约用地、一室多用），设施设备配置（主要包括基本藏书量、数字信息设备、文体活动器材、室外文化活动广场的宣传、照明、音响等设备）。第三，机构与人员要求。要建立县级、镇级及村级文化活动专管机构，并配置专职、兼职或者志愿者对文化活动中心进行管理与服务。第四，运行管理规范，主要是对开放时间、服务内容的展示，以及对消防安全与突发性公共事件的处理。第五，考核与评价。通过加强上级部门的监督考核，建立完善的重点绩效考核指标，并通过广泛开展群众满意度调查，对评价结果进行针对性的改进与完善。

6. 农村环境保护

大美中国，先美农村。环境保护是农村基本公共服务标准化推进过程中农村居民迫切关注的公共服务事项，是乡村振兴战略重要内容之一。在农村环境保护标准化建设中需要关注的方面在于：一是加强村庄保洁，要做到房前屋后、公共部位的整洁，严格落实垃圾集中处理、秸秆禁烧禁抛以及卫生户厕改造工作。二是要建立健全河道管护标准，保证水面、水体、河坡、河道两侧的环境卫生。三是做好公路养护工作，保持路面整洁，积水通畅，植树造绿，规范道路沿线广告设置标准，清除交通干道的废品物资收购点。四是规范林业绿化标准，科学修剪、施肥，并做好病虫害防治工作，打造美观的生态景观绿化带。五是加强对于农村公共设施、田间灌排设施的管理与维护。

(四) 健全保障措施，强化监督机制

一是要完善农村基本公共服务标准化的组织体系。通过建立中央—市级—县级—乡镇（街道）四级行政组织以及农村自治组织在内的标准化工作组织，以及横向的各职能部门之间的联动机制，对于农村基本公共服务标准化战略实施中的重大问题作出决策、部署、安排，实现标准化工作横向与纵向的有效协调。此外，从中央到地方政府要建立健全标准化技术组织，并加强标准化专业人才队伍建设，定时开展人员培训，提高标准制修订的科学性与专业性。

二是加强标准化法治建设。对于农村基本公共服务标准化来说，需要制定更为严格的标准制定、执行、监管等方面的法律法规，形成提高农村基本公共服务水平的“硬约束”。

三是健全农村基本公共服务标准化的财政保障机制。首先，不断加大对于农村基本公共服务的财政扶持力度，科学合理地划分中央与地方的对于农村基本公共服务的财政负担，并根据农村居民公共服务的需求调研，结合地方政府的经济承载能力、政府服务供给能力对各项基本公共服务事项进行明确的细化，保证各项财政支出都落到实处。其次，要加大中央与地方政府对于标准化工作的投入力度，积极申请国家科技攻关计划对于标准研究的支持。争取财政资金，建设国家标准化信息网络共享平台等。

参 考 文 献

[1] 王卫星．积极稳妥推进农村公共服务标准化 [J]. 中国财政，2014 (3)：30 - 32.

[2] 杨梅．中国地方政府公共服务标准化探索与思考 [J]. 北京行政学院学报，2012 (3)：30 - 34.

[3] 李霄峰．基本公共服务标准化的动态阶段性解析 [J]. 理论导刊，2015 (10)：59 - 62.

[4] 佟昭．康尔平．我省基本公共文化服务标准化均等化建设面临的机遇、问题与对策研究 [J]. 图书馆学刊，2014 (4)：1 - 4.

[5] 杨诚．农村基本公共信息服务均等化标准化研究 [J]. 图书馆理论与实践，2015 (9)：61 - 63.

[6] 珍妮·V. 登哈特，罗伯特·B. 登哈特．新公共服务：服务，而不是掌舵 [M]. 方兴，丁煌．译．北京：中国人民大学出版社，2004：11 - 20.

[7] 柳成洋．社会管理与公共服务标准化概论 [M]. 北京：中国标准出版社，2014.

[8] 陈桂生．统筹城乡改革视域下成都基本公共服务标准化研究 [D]. 天津：天津商业大学，2013.

[9] 李名峰．我国农村基本公共服务供给现状的实证研究 [J]. 统计与决策，2014 (5)：94 - 96.

[10] 张丽琴，王勤，等．医疗卫生服务的差异化分析与均等化对策 [J]. 社会主义研究，

2007 (6): 110 - 114.

[11] 李莹星. 我国农村基本公共卫生服务供给与需求研究 [M]. 北京: 中国农业出版社, 2017.

[12] 孙浩. 农村公共文化服务有效供给研究 [M]. 北京: 中国社会科学出版社, 2012.

[13] 余猛. 中国农村基本公共服务设施空间组织研究 [M]. 北京: 中国建筑工业出版社, 2016.

长三角地区农村基本公共服务供给模式研究*

近年来，农村公共服务引起中央高度关注，2015—2019 年连续五年中央 1 号文件都提出加快提升农村公共服务水平，推进城乡基本公共服务均等化，彰显了农村公共服务在“三农”领域中的地位和作用。2017 年 1 月 23 日，国务院印发并实施《“十三五”推进基本公共服务均等化规划》，明确基本公共服务概念，并首次推出基本公共服务清单。党的十九大进一步指出，基本公共服务均等化是基本实现社会主义现代化的目标之一，农村基本公共服务发展的水平直接影响基本公共服务均等化目标的推进。我国人民群众快速增长的需求同公共产品短缺、基本公共服务不到位成为日益突出的阶段性矛盾，尤其是农村基本公共服务供给方面严重制约城乡协调发展。2019 年《政府工作报告》指出，要“围绕解决发展不平衡不充分问题，改革完善相关机制和政策，促进基本公共服务均等化，推动区域优势互补、城乡融合发展。”因此，着眼农村基本公共服务有效供给模式，加快补齐农村公共服务短板，有利于实现乡村振兴和提升农民获得感与幸福感。

一、农村基本公共服务供给的内涵和模式

（一）农村基本公共服务供给内涵

基本公共服务是由政府主导、保障全体公民生存和发展基本需要、与经济社会发展水平相适应的公共服务。

在供给主体方面，首先是政府提供公共物品。在筹资和决策方面，依靠政府权力作为公共服务供给的保证。同时，由于基本公共服务存在性质差异，政府作为供给主体的职责也不同，市场交易、就业信息等一些准基本公共服务，并非必须由政府供给才能获得。而义务教育、基本医疗卫生服务等基本公共服务，则是政府职责。其次是市场作为供给主体。2004 年，国务院发展研究中心发表的《中国乡镇发展报告》指出，“把乡镇政府职能从包揽一切转变为只提供核心公共物品”“按照市场化、民营化、自治化的原则重塑乡镇政府”。再

* 课题主持人：范炜烽，南京理工大学公共事务学院。

次是第三部门作为供给主体。政府将提供公共服务的任务委托给非政府组织承担，政府负责资金筹集，第三部门负责提供服务。最后是农村社区组织作为供给主体。以村为单位，通过村民大会或村民代表大会，讨论与村民利益关系密切的公共物品供给的修建事宜，并由村民民主管理筹借的资金，即“一事一议”制度。

在供给流程方面，分为生产阶段和配置阶段，分别对应财政投入、服务产出和公民感受三个节点（图 1）。

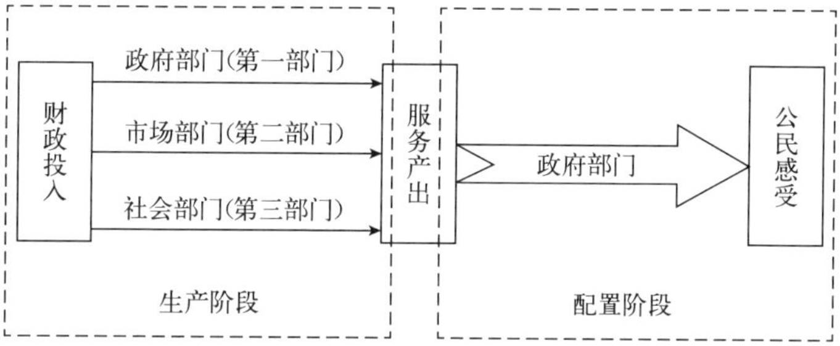

图 1　基本公共服务供给流程

在供给类型方面，基本公共服务是公共服务范围中最基础、最核心和最应该优先保证的部分，包括基础教育、医疗卫生、社会保障和就业等领域。《“十三五”国家基本公共服务清单》明确指出基本公共服务包括公共教育、劳动就业创业、社会保险、医疗卫生、社会服务、住房保障、公共文化体育、残疾人服务等八个领域的 81 个项目。

（二）农村基本公共服务供给模式

根据供给主体可划分为：政府主导供给、市场营利组织供给、第三部门主导供给、个人与团体自愿供给、多元参与供给等五种模式。政府主导供给模式是一种传统的供给模式，政府是唯一或主要提供者，在这种模式下，根据政府承担职责不同可分为规制、付费和生产。市场营利组织主导供给模式在社会资源配置中发挥着日益重要的作用，不仅可以改善公共服务供给数量和质量，而且能够提升公共服务供给效率。第三部门主导供给模式主张发挥社会力量的优势，根据政府与社会力量互动方式的不同，表现为与政府签订合同、特许经营等不同的供给方式。个人与团体自愿供给模式指个人或团体自愿贡献或生产公共物品，形式有无偿捐赠公益事业、志愿服务、无营利目的的收费服务。多元参与供给模式强调建立政府、市场、公众等多元主体参与，有助于优势互补来满足公众多样化需求。

根据供需可划分为：供给导向型模式与需求导向型模式。供给导向型模式指政府依据其财政能力的大小，安排基本公共服务的供给结构，当前我国地方政府基本公共服务的供给模式基本属于该模式。需求导向型模式指政府依据公众对基本公共服务的需求多少及结构偏好，调节其服务供给结构。

根据税费改革前后阶段可划分：为税费改革前模式和税费改革后模式。农村税费改革前，我国农村公共物品供给基本上按税收与乡镇财政、集体经济组织费用、共同生产费及其他各种集资摊派这三种渠道来筹集资金，并按自上而下的决策体制供给；农村税费改革后，主要是以自上而下财政转移支付为基础的公共财政性质供给和以农民社区组织为基础的公共品供给。

二、长三角地区农村基本公共服务供给模式分析

由于政府在基本公共服务中承担兜底职能，同时受农村发展水平限制，农村基本公共服务供给仍应坚持政府主导这一基本原则。同时，基本公共服务从政府作为公共服务的唯一或主要的供给者，到市场供给和社会自主供给，再到多方合作，是基本公共服务提供机制及模式发展变化的一条重要轨迹。在多方考量下，汲取传统乡村治理优势、国家政策驱动和区域探索经验，本研究根据基本公共服务供给主体以及不同主体间互动合作方式的不同，把农村基本公共服务供给模式分为以政府主导供给的权威型、以市场营利组织供给为主的市场型、以社会组织供给为主的自主型和以多元主体参与供给的合作型，在市场型和自主型供给模型下各有三种主要实现方式，具体见表1。

表1　长三角地区农村基本公共服务主要供给方式

主体	类　型	方式
政府	政府单一供给	政府供给
市场营利组织	政府与市场互动合作供给	合同外包 特许经营 政府资助
社会组织	政府与社会组织互动协作供给	非营利性组织 农村自治组织供给 志愿供给
多元主体	多元主体良性互动协作供给	多元主体供给

（一）政府单一供给

在政府单一供给型模式中，政府扮演着资金供应者、生产安排者和具体的

服务生产者合一的角色，直接向消费者提供服务，消费者是一定区域内的全体公民，并且往往是无偿消费或低价消费。

在公共教育领域，江苏省按照加大财政投入、经费合理负担、政策导向明确、多元混合资助、各方责任清晰的基本原则，建立和完善以“政府主导、学校联动、社会参与”为主要模式，以“免、减、奖、补”为主要内容的教育帮扶制度。首先，完善基本公共教育家庭经济困难学生政策资助体系，扩大困难学生救助覆盖面。其次，将学前教育家庭经济困难的儿童、孤儿和残疾儿童接受公益性、普惠性学前教育纳入政策资助范围，完善学前教育阶段家庭经济困难幼儿资助办法，并扩大义务教育阶段家庭经济困难学生资助范围，提高资助标准。最后，完善普通高中家庭经济困难学生国家资助制度，扩大高中学生国家助学金资助比例，初等教育的资助力度，确保不因贫困失学。

在医疗卫生领域，安徽省宣城市狠抓公立医院综合改革，按照“强县、活乡、稳村”三种途径，着力提升基层医疗服务能力。此外，共组建 11 个紧密型医共体，力促优质医疗资源、卫生专业技术人员、资金和设备下沉。针对村医不足和服务能力弱等问题，宣城市在开展新一轮村卫生室标准化建设，实行村卫生室“院办院管”、设立专项补贴提高村医待遇的基础上，在旌德县探索开展了全科医生助手机器人试点，为当地所有县级公立医院、乡镇卫生院和村卫生室配备了全科医生助手机器人，帮助村医完成基本诊疗、慢病管理、健康评估、签约服务、远程会诊等服务。

在住房保障领域，为进一步加快农民相对集中居住推进工作的步伐，上海市青浦区结合乡村振兴战略实施推进情况，针对高速公路、高铁、高压线沿线，生态敏感区、环境综合整治区以及规划农村居民点范围外的分散居住户，推行城镇集中居住为主、平移集中居住为辅的模式，有效促进城乡融合发展，改善农村人居环境、提升农民群众福祉。

（二）政府与市场互动合作供给

以政府为单一主体的供给模式已经无法满足社会的多样化性需求，各地不断探索市场力量在基本公共服务领域的积极参与方式。把市场机制引入基本公共服务供给，实质是围绕政府部门与市场营利组织开展互动合作。目前在长三角农村基本公共服务供给实践中，政府与市场互动方式主要有合同外包、特许经营和经济资助等。

1. 合同外包

合同外包是在政府付费的情况下引入市场机制，即政府把一些公共服务推向市场，私营企业的竞争获胜者与政府主管部门签订合同，前者完成任务并达到合同规定的标准，后者支付合同约定的报酬。政府采用合同承包，首先要确定哪些公共服务可以承包出去，即确定承包对象。一般具备非排他性和非竞争性以及不适合收费及缺少利润的公共服务适宜合同外包。例如，在养老服务领域，2018 年上海市人民政府办公厅印发《关于推进本市“十三五”期间养老服务设施建设的实施意见》，按照要求民办养老机构可不实行政府采购，由机构按招投标有关规定选择施工单位。

2. 特许经营

特许经营是公共服务 PPP 模式中一种比较常见的方式，是指由公共部门授权私人企业经营和管理某项公用事业，并以协议的方式明确双方的权利、义务以及相应的风险。20 世纪 80 年代这种方式在我国逐步推广，主要以 TOT（转让—运营—移交）、BOT（建设—运营—移交）和 BOO（建设—拥有—运营）三种典型模式运作。例如，在农村垃圾治理领域，安徽省黄山市采用特许经营模式。2018 年 6 月，黄山市政府指定市城投公司作为政府出资代表，牵头中标企业成立了 PPP 项目公司——黄山市中环洁城市环境管理有限公司，专门负责黄山市“三区四县”建成区以外的村庄及道路的清扫保洁、垃圾收集、压缩、转运等。在农村饮水领域，安徽省太和县水务局 2018 年通过公开招标的方式将全县范围内的 18 座水厂的经营权进行转让，18 座水厂总的供水规模为 31 000 吨/天，项目建设投资 27 071.89 万元，设计受益人口 418 392 人，通过第三方资产评估单位评估的项目 15 年特许经营权价值为 818 万元。

3. 政府资助

政府资助是商业型模式下的一种基本公共服务供给模式，是指政府对于那些盈利性不高或只有在未来才能盈利、风险大的公共产品的提供，有选择地对生产企业给予经济资助，以确保其对全体公民提供有效的公共服务。资助的方式有直接补贴、优惠贷款、担保、减免税等，政府补助特征表现为无偿性、直接取得资产等。例如，在公共交通领域，镇村公交服务主要表现为这种供给模式，江苏省出台《关于加快推进我省城乡客运统筹发展意见》，明确县级财政全额承担或县、乡两级政府分担车辆增加（或更新）补贴、经营性亏损补贴、政策性亏损补偿等，确保镇村公交发展资金投入。

（三）政府与社会组织互动协作供给

我国社会组织还处在发育的初期阶段，社会力量参与公共服务体系建设还不够明显，主要是通过发挥非营利组织、社区（村集体）以及个人志愿的积极作用，丰富并提升农村基本公共服务质量。

1. 非营利性组织供给

非营利性组织供给是不以营利为目的、向社会提供公益服务的组织的总称，介于政府部门和营利性部门之间，依靠会员缴纳的会费、民间捐款或财政拨款等非营利性收入，从事前两者无力、无法或无意作为的社会公益事业。在长三角地区的农村，非营利组织参与残疾人服务模式正逐步发展。例如，2019年，上海市青浦区残联、慈善基金会等一些非营利组织为全区378名重度残疾人提供“精准康复、服务到家”的上门体检服务。

2. 农村自治组织供给

农村自治组织供给即通过村委会、村民代表大会提供基本公共服务。由于我国现阶段公共财政覆盖农村的范围和深度还不够，农村社区内部道路、小型水利设施、村容村貌、环境卫生等公共设施的修建和维护，仍由村委会组织人力物力予以完成。长三角地区农村基础设施的养护及费用也主要是以村委会为代表的村集体承担。

3. 志愿供给

志愿型供给模式是以自愿贡献的方式投资或生产公共服务，即以志愿求公益。分为个体志愿供给和团体志愿供给两种形式，前者指那些出于某种慈善性的个人向他人或社会无偿提供资助或服务，后者则指各种社会非营利机构组织生产公共服务。在推进公共服务均等化的进程中，面对当前政府失灵、市场失灵等现实问题，志愿性服务供给不失为一种有效手段。例如，上海奉贤区青村镇志愿者服务中心组建了“小皮匠”志愿服务队、未成年人关爱队以及“夕之韵”志愿讲师团，特设“为老送餐”及“公益暑期班”等爱心志愿项目。

（四）多元主体良性互动供给

我国农村公共服务供给模式随着时代变迁逐渐由政府单一供给模式向政府为主导、市场运作为基础，政府、企业、社会组织等多方合作的多元主体供给模式转变。各个主体分工明确且优势补充：政府主要负责基本公共服务发展规划制定以及供给质量的监督等；社会组织以自愿形式满足部分公共服务需求；企业的市场盈利导向有利于对成本的管控。例如，2019年5月，上海市区的15家基金会、民办非企业单位、社会团体代表分别与崇明区13个乡镇的村民代表签订了20个“城乡社区治理”项目合作协议，内容涵盖养老服务、残疾人基本服务、扶贫济困等方面。

三、长三角地区农村基本公共服务供给模式运行中的主要问题

虽然在理论和实践层面都在积极探索农村基本公共服务多元供给模式，但受制于长期经济水平和环境要素，农村基本公共服务供给模式在实际运行中还

存在部分服务领域发展水平低下、多元主体协调不足、供给方式实践知易行难等现实困境。

（一）在服务领域方面："冷热不均"

根据国家《"十三五"国家基本公共服务清单》，长三角各省市区出台了相应的基本公共服务清单，明确每个项目服务对象、指导标准、相关责任、负责单位等。江苏省在国家八大领域外，还把基本公共交通和环境保护纳入清单；浙江省在八大领域内，扩充到 114 个基本公共服务项目；上海市涉及九大领域 96 个服务项目。但是基本公共服务领域仍存在发展不平衡的事实，尤其是农村地区个别服务项目还存在覆盖盲区。一方面，在基本公共服务八大领域方面，存在发展不协调的困境。按照国家的基本公共服务清单，农村劳动就业创业服务发展明显滞后，尤其是在村级就业和社会保障服务平台覆盖以及农民工综合服务平台设立上进展缓慢。在基本医疗卫生领域，农村医疗卫生资源配置不合理，农村三级医疗卫生服务网络建设进程缓慢。在公共文化体育方面，农村文化体育设施覆盖率低，文化服务内容和形式也较为陈旧。另一方面，在某些服务项目方面，存在发展不协调的困境。如农村留守儿童关爱力度不够，农村的综合阅读的推进情况明显落后于体育锻炼情况。

（二）在供给主体方面："协同不足"

多元主体合作供给意味着供给模式的转变，这一转变需要诸多支撑性条件，如形成新的观念、对共同价值的遵守、有效协调合作各方关系等。从当前来看，多元主体合作供给的模式存在着供给主体"协同不足"的窘境，主要有以下三个方面的问题。

（1）政府引导多方参与不足。作为农村基本公共服务责任主体，政府要为各个主体的发展创造条件。在这个过程中，政府的"管控"思想相对于"合作"观念居于主导地位。社会组织需要在获取资源和保持组织独立性之间进行权衡，企业需要在追求利润最大化和承担公共责任之间实现平衡。以农村就业服务为例，政府之外的其他主体根据政府补贴额度的高低选择接受或拒绝合作，且合作之后在监管不到位的情况下则会出现诸多违规行为，各地人社部门不得不出台针对就业服务机构的专项整治方案。

（2）市场竞争机制发挥不足。以政府购买服务为例，尽管国务院在 2013 年就颁布了《关于政府向社会力量购买服务的指导意见》，但由于缺乏健全的制度支撑，导致实践中出现"交易主体行政化""指定式购买""内部化购买"等协作异化现象。企业与社会组织遭遇隐性的障碍，各种"玻璃门""弹簧门"阻碍它们公平参与，无法有效发挥市场的竞争作用。

（3）社会组织承接能力不足。政府一般更倾向选择社会组织作为基本公共服务供给中的合作伙伴，原因在于社会组织的非分配约束特征，但社会组织表现主体数量不足、质量不高等现实困境。

（三）在供给方式方面："知易行难"

由上文可知，长三角地区农村基本公共服务供给方式主要存在八种形式，但是农村基本公共服务供给方式依然存在"知易行难"的困境。一是政府主导供给的权威型方面，随着服务型政府的提出，政府在基本公共服务中的角色理应从主导者转变为引导者。但目前第三部门仍处于发展前期阶段，权威型仍然是基本公共服务供给的主流模式。同时，由于政府主导存在财政压力大、不利于社会发展等弊端，权威型供给模式势必向其他模式转型。二是存在着"市场失灵"的风险。目前，合同承包、特许经营供给仍处于发展初期，政府与企业之间的责任限定仍不完全清晰，对特许经营的公共服务也并未划定准确范围，具体实施过程缺乏理论支撑。三是自愿供给的志愿型方面，目前村民主动参与不足，这一模式发展缓慢。四是多元主体参与供给的合作型方面，政府、市场、第三部门、村民多主体如何有效协调合作，各自在哪些具体领域最大限度地发挥作用是最主要的难题。

四、长三角地区农村基本公共服务供给模式对策建议

为解决上述困境，未来农村基本公共服务供给过程中也应该从服务内容、主体互动及具体实践层面上进行积极探索。

（一）补齐服务领域"短板"，实现农村基本公共服务协调发展

2019 年 2 月，由国家发展改革委等 18 个部委联合印发的《加大力度推动社会领域公共服务补短板强弱项提质量　促进形成强大国内市场的行动方案》（以下简称《行动方案》），强调要采取针对性更强、覆盖面更广、作用更直接、效果更明显的举措，优先补齐基本公共服务短板，促进公共服务资源向基层延伸、向农村覆盖、向边远地区和生活困难群众倾斜，推进基本公共服务均等化、普惠化、便捷化。

第一，对标《行动方案》中基本公共服务领域补齐短板的 10 项行动，优先做好具体部署和政策安排。《行动方案》中有些基本公共服务领域短板也是长三角地区农村基本公共服务的短板，如城乡义务教育学校建设标准，"两免一补"政策城乡全覆盖，农村学生宿舍、食堂、厕所、澡堂等基本生活设施配备不足等，都需要在认真调研的基础上，有针对性地做好顶层设计和具体落实。

第二，以农民基本公共服务需求为导向，从农民群众最关心、最直接、最现实的利益问题着手，有序推进农村基本公共服务发展。“授之以鱼不如授之以渔”，农民就业创业培训，更能改善农民生活水平。依托长三角经济优势，政府相关部门应该积极面向社会招标办学条件好、社会公信度好、有农民培训工作经验机构承担新型职业农民培训任务，推动农村富余劳动力转移就业。在基本公共文化体育方面，丰富服务载体，确保乡村群众文体运动“活起来”。长三角地区具有得天独厚的环境优势，可以依托美丽乡村建设，创建乡村文化阵地，开展丰富多彩的文体活动，不断提升乡村精神文化生活品质。

（二）改善供给主体“互动”，提升农村基本公共服务供给质量

多元主体参与供给模式是改善农村基本公共服务水平的必然要求，也是一项重要举措，但多元主体参与不是机械的介入，而是要发挥政府、市场、社会、农民等主体的积极性，理顺多主体之间的关系，健全多元主体之间的运行机制，实现良性互动。

（1）理顺多元供给主体之间的关系及可参与服务边界。政府与市场、非政府组织和农民合作力量之间的关系是一种分工与合作的关系，其各自的职责和参与的服务领域都有差异，这就意味着我们需要对基本公共服务性质有更清楚的认识，并灵活促进主体合作。在理顺多元供给主体之间关系中，政府应该发挥政策引导和激励监督的“掌舵者”作用，确保基本公共服务供给市场化、社会化、自主化的顺利进行。

（2）拓展多元化的资金筹集渠道。农村基本公共服务治理困境很大部分来自资金压力，单靠政府财政投入，远不能满足基层服务需求。因而在推进农村基本公共服务多元供给的进程中，应该建立多元化的资金筹集机制。在保障转移支付制度下，鼓励私人企业通过“民办公买”“公办民助”等办法参与农村准公共服务的生产和提供，积极吸引社会捐助、慈善捐款等社会资金，弥补各级政府在农村义务教育、医疗卫生、科技文化方面的资金缺口。

（3）建立健全多元供给运行机制。通过建立多元主体的竞争机制，建立以农民公共需求为导向的基本公共服务决策机制，完善农村基本公共服务供给激励和监管机制等配套机制，确保多元供给模式健康有效运行。

（三）重视供给方式“可行”，促进农村基本公共服务模式落地

要立足广大农村地区的内生潜力，协同市场、社会组织等外部力量，共同开发现有乡土资源，实现农村基本公共服务有效供给。一是高度重视地方认同感的建构。任何制度要想在实践中起到预期效果，都需要将制度“因地制宜”“因时制宜”地嵌入非正式规范的文化土壤中。二是有效提升乡村自主参与程

度。为解决村民被动接受外生力量供给基本公共服务的问题，必须畅通民众需求表达机制和反馈机制，使其自觉自愿参与其中，实现农村公共产品供给由“自上而下”向“自下而上”转变。三是充分发挥乡村精英人才的特殊优势。长三角地区具有充裕的乡土人力资源，要积极创造条件吸引具有发展愿望，熟悉农村资源，在村民中有一定威望的乡村外流人才回村就业创业，协同多样化的外部供给模式，共同推动农村基本公共服务发展。

参 考 文 献

[1] 贺雪峰，罗兴佐．农村公共品供给：税费改革前后的比较与评述［J］. 天津行政学院学报，2008（5）：28－34.

[2] 王敬尧，叶成．基本公共服务均等化的评估指标分析［J］. 武汉大学学报（哲学社会科学版），2014（4）：103－110.

[3] 郭小聪，代凯．国内近五年基本公共服务均等化研究：综述与评估［J］. 中国人民大学学报，2013（1）：145－154.

[4] 项继权．基本公共服务均等化：政策目标与制度保障［J］. 华中师范大学学报（人文社会科学版），2008（1）：2－9.

[5] 高海虹．地方政府公共服务供给侧改革研究［J］. 理论探讨，2017（6）：168－173.

[6] 唐娟，曹富国．公共服务供给的多元模式分析［J］. 华中师范大学学报（人文社会科学版），2004（2）：14－20.

[7] 郭小聪，代凯．供需结构失衡：基本公共服务均等化进程中的突出问题［J］. 中山大学学报（社会科学版），2012（4）：140－147.

[8] 佚名．江苏 2390 条镇村公交线惠及三千万群众［J］. 城市道桥与防洪，2019（6）:289.

[9] 陈振明．公共管理学［M］. 北京：中国人民大学出版社，2003.

[10] 尤琳．农村公共服务多元供给中的乡村关系研究［J］. 求实，2013（6）：90－93.

[11] 王凯，农村地区体育公共服务志愿性供给研究［J］. 体育文化导刊，2017（11）：39－43.

[12] 丁兆罡，徐枞巍．公私合作模式下公共就业服务机构绩效评估研究——以合肥市公共就业培训为例［J］. 华东经济管理，2017（11）：177－184.

[13] 张雅勤．论公共服务供给中“协同惰性”及其超越［J］. 学海，2017（6）：25－31.

[14] 靳永翥，丁照攀．贫困地区多元协同扶贫机制构建及实现路径研究——基于社会资本的理论视角［J］. 探索，2016（6）：78－86.

[15] 何精华，岳海鹰，等，农村公共服务满意度及其差距的实证分析——以长江三角洲为案例［J］. 中国行政管理 2006（5）：94.

盘活农村闲置建设用地支持发展农村社会事业研究*

本课题研究对全国农村集体建设用地的总量和利用现状进行了分析，阐述了集体经营性建设用地入市的政策背景、交易范围、方式途径、模式创新（点状供地）、相关主体及收益分配，宅基地盘活利用的制度演变、常见模式、机制创新等关键问题，总结和梳理了盘活利用农村闲置建设用地支持农村社会事业发展的路径、典型模式。

一、农村闲置建设用地概述

（一）农村建设用地总量及利用现状

按照我国土地管理制度，土地按权属分为国有土地和农村集体土地两类。农村集体建设用地是指农民从事二、三产业及其居住生活的空间承载地，包括农村居住用地（宅基地）、农村公共服务及基础设施用地、集体经营性用地（村办及乡镇企业用地等）三大类。其中，宅基地是农村村民用于建造住宅及其附属设施的集体建设用地，包括建了房屋、建过房屋或者决定用于建造房屋的土地，建了房屋的土地、建过房屋但已无上盖物或不能居住的土地以及准备建房用的规划地三种类型；农村集体经营性建设用地“是指存量农村集体建设用地中，土地利用总体规划和城乡规划确定为工矿仓储、商服等经营性用途的土地”[①]；农村公共服务及基础设施用地，是主要承载着集体福利或者社会公共利益供给的各类公益性公共设施用地，包括但不限于行政管理（村委会）、公共服务、教育机构、文化科技、医疗卫生、体育、社会保障及其他类公用设施用地。

从总量上看，根据自然资源部数据，2017 年我国农村集体建设用地约 28 950万亩，占全国耕地总面积（202 381.4 万亩）的 14.30%。农村集体建设用地中，宅基地的总量最大，2017 年统计全国宅基地有近 19 500 万亩，占全

---

* 课题主持人：郭书田，中国老科技工作者协会农业分会。

① 中办、国办《关于农村土地征收、集体经营性建设用地入市、宅基地制度改革试点工作的意见》。

国集体建设用地总量的 67.36%[①]；截至 2016 年末，全国农村集体经营性建设用地存量规模超过 5 000 万亩[②]，占全国集体建设用地总量的 17.27%以上；剩余农村公共服务及设施用地约 4 450 万亩，占全国集体建设用地总量的近 15.37%。

从整体利用情况看，就宅基地而言，据不完全统计，农村空置宅基地约有 3 000 万亩[③]，由此推算我国农村宅基地的空置率在 15%左右。根据中国社科院相关研究，2018 年农村宅基地空置率为 10.7%，样本村庄房屋空置率最高达 71.5%。东部、中部、西部、东北部村庄宅基地的闲置率分别为 13.5%、7.7%、11.4%和 11.1%，呈现东部最高、西部次之、东北第三、中部最低的格局[④]。

从"三块地改革"试点推进情况看，国务院《关于农村土地征收、集体经营性建设用地入市、宅基地制度改革试点情况的总结报告》指出，截至 2018 年末，33 个试点县（市、区）中集体经营性建设用地入市地块 1 万余宗，面积 9 万余亩，总价款约 257 亿元，收取调节金 28.6 亿元，办理集体经营性建设用地抵押贷款 228 宗、38.6 亿元；腾退出零星、闲置的宅基地约 14 万户、8.4 万亩，办理农房抵押贷款 5.8 万宗、111 亿元[⑤]。

（二）农村闲置建设用地的界定与范畴

闲置土地的处置、防治以及再利用问题一直是近年来国家和学者关注的热点问题之一。国家对城市闲置土地有较明确的界定，而农村闲置土地由于其土地类型多样，轮作制、粗放经营等形式多种，不易进行界定是否为闲置，且难以像城市闲置土地的界定与分类那样进行综合。[⑥]

按照《现代汉语词典》中对"闲置"一词"指搁在一边不用"的定义，农村闲置土地也就是指农村范围内搁在一边不用的土地。而从研究闲置土地的目的来看，是为了充分利用土地资源，提高土地利用效率，体现土地资源的利用价值，因此将农村闲置土地定义为"在农村由于各种人为或自然原因未得到充

① 荀玉根：十八届届三中全会以来改革进展及建议，http://m.sohu.com/a/287295403313170。

② 自然资源部《2017 年中国土地矿产海洋资源统计公报》。

③ 数据来自 2018 年 11 月 16 日，全国政协经济委员会副主任杨伟民在第三届中国新型城镇化理论·政策·实践论坛上的讲话。

④ 中国社会科学院农村发展研究所及社会科学文献出版社于 2019 年 4 月 28 日发布的《农村绿皮书：中国农村经济形势分析与预测（2018—2019）》报告。

⑤ 2018 年 12 月 23 日在第十三届全国人民代表大会常务委员会第七次会议上审议了《关于农村土地征收、集体经营性建设用地入市、宅基地制度改革试点情况的总结报告》。

⑥ 徐洁等，农村闲置土地的界定分析，现代农业科技 2014 年第 13 期。

分利用甚至荒废的、但具有生产力或生产潜力的土地”。具体体现在农村土地利用过程中，土地的使用价值、经济价值及社会功能没有充分利用或发挥的土地，在于强调土地的利用状态，只要土地的功能、价值没有发挥或者体现，即可视为闲置土地。就本课题研究而言，研究对象“农村闲置建设用地”主要是指农村闲置废弃和待置换的宅基地、闲置废弃的农村公共基础设施用地（合村并镇后的闲置村委会楼堂馆所、学校等）、倒闭及未经营的村镇工厂、部分利用价值不高的农村集体经营性建设用地等。

二、盘活农村闲置建设用地的途径模式研究

农村集体建设用地的盘活路径，可从国家几个重大文件为线索梳理出大致脉络。2014 年 12 月中共中央、国务院《关于农村土地征收、集体经营性建设用地入市、宅基地制度改革试点工作的意见》提出，在坚持“三条底线不变”的前提下，完善宅基地权益保障和取得方式，探索有偿使用、自愿有偿退出或转让宅基地，并在 2015 年十二届全国人大常委会十三次会议上确立了北京大兴等 33 个试点县市进行试点运行；2019 年新土地管理法、《关于建立健全城乡融合发展体制机制和政策体系的意见》、《关于积极稳妥开展农村闲置宅基地和闲置住宅盘活利用工作的通知》等相关政策，进一步明确了经营性集体建设用地入市、闲置宅基地盘活利用等农村闲置建设用地盘活的主要方向和路径。

2019 年 5 月国务院发布《关于建立健全城乡融合发展体制机制和政策体系的意见》提出，加快完成农村集体建设用地使用权确权登记颁证。按照国家统一部署，在符合国土空间规划、用途管制和依法取得前提下，允许农村集体经营性建设用地入市，允许就地入市或异地调整入市；允许村集体在农民自愿前提下，依法把有偿收回的闲置宅基地、废弃的集体公益性建设用地转变为集体经营性建设用地入市；推动城中村、城边村、村级工业园等可连片开发区域土地依法合规整治入市；推进集体经营性建设用地使用权和地上建筑物所有权房地一体、分割转让。

2019 年 8 月 26 日，第十三届全国人大常委会第十二次会议表决通过了关于修改《土地管理法》《城市房地产管理法》的决定，新法在集体经营性建设用地入市方面做出重大制度创新，取消了多年来集体建设用地不能直接进入市场流转的二元体制，为城乡一体化发展扫除了制度性的障碍。同时，在集体建设性用地入市时，法律要求必须由村民代表大会，或者村民会议三分之二以上的成员同意才能入市。

2019 年 10 月农业农村部《关于积极稳妥开展农村闲置宅基地和闲置住宅

盘活利用工作的通知》（农经发〔2019〕4号）对闲置宅基地盘活利用模式、主体、机制、示范推广和规范管理等做出了明确的工作部署。

（一）经营性集体建设用地入市

经营性建设用地主要是由《土地利用规划》和《城乡规划》确定为工矿仓储、商服等经营性的土地，从全国33个试点地区来看，截至2018年3月，共查明农村集体经营性建设用地约11.9万宗、141.5万亩，相比于农村集体建设用地总量，这类土地存量在农村并不算庞大，新《土地管理法》放开这类土地的入市条件，可以不转化为国有集体建设用地直接入市。本研究从经营性集体建设用地入市的政策背景分析、入市交易的土地范围、入市交易的方式途径、入市主体及入市收益分配等方面展开深入探讨。

1. 入市政策背景分析

在土地管理法修订前，国家已陆续出台政策，引导各地开展集体土地入市的探索。十八届三中全会《中共中央国务院关于全面深化改革若干问题重大问题的决定》明确“建设城乡一体的建设用地市场，在符合规划和用途管制的前提下，允许集体经营性建设用地入市。”“允许农村集体经营性建设用地与国有土地同等入市，同权同价。”随后，国家层面又出台了《关于农村土地征收、集体经营性建设用地入市、宅基地制度改革试点工作的意见》《关于授权国务院在北京市大兴区等三十三个试点县（市、区）行政区域暂时调整实施有关法律规定的决定》《农村集体经营性建设用地入市土地增值收益调节金征收使用管理办法》《关于扩大农村集体经营性建设用地使用权抵押贷款工作试点范围的通知》等规定。全国各省市区中，广东省、安徽省、湖北省、北京市、河北省先后出台了允许集体建设用地使用权流转的地方文件，对集体建设用地使用权的出让、出租、转让、转租、抵押、入股等流转行为进行了明确。全国人大常委会批准的三十三个试点县（市、区）也陆续印发了农村集体经营性建设用地入市的总体实施文件和配套文件，对入市各环节进行指导。

土地管理法修订后，确认了集体经营性建设用地土地入市交易的这一试点成果，规定了集体经营性建设用地土地所有权人可以通过出让、出租等方式交由单位或者个人使用，打破了政府对土地的垄断供应。目前针对集体经营性建设用地入市交易及管理的基本法律框架，包括入市的集体土地的范围、交易方式、交易的程序性事项、后期监管等事宜已作出规定，但尚未涉及如价格确定方式、政府管理部门及角色、入市交易的平台、获得的土地收益如何进行分配等问题，这些有待后续出台一系列配套文件予以明确。

2. 入市交易的集体土地范围

根据《土地管理法》第二十三条、第六十三条，基本可以确定入市交易的土地范围包括如下要求：①有相应的土地利用规划；②规划用途为工业、商业等经营性用途，集体公益性建设用地和宅基地则不能直接进行交易；③明确必须经依法登记，权属关系清晰；④已经在当年土地利用年度计划中作出合理安排。

关于入市的集体土地范围，各地（如海南文昌市、广东佛山、四川泸县）基本要求如下：①符合土地利用总体规划以及城乡规划；②规划用途为工业用地、物流仓储用地、商业服务业设施用地等经营性用途的土地，也有地方（如芜湖）规定乡镇企业、乡镇公共设施和公益事业用地，住宅建设和其他建设用地可予入市；③权属合法、产权清晰。

此外，可流转建设用地在试点的较早期间主要为存量建设用地（当地既往土地变更调查结果中，地类现状为农村集体建设用地的土地），后期逐步扩展到增量的建设用地（增量指标通常与增减挂钩、矿山修复、土地整治等政策相关），如长垣县、成都市双流区等。

3. 入市交易的方式及途径

根据《土地管理法》第六十三条确定入市交易的方式为："可以通过出让、出租等方式交由单位或者个人使用，并应当签订书面合同。通过出让等方式取得的集体经营性建设用地使用权可以转让、互换、出资、赠与或者抵押。"这意味着新土地管理法实施后，集体经营性建设用地可直接以出让/出租方式进行，不需要先将集体土地征为国有。针对试点期间各参与主体所担心的集体经营性建设用地出让后的权能得不到普遍认可的问题，土地管理法进行了明确：集体土地入市交易后，通过出让方式获得土地使用权的权利人可以将其获得的土地使用权进行转让、互换、出资、赠与或者抵押。

从 33 个全国首批入市试点来看，对于入市的方式，大部分是规定以出让、出租、作价出资（入股）以及转让、转租和抵押的方式，并规定其地上建筑物、构筑物及其他附着物一并处分。对于入市途径，部分试点（海南文昌、四川泸县等）提到以"就地入市、调整入市、城中村集体建设用地整治后入市"。

4. 入市所有权主体与实施主体

《土地管理法》中对于所有权主体有明确的规定，第十一条："农民集体所有的土地依法属于村农民集体所有的，由村集体经济组织或者村民委员会经营、管理"。第六十三条："集体经营性建设用地出让、出租等，应当经本集体经济组织成员的村民会议三分之二以上成员或者三分之二以上村民代表的同意"。从试点情况看，具体操作中更倾向于将入市实施主体确定为根据所有权主体授权的具备法人资格的、市场化程度更高的经济实体或组织，以便于入市相关工作的推进。

5. 入市后收益分配

目前从法律层面未对土地增值收益分配做明确规定。财政部、国土资源部于2016年发布了《农村集体经营性建设用地土地增值收益调节金征收使用管理暂行办法》的通知（财税〔2016〕41号）第二条到第六条中规定土地增值收益调节金为农村集体经济组织取得农村集体经营性建设用地入市收益以及再转让收益时，向国家缴纳的调节金，由试点县财政部门会同国土资源主管部门负责组织征收，比例按入市或再转让农村集体经营性建设用地土地增值收益的20%～50%征收。其中调节金的用途未做规定。

大部分试点政策中对于土地增值收益调节金的计提比例都有明确规定，入市主体需要向政府缴纳土地增值收益调节金，按照入市用途的不同，计提比例大约在5%～50%不等，计提的基准主要分为土地出让收入和土地增值收益两类。试点中调节金的用途大部分优先用于农村基础设施建设，还有部分试点用于村民的社会保障、民生项目等支出；对集体经济组织获得的土地收益分配只有少数试点进行了规定，如海南文昌规定："预留不少于30%的土地收益，用于集体成员社会保障、村内公益事业建设、土地交易合同履行费用、发展二三产业等事项的必要内容。"

总体来看，一方面，政府参与集体经营性建设用地出让调节金的分配比例需要综合考虑试点区域情况、调节金的用途以及政府参与程度等因素；另一方面，集体经济组织获得的土地收益需要在充分保护农民及村集体的利益为基础，从而实现集体经营性建设用地入市交易的有序开展和可持续发展。

（二）宅基地盘活利用模式

1. 宅基地流转制度演变与政策解析

从新中国成立迄今为止的70年里，我国宅基地制度经历了所有权与使用权的"两全合一"（1949—1958年）到"两权分离"，再到"三权分置"（党的十八届三中全会）的重大变革，宅基地的使用权流转制度也经历了允许自由流转到限制流转，再到尝试解禁等重要改革。2000—2013年，中央对宅基地制度改革进行了"建设用地增减挂钩"等大量探索性尝试，至2014中央1号文件将"三权分置"作为国家政策正式提出后，对宅基地盘活利用的政策几乎以每年一个重大政策的节奏大刀阔斧地展开。这期间国家对宅基地的政策概括来讲有四大特点：一是更加重视财产权，"赋予农民更多财产权利""保障农民宅基地用益物权"，2014年、2015年、2016年连续几年反复强调"完善宅基地权益保障"；二是更加强调农民自愿的原则，从"宅基地换资金""宅基地换住房""宅基地换社保"到"自愿有偿退出或转让宅基地"都反复强调村集体组织和农户的自主权；三是对宅基地保障属性的强调，从 2015 年至今，国家不断探索新的机制来实现保障的目的；四是改革的稳定性和步骤性，中央对宅基地改革是有条不紊一步一步进行的，“有偿使用”的探索、“宅基地管理制度的完善”以及“宅基地确权登记”等都是为宅基地的流转开放做积极准备。直至 2018 年中央 1 号文件《关于实施乡村振兴战略的意见》正式以国策形式提出探索宅基地所有权、资格权和使用权“三期分置”，2019 年《土地管理法》把“户有所居”“允许已经进城落户的农村村民自愿有偿退出宅基地”“鼓励农村集体经济组织及其成员盘活利用闲置宅基地和闲置住宅”等前期农村土地制度改革的决策和试点成功经验上升为法律；前不久中央农村工作领导小组办公室、农业农村部发布《关于进一步加强农村宅基地管理的通知》（中农发〔2019〕11 号）确定了农村宅基地改革和管理的责任主体和主要任务，《农业农村部关于积极稳妥开展农村闲置宅基地和闲置住宅盘活利用工作的通知》（农经发〔2019〕4 号）又进一步明确了闲置宅基地盘活利用的模式、主体、机制、示范推广和规范管理等。

2. 宅基地流转及盘活利用的模式

相比中央，各地方对宅基地流转制度的改革意愿更为强烈，无论是浙江温州、义乌、宁波以及江苏苏州等东部沿海地区，还是河北、内蒙古、广西、陕西等中西部省份，都出台了关于宅基地管理的办法或者意见。农业农村部的数据显示，截至 2018 年底，各试点地区共腾退出零星、闲置的宅基地约 14 万户、8.4 万亩，这些试点实践总结起来主要有宅基地置换和宅基地资本化补偿两种模式。

宅基地置换模式。宅基地置换就是用宅基地和自己的农房换地换房，是较为直接的流转模式，如上海“中心村”模式、浙江“两分两换”模式、天津“宅基地换房”模式等。与土地征收程序相比，宅基地置换更为简便易行且自由空间更大，因此被地方政府广泛青睐，在浙江德清、义乌等地取得了较为不错的改革效果。但在操作过程应注意在充分尊重农民自由选择权利的前提下由政府主导进行，同时要明确被置换的土地性质如何认定，置换后新建房屋是否具有完整产权等关键问题。

宅基地资本化补偿模式。宅基地资本化补偿的实质是将宅基地资本化，最为典型的就是“地票”制度。2008 年，重庆推出“地票”改革，其具体做法是将包括农村宅基地在内的闲置农村集体建设用地复垦验收后，按增加的面积核发“地票”（即城市建设用地挂钩指标凭证），从而通过该指标将农村废弃、闲置的建设用地予以置换，实现土地权证化，解决土地浪费和城市建设用地紧张的矛盾。浙江借鉴重庆的改革经验，将宅基地使用权量化为“宅基地权票”，通过权票交易、流转，实现农民宅基地自由、有偿退出，在不改变宅基地集体所有性质的前提下，积极探索允许符合条件的宅基地及农房突破村级集体组织的边界，在全县农业人口范围内进行置换、转让、继承、入股。除此之外，还有四川“土地银行”模式、江苏“收购储备”模式等。地票制度使得“土地指标在本省市内高度市场化和抽象化”（孙建伟，2017），具有了财产价值。“地票”交易的决定权不在每年有多少农民有流转土地的意愿，而在于政府需要多少城镇建设用地指标，其不能算作宅基地使用权自由流转的途径，而仅能理解成是“《土地管理法》规定土地占补平衡的一个衍生物”（贺雪峰，2012），“是对国家增减挂钩政策的一种变形，与建立统一的城乡土地交易市场还存在一定的差距”（陆剑，2014）。

新时期，根据《农业农村部关于积极稳妥开展农村闲置宅基地和闲置住宅盘活利用工作的通知》（农经发〔2019〕4 号），各地可统筹考虑区位条件、资源禀赋、环境容量、产业基础和历史文化传承，选择适合本地实际的农村闲置宅基地和闲置住宅盘活利用模式。包括：①利用闲置住宅发展符合乡村特点的休闲农业、乡村旅游、餐饮民宿、文化体验、创意办公、电子商务等新产业新业态，以及农产品冷链、初加工、仓储等一二三产业融合发展项目。②采取整理、复垦、复绿等方式，开展农村闲置宅基地整治，依法依规利用城乡建设用地增减挂钩、集体经营性建设用地入市等政策，为农民建房、乡村建设和产业发展等提供土地等要素保障。

3. 宅基地盘活利用的主体

根据《农业农村部关于积极稳妥开展农村闲置宅基地和闲置住宅盘活利用工作的通知》（农经发〔2019〕4 号）相关要求，农村集体经济组织及其成员、返乡人员、有实力有意愿有责任的企业等均作为宅基地盘活利用的参与主体。具体为：①农村集体经济组织及其成员，可采取自营、出租、入股、合作等多种方式盘活利用农村闲置宅基地和闲置住宅；②有一定经济实力的农村集体经济组织可对闲置宅基地和闲置住宅进行统一盘活利用；③返乡人员可依托自有和闲置住宅发展适合的乡村产业项目；④有实力、有意愿、有责任的企业，可有序参与盘活利用工作。

4. 宅基地盘活利用的机制创新

根据《农业农村部关于积极稳妥开展农村闲置宅基地和闲置住宅盘活利用工作的通知》（农经发〔2019〕4 号）相关要求，①各地统筹安排相关资金，用于农村闲置宅基地和闲置住宅盘活利用奖励、补助等；②条件成熟时，研究发行地方政府专项债券支持农村闲置宅基地和闲置住宅盘活利用项目；③通过金融信贷产品和服务创新，支持农村闲置宅基地和闲置住宅盘活利用；④结合乡村旅游大会、农业嘉年华、农博会等活动，向社会推介农村闲置宅基地和闲置住宅资源。

（三）点状供地——灵活供地模式的探索

1. 诞生背景

在乡村旅游等休闲农业项目中，传统整片式供地方式，由于项目占地较大，用地多，容积率低，政府供地紧张，以及农转用、占补平衡指标等问题，使得项目难以落地；加之乡村休闲农旅项目一般出于环境和景观营造的角度考虑，设施设计属于小型且分散，按传统的成片用地的供给方式，会造成很大的土地浪费，对于开发商和政府双方而言，片状供地都不划算。传统供地方式对资金要求过高，而乡村旅游项目资金回报期又较长，投资方再有钱也难免感到犹豫和吃力。

相比之下，点状供地则更有利于盘活土地资产。这是因为在实际操作中，几乎每个项目都会留下“土地边角料”，点状供地可将这些土地推向市场，盘活土地再利用，释放土地管理压力，及时回笼土地成本，适当补充财政性收入。此外，资本下乡的投资商，更多的是和村集体或者村民打交道、做生意，因此不可避免地出现抵押融资困难、农户毁约等问题，而点状供地则通过公开出让方式获取，因而所建项目具有产权，避免了和村民产生纠纷的问题，确保了项目投资的可靠性。

2. 推进情况

目前，海南、浙江、广东、吉林等省份新出台的土地获取方式，不少地区已突破性采取“点状用地”方式为休闲旅游项目落地谋出路。“点状供地”这一创新性举措造就了杭州莫干山裸心堡、宁波九龙湖度假村、重庆归原小镇等一批旅游休闲项目。

例如，浙江德清莫干山裸心堡项目采取“点状供地、垂直开发”的方式，将项目用地分为永久性建设用地和生态保留用地，其中永久性建设用地建多少供多少，剩余部分可以只征不转，以租赁、划拨、托管等方式供项目业主使用。裸心堡仅新增建设用地 12 亩，其余八成的建筑是租用当地农房改造而成，园区内的 200 多亩山林，从村民手中流转，保持原貌，大大节约了用地指标。

除莫干山裸心堡外，重庆武隆的归原小镇项目也是一个典型案例。项目总占地面积 1 163 亩，实际建筑面积 6.2 万方，容积率 0.88，建筑密度 40%。项目主要包括 36 栋民宿建筑，其中 25 栋为新建民宿，11 栋由原空置农房改造而来。农房改造用于山里工作室、接待中心、茶室、民宿、青年旅社和农事体验工作坊等。像其他旅游小镇一样，归原小镇项目前期也遭遇供地难、不符合规划、不予立项的问题，采取“点状用地”模式后，按照项目建筑物占地面积、建筑之间距离范围及必要的环境用地进行点状规划、点状报批、点状供地，不仅减少了土地占用指标，解决项目用地问题，也减轻了投资方的资金压力。被征收农房户主将农房周边的耕地、林地等分别以600元/(亩·年)和150元/(亩·年)的租金租赁给项目方，用于农事相关项目打造，租赁期为12年，农民除了每年获取租金收益外，也可参与到归原小镇的运营和建设工作中，享受劳动创造的工资性收益。

(四)农村闲置建设用地盘活模式总结

综合上述各项分析，农村各类闲置建设用地盘活模式可梳理归结为：集体经营性建设用地按照新法规定可直接入市；宅基地除农民自住部分外，闲置荒废以及自愿有偿腾退部分，均可转化为集体经营性建设用地入市；公益性公共设施用地除满足农村公共服务的设施及公益事业用地外，废弃闲置部分可调整为集体经营性建设用地后入市，同时将产生收益的10%左右，再反馈用于支持发展各项农村社会事业。

三、支持农村社会事业发展路径及案例分析

长期以来，由于历史、政策等多重原因，农村集体资产和收入的缺乏，农村社会事业发展面临着城乡教育资源不均衡、文体卫生事业落后、农村基层设施建设缓慢、农村公共服务供给严重不足等一系列问题。利用好新一轮国家土地政策、财政政策，盘活农村闲置建设用地，通过模式创新和机制创新，充分调动广大农民群众及社会资本，积极参与到农村产业发展，发展壮大集体经济，从而加快农村科教文卫各项公共服务建设和社会事业发展。

盘活农村闲置建设用地，支持农村社会事业发展主要体现在改善农村公共服务设施和提升公共服务水平两大方面。其中，改善农村公共服务设施包括农村居委会、综合文化站、农家书屋、老年活动室、户外休闲文体活动广场、卫生服务站、计生站、体育活动室、健身场地、运动场地、养老服务站及公用设施等各类硬件条件的建设和完善；提升农村公共服务水平方面，2019年中央1号文件和2019年8月《中国共产党农村工作条例》均强调，要全面提升农村教育、医疗卫生、社会保障、养老、文化体育等公共服务水平，加快推进城乡基本公共服务均等化。

(一)盘活农村集体建设用地支持发展农村社会事业路径分析

1. 集体建设用地资本化带动农村一二三产融合发展

农村集体建设用地的资本化，主要是使用权的资本化，它是指依据公平与效率观和福利经济学理论，将农村集体建设用地使用权当作资本进行经营，使其进入市场流通，从而获取一定经济报酬的经营过程。农村集体建设用地使用

权资本化，是实现农村集体建设用地资源配置效率最高、收益分配最佳的有效途径，也是带动一二三产融合发展和加快推进我国农村社会事业发展的必然要求。

集体建设用地资本化，首先要在国家《物权法》《土地管理法》等法规制度的约束下，建立保障国家、集体及农户三方利益均衡的配套措施，以保证农村集体建设用地使用权资本化模式有效运作。一是利用征收土地增值税、土地保有税和土地用途调节税等土地税收制度来合理调节土地主体利益和行为关系；二是建立产业补偿和地区平衡制度，即为补偿农业地区、生态保护区、水源保护区及畜禽禁养区、工业控制类地区建立专项基金（基金的来源是对工业化、城镇化地区的土地出让金或租金等收益按照一定的比例进行提取）；三是探索实行农村集体建设用地信托制度，将农村集体将建设用地或者宅基地集中交给土地信托机构进行管理和经营，土地信托机构按照统筹城乡综合配套改革发展的要求使用土地，依照国家法律法规将土地投入流转市场，进行土地使用权的交易，作为农村集体的长期土地投资，这也是一条通过土地资本化从而推动农村社会事业发展的富民之路。

2. 集体建设用地股权化促进农村社会保障体系建设

集体建设用地股权化（也叫“股份化”），即以股份的形式量化集体建设用地，是指对一定范围的集体建设用地，按照一定方式划分出份额，并分配给某一时点所有具备本集体成员资格的农民（或同时为集体配股），使集体成员（或集体成员与集体）以股份的形式享有集体建设用地权益。集体建设用地股权化主要是集体经营性建设用地股权化，即本集体成员根据持有的股份决策集体建设用地经营利用并获取相应收益。集体建设用地股份化可强化民主管理与权利归属，尤其是理顺利益分配关系。而农村社会保障体系的建立和完善最关键的就是农村社会保障制度的建立和农村社会保障管理体系的完善。

通过集体建设用地的股权化，合理分配经营收益，有利于建立对农村社会保障制度建设的投入，探索建立稳定可靠、合理增长的筹资机制。另外，农村的保障对象规模庞大，居住分散，管理难度可能还要大于城镇，管理成本是一笔不小的开支，需要对管理机构和管理能力建设统筹规划，通过合理分配集体建设用地股权化的收益，将为农村社会保障体系建设提供必要经费保障。

（二）盘活农村集体建设用地支持农村社会事业发展案例

1. 建设创新社区，改善农村人居环境

创新社区模式要求宅基地布局相对集中为宜，项目操盘主体一般为企业或政府平台公司＋企业。其商业路径可概括为：①选取安置区块（适合村内就地安置）；②由政府牵头组织，对安置社区进行特色化整体设计和建设；③安置居民入住；④引导有能力的居民小型业态就地经营；⑤逐步把乡村社区打造成为具有共享特质的文旅吸引点，改善农民居住环境，引导发展新型产业。

该模式比较典型的案例是和盛田园东方项目，该项目位于成都天府新区的新兴镇，是一个具有独特属性的"都市田园综合体"。项目所在地成都是国务院最早确立的城乡统筹示范区和农村改革试验区，2008 年就在全国率先挂牌成立了农村产权流转综合服务平台，针对建设用地指标、集体建设用地、农村土地综合整治、农村产权服务等，探索出了一套全新的服务模式和配套完善的交易制度，为盘活利用农村建设用地铺垫了良好的基础条件。

在集体建设用地盘活利用方面，由和盛家园作为实施主体对土地进行专业的整理。通过土地整理一方面改善了农民的居住环境（田园社区板块），另一方面也整理出大量土地用于发展新型产业（创智田园板块、爱尚田园板块），使得项目前期投资中涉及土地方面的投入大幅度减少。

从设计上按照"世界生态田园城市"目标定位，农村地区"人在园中"，中心城区"园在城中"的总体格局，打破传统农民安置房缺乏自然乡村韵味、复制城市的密集化布局，重视人与人的邻里关系、人与自然的亲近关系，采用乡村院落组合方式，形成"面朝田园、背靠商街"的"一字形"布局。社区布局自由，且相对集中，并结合住房的退让布局，构建多变的活动空间，方便村民邻里之间的交流和互动，同时引导村民开展自营小型业态。此外，为方便生产活动，社区还特别设计花园与农田相结合的方式，打造田园花园的良好居住环境，项目为每户农民都留有自留地，可以用于种植蔬菜、瓜果等特色农产品用于集市出售或自用，在解决农民的生产、生活问题的同时，保留了农民原有的耕作习惯。2018 年 6 月，老社区的原住民已经陆续搬进田园社区，平均每户可获得 2～3 套房屋。农户可以将多余的限制房屋返租给物业公司，物业公司将统一规划、装修、招商，发展庭院经济与民宿酒店，经营利润的 49%分给村集体和返租农民。

2. 盘活闲置农宅，推进农村医养融合

中共中央、国务院印发的《乡村振兴战略规划（2018—2022 年）》指出"村集体建设用地优先用于发展养老、康养服务"。这方面全国各地也进行了不少尝试，比较典型的案例如北京国奥乡居的"乡居式养老"。该项目位于北京怀柔田仙峪村距离北京北三环 65 千米，紧靠雁栖湖、怀柔慕田峪长城，是北京市政府牵头、国奥集团主体运营打造的全市首家养老农宅合作社试点。项目通过"三权分置、四位一体"的模式，即把农村闲置房屋的所有权、使用权和经营权剥离开来，形成农民所有、合作社使用、企业经营、政府监管的有效机制。

操作路径上，农民将闲置房屋流转到农民专业合作社，成为社员后取得房屋租金收入并参与项目收益分配。村委会成立田仙峪休闲养老农宅专业合作社，作为组织管理农民并与社会资本展开合作的主体。合作社社区、镇政府的指导下与企业开展合作，确定好合作形式、管理形式、收益分配方式等，在每年取得收益时对社员分红。国奥集团与田仙峪休闲养老农宅专业合作社签订协议，合作社首批吸收 30 余套闲置农宅，由国奥集团对老宅院统一改造，将闲置老旧的农宅经改造成外观古香古色、颇有乡村风情，内装修风格考究、设施齐全的特色民居，同时配套有物业服务中心、医疗服务中心、租种菜地业务中心、配餐中心、采摘园、各种球类娱乐设施，将原来的卫生室升级为卫生服务中心，可刷医保卡享受城市同等待遇的医疗服务。

具体运营模式上，国奥乡居里的传统院落只租不卖，一般采取会员制形式租赁，使用时间为 20 年，根据两居、四居院子大小的不同，费用为 120 万～180 万元不等。在租户确认不使用院子期间，可委托国奥乡居运营团队专业人员进行经营，公司按正常销售价出租该院子，所得租金五五分成。

3. 优化村镇工业园，形成新型农村集体经济组织

随着城市化、城镇化进程的加快，城乡结合部的农村集体建设用地不断减少，一些地方抓住区域发展机遇，对原有传统村镇工业园进行升级优化，成立新型农村集体经济组织——园区管委会，逐步实现了村民转化为园区居民，推动农村社会事业全面发展。

典型案例如北京市海淀区东升镇。该镇原有集体土地总面积 14 437.23 亩，其中建设用地 4 833.58 亩，占 33.48%，集体建设用地比例低，具备开发条件的建设用地稀缺。随着城市化进程的加快及清华大学等高校的扩建，东升镇集体建设用地资源持续减少，东升乡抓住中关村国家自主创新示范区核心区的新机遇和城市化快速发展新形势，研究确定了盘活集体建设用地方案，对镇域集体产业用地进行重新规划，对原有规划进行重新定位，由“瓦片经济”向科技产业转型，最终将该片老工业区规划建设成为高新科技园区，即现在的“海淀区东升科技园”。其主要的做法有：①采用“村企合作，乡级统筹”的开发模式。科技园于 2007 年 9 月开工建设，采用集体开发、自主运营的开发模式，即采用集体占地的方式，用地所有权和收益权归集体所有，形成“自主投资、自主建设、自主管理、只租不售”的产业发展模式，开发主体为东升镇经济合作总社。在盘活融资方面，一期建设所需资金，以东升镇农村经济积累作为基础，在建设园区时投入了 5 亿多元。二期建设将通过利用集体经济积累与抵押“集体土地证＋规划证”获取银行贷款等方式，自筹资金完成建设。②成立管理运营机构，保障园区营运。东升镇于 2009 年成立了东升博展公司，该公司负责运营和管理科技园。该公司以科技企业服务商为主线，致力于研究科技园区专业化运作和服务机制，经营管理涵盖物业管理、孵化器、加速器等项目，初步形成为科技企业服务的产业链。从园区客户的引进、入驻到各类手续办理，后勤保障等系列服务都由园区管理机构的各个专业团队全程跟踪完成，尽量满足企业的各类需求。③进行股份制改革，调动农民积极性。东升镇于2009年启动了集体产权制度改革，对集体资产进行整合、清理，将集体资产以股份形式量化到人，使农民真正成为园区的股东。一是将社员投入到集体中的资产（主要指集体土地）进行统计，对账面净资产核算到每个人，即划分股权；二是认为该项目有发展前景，可留下来继续参与园区发展，认为没有发展前景的，可按一股的价格直接支出现金退出。最后留下817个自然人股东和1个法人股东，即东升农工商总公司。前者股权占比80%，股东既有农民，也有农转非后的东升镇居民；后者股权占比20%。对于最终无人认购的股份，企业通过股权转让的方式由职业经理人持有，形成混合模式。目前，东升镇初步建立了一个“产权清晰、农民入股、主体多元、充满活力”的新型农村集体经济组织。通过产权制度改革，最终基本形成了股东代表、董事会和监事会，由董事会任命经理班子，同时形成了相对符合《公司法》的公司治理结构体制，这个体制一经形成，整个科技园区就可以开始经营了。东升镇通过盘活农村集体建设用地，带动实现了“数量未变，质量提高”。同时，确保主体一致，企业可以注册登记，有利于企业发展。

从以上几种典型的集体建设用地盘活再利用案例中可以看出，目前已经涌现出了不少关于盘活利用农村集体建设用地的模式，效果各异。总结来看，主要呈现出以下几个特点。

第一，从发展背景看，区位优势成为促进用地整治的最主要动力。集体建设用地在产业区位、交通区位、自然区位和资源区位的优势下衍生出不同的用地矛盾，但矛盾背后较好的经济收益和社会效益又会推动土地盘活利用的进程。

第二，从主导模式看，各模式整治主体多样。政府主导下推进力度大，但并不具有普适性，同时也会增加政府的财政负担；村级合作模式注重市场且操作较为灵活，但受用地性质的限制难以形成规模效益，难以促进长远发展；村集体自主模式最能保证农民的主体地位并调动其积极性，但对于村集体的执行力和经济实力要求较高。

第三，从实施成效看，整治后用地质量均有提升，都在一定程度上推动了农村产业发展，充实和壮大了农村集体经济，从而为发展农村社会事业提供了经济基础和组织保障。

农村人居环境整治

"十四五"农村人居环境整治对策研究*

改善农村人居环境，是以习近平同志为核心的党中央从战略和全局高度作出的重大决策。农村人居环境整治是实施乡村振兴战略的重要任务，不仅关系到广大农民的健康和根本福祉，而且直接影响全面建设小康社会的进程。加快农村人居环境整治，既是生态宜居的必然要求，更是生态振兴的具体行动。2020 年是"十三五"规划的收官之年，也是《农村人居环境整治三年行动方案》的关键之年。本报告客观阐述了当前农村人居环境整治的重点领域，指出了农村人居环境治理中存在的问题，明确了"十四五"期间农村人居环境治理的指导思想和总体思路，并提出了具有针对性的对策建议。

一、农村人居环境整治的重点领域

从农村人居环境整治的进展和成效来看，农村生活污水治理、农村生活垃圾治理以及厕所改造既是当前农村人居环境整治的重点，也是难点。

（一）农村生活污水治理形势严峻

与城市生活污水处理相比，农村生活污水具有独特的特点，加之农村特殊的社会经济现状，使得农村生活污水处理难度和效果不佳。

1. 农村生活污水处理中的"两难一低"问题突出

由于农村居民居住分散，特别是在山区、丘陵地区，农民居住点更加分散，再加上生活污水管网铺设的成本相对较高，地方财政难以支撑。因此，这些地方的农村普遍缺乏污水收集管网与处理设施，收集生活污水相当难。而由于不同地域农村居民用水习惯不同，生活污水产生量和排放规律存在很大的空

---

* 课题主持人：于法稳，中国社会科学院农村发展研究所。

间异质性，客观上决定了生活污水处理难度较大。此外，一些地方采取的污水处理模式不适于当地实际情况，导致农村生活污水处理效率较低。

2. 农村生活污水处理等环保基础设施投入严重不足

农村生活污水治理投入不足，一方面是长期以来我国城乡二元经济结构下政策资源进行差异化分配的结果，另一方面则是农村居民分散居住的结果。与大中型城市建设集中式污水处理厂相比，小城镇和农村生活污水处理存在较大的困难。大多数农村地区受经济条件、基础设施建设、农村居住分散等条件的限制，尚没有建立生活污水处理系统。对于一部分建设了污水处理系统的农村地区，污水处理管网和设备的建设投入以及后续的管理维护都需要投入大量资金，政府承担了从规划设计、建设运营到管理维护的绝大部分责任和负担，而且，污水处理率越高，财政压力也越大。然而，由于农村居民居住分散且配套的基础设施无法跟进，导致在实际运行中污水处理的效果并不理想，处理设备低效运营甚至失效现象普遍存在，造成了严重的资源浪费。

3. 农村生活污水处理技术适应性较差

由于我国广大农村所处的区域生态条件，以及风俗习惯、人口、经济及社会条件差异性大，农民的认知程度也明显差异，采取单一的污水处理模式或者技术，难以达到农村生活污水达标处理的目的。从目前来讲，我国农村生活污水处理大致形成了三种模式，即分散处理模式、村落集中处理模式及纳入城镇排水管网模式。可以说，后两种模式的污水处理技术比较成熟，分散处理模式中的技术具有明显的区域适宜性的限制。

调研发现，国家一些研发机构推广应用的农村生活污水处理技术，区域适应性较差，特别是缺乏高寒地区农村生活污水处理的有效技术；同时，国家有关部委推行应用的一些技术与设施成本，远远高于个体企业立足于广大农村探索出的适用性较强的生活污水处理技术与设施的成本。此外，在农村生活污水处理方面，缺乏系统观点，没有将农村生活污水与厕所革命进行一体化处理。

（二）农村生活垃圾治理任务繁重

经过多年发展，我国农村生活垃圾处理已经有了很大成效，生活垃圾收集、处理比率显著提高，基础设施条件明显改善，治理资金投入不断增加。但是，随着经济发展水平的增加，农村生活垃圾产生量逐渐变大，成分日益复杂。

1. 农村生活垃圾分类工作流于形式

目前绝大多数的农村已经配备了集中处理垃圾箱，条件较好的地区也配置了相应的卫生清理人员，但是，总体来看，农村生活垃圾分类的标准不明晰，垃圾分类宣传不到位，再加上农民自身知识的缺乏，不能对垃圾进行正确分类，使农村生活垃圾分类工作流于形式。

2. 农村生活垃圾分类处置运行成本较较高

生活垃圾的分类处理涉及诸多环节，过程也相对复杂。分类处理的基础设施费用、费用、运输费用较多，近郊农村的发展水平相对较低，且缺少财政支持，导致在近郊农村实行垃圾分类集中处理的可行性较低。此外，近郊农民对生活垃圾分类收集的自发性和积极性不高，增加了农村生活垃圾分类集中处理的成本。

3. 生活垃圾分类推广难，居民参与程度低

多数农民生活垃圾分类意识低，没有形成良好的生活垃圾分类习惯。如何提高农民参与生活垃圾分类的积极性，实现从“要我分类”到“我要分类”，让农民养成对生活垃圾分类的好习惯，值得深思。

（三）农村厕所革命任重道远

现阶段在政策和资金的支持下农村“厕所革命”如火如荼地展开，并取得了一定的成果，卫生无害化厕所的普及率显著提高。但是距离到达 2020 年实现农村的卫生厕所普及率到 85%还有很大差距。

1. 改厕整体进程缓慢

目前来看，部分经济较好、群众卫生意识较强的地区和村庄已经基本完成了对旧有厕所的改造。随着工作推进，现有的尚未改厕的地区大多是经济条件较差、地形条件不方便、没有能力建设的生活贫困地区，这些地区的农民对于改厕积极性不高，无害化卫生厕所的普及率仍然较低。尤其在地形条件没有优势、自然灾害较多的地区改厕进程缓慢，大部分村庄没有达到农村公厕建设标准，大部分地区仍然使用旧有的非无害化厕所。资金投入的不均衡，以及自然地理条件的制约，使得各地改厕进程快慢不一，影响了整体无害化卫生厕所普及率的提高。

2. 改厕方案模式不规范

广大农村地区在自然气候、区位条件以及经济发展水平上千差万别，既有山区分散的居住形式，也有平原的集中形态；既有气候相对温暖的南方村庄，也有冬季寒冷的漫长的北方村庄；既有离城市较近的富裕村，也有正在摘帽的贫困村。厕所改造建设应该结合实际情况，充分考虑人口、使用率以及后期管理等条件，做出合理选择。但是，调研来看，很多地区进行改造时没有结合当地实际情况，大多数地区几乎都采取相同的改厕方式，没有做到因地制宜。

3. 改厕材料质量不达标

多地的卫生厕所在建成后几近废弃，当问及为什么不使用卫生厕所时，得到的答案是厕所设施容易损坏，损坏后无法继续使用。进一步调查发现，厕所设施建设中使用了一些质量不高的廉价产品，比如一个坐便器只有 200 元。经专家查验，发现个别村采购的预制式三格化粪池的材质较差、强度不够，部分已经填埋的化粪池出现开裂、变形等问题。另外，化粪池内的隔板厚度较薄且尺寸不吻合造成缝隙较大、无法使第一、二、三格之间达到密闭效果，粪便不经过预设的过粪管即可由第一格流入第二格或第三格，无法进行彻底的厌氧发酵处理，不能达到无害化卫生厕所要求。个别村已改造的户厕三格化粪池的坑底地基没有采用规定厚度的混凝土做基础，可能会导致化粪池因三格间重量不平衡出现不同沉降、变形，严重时可能会导致渗漏，污染土壤和水源。对于厕具采购中质量不达标的现象很多，给农民后续使用造成极大不方便，有的农民暂停使用，或者重新用起了旧旱厕，使厕所改造成了政府为完成考核目标的“面子工程”。

4. 重建设轻后期管理

农村厕所“重建设、疏管理，建得快、坏得快，有人建、没人管”的问题仍然在很多地方普遍存在。目前，各地的改厕工作一般是由政府承揽，然后交给相关部门执行建设，但在硬件设施完成后，缺乏对农户家使用情况进行跟踪管理、反馈，缺乏长效、可持续性管理机制。厕所改建是一个系统性的工程，尤其是对于一些自来水供应和污水排放处理情况不甚乐观的地区，还未建立污水管网，只能使用三格化粪池式简易水冲厕所，这种情况下厕所粪污会不断积累。目前的粪污主要靠农户自己处理或由村级卫生员有偿服务处理，长此以往，更是成为了负担。在只有老人或者小孩居住的家庭、丧失男性劳动力家庭、低收入家庭，在化粪池堆积满后如果无人收取，更是会导致新建厕所废弃。这些都对农村改厕的长期管理提出挑战，对于未改厕家庭也会造成不好的影响。同样由于改厕将卫生厕所变为私人物品，具有竞争性和排他性，使农村公共厕所的问题凸显出来。农村公共厕所在建成后由于没有专门的管理单位，公共物品的属性使得环境卫生和使用难以规范，长时间没人管理，脏乱差的现象随处可见，有的公共厕所为了减少管理、维护的相关费用甚至直接关闭停用。

二、农村人居环境整治存在的问题

总体而言，农村人居环境整治两年以来，各地虽然涌现出了典型做法，并取得了一定成效。但是，总体来看，无论是从政策落实、技术规范，还是治理机制上也存在着许多问题。

（一）农村人居环境整治政策没有得到有效落实

实践表明，农村人居环境整治并没有得到基层政府的广泛重视。在快速城镇化背景下，城镇公园、城镇生态环境建设是基层领导打造任期内政绩工程的重要内容，也是向上一级政府展示政绩的关键平台，自然成为关注的焦点。尽管国家针对农村人居环境整治采取了一系列政策措施，但并没有得到基层政府的积极响应并付诸实际。与此同时，无论是农村生活垃圾产生量，还是农村生活污水产生量都有一定幅度的增加，而处理设施没有得到相应改善，再加上应付于上级“工程验收”而不注重效果的改厕模式，都有可能导致农村人居环境质量的下降。

（二）农村人居环境整治技术与模式缺乏规范

调研发现，在推行农村人居环境整治中，生活污水、生活垃圾处理技术规范性较差，更缺乏统一的标准。一些地方在生活污水处理中简单地将城镇污水处理的管网方式搬到农村，不考虑农村生活污水排放的特点以及农村集体经济状况。同时，对一些特定区域而言，农村人居环境整治技术严重缺失。此外，企业探索出的一些有效治理技术及创新模式很难依靠自身力量实现有效推广。

（三）农村人居环境整治的相关机制不完善

其一，农村人居环境整治设施的运营机制缺失。近年来，为了推动农村人居环境整治工作，一些地方陆续配备了垃圾桶、垃圾箱及中转站、运输车等设施，但缺乏有效的运营与管护机制。从总体情况看，运营组织不健全，缺乏管护经费，从而导致人居环境整治设施的闲置与浪费。

其二，农村人居环境整治的评估与监督机制还没建立。农村人居环境整治是一个系统工程，涉及范围大、工作内容多，对此需要进行有效的评估和监督。但是，由于农村人居环境整治才刚刚得到重视，评估和监督机制还没有建立。

其三，部门之间缺乏有效的工作协调机制。围绕着农村人居环境整治，国家相关部委都实施了相应推动措施，但彼此之间缺乏相互协调和共同推进的工作机制，从而影响了人居环境整治的效果。

其四，缺乏有效的农民参与机制。受传统生活习惯的影响，农村居民对农村生活污水、生活垃圾造成的环境影响缺乏认识。同时，我国农村人居环境整治仍然处于探索阶段，农村居民对人居环境的整治还持有怀疑态度，对相关的设施建设行为不能充分理解，参与程度较低。

（四）农村人居环境整治质量监管缺位

当前，我国对包括农村人居环境在内的环境污染问题的监管存在严重缺位，一些地方依然处于空白。首先，我国最基层的环保部门是县一级环保机构，很多地方乡镇一级尚无相关职能部门，县级环保部门受各种条件限制，很难对农村环境进行有效的监管。其次，基层从事环境保护工作的人员相对较少，不仅没有建立起农村人居环境的监测网络系统，而且也无法充分利用相关的农村人居环境监测技术。此外，我国环境保护的法律体系中对何种行为应该处罚以及处罚的程度，规定得过于笼统，这导致环保执行部门难以有效行使环境执法权。

三、"十四五"农村人居环境整治的指导思想与总体思路

"十四五"是农村人居环境整治的关键五年，对于持续改善农村环境，提升民生福祉具有重要意义。

（一）"十四五"农村人居环境整治的指导思想

以习近平新时代中国特色社会主义思想为指导，全面贯彻党的十九大和十九届二中、三中、四中全会精神，坚持规划先行，因地制宜的原则，切实发挥村民的主体地位，强化"政府引导、市场运营、农民参与"，以提升农民幸福感和获得感为根本目的，高标准推进、高质量完成、高效率监管，以全面推进农村生活污水、农村生活垃圾和厕所改造为重要抓手，持续改善农村人居环境，加快补齐短板，改善村容村貌，不断提升农村人居环境水平。

（二）"十四五"农村人居环境整治的总体思路

在坚持"十四五"农村人居环境整治的指导思想下，"十四五"农村人居环境整治应该在标准、资金、体制机制上做足文章。

1. 完善机制，切实发挥农民的主体地位

农村人居环境整治需要政府、企业与农民的广泛参与，但农民始终是农村人居环境整治的主体。如何调动农民的积极性，使其主体地位得到充分发挥，就必须建立有效的参与机制。为此，应以喜闻乐见的方式，向农民广泛宣传农村人居环境质量对身体健康的影响，提高他们对农村人居环境重要性的认知水平。在此过程中培养农民的责任意识，进而推动其生活方式的转变和参与意识的提高，从而能够积极、主动、全面参与农村人居环境整治的全过程。

2. 制定规划，明确整治的内容及优先序

一是充分认识到农村人居环境整治规划的重要性。二是制定详细的科学规划。根据村庄不同区位、不同类型、不同人居环境的现状，确定农村人居环境整治的重点，明确综合整治的路线图、时间表。三是科学核算资金需求规模。根据农村人居环境整治规划，充分考虑农村人居环境整治所需的硬件设施、运

营等各种要素，对全国范围内农村人居环境整治所需要的资金规模进行科学核算。根据资金需求规模，在国家层面再制定实施的具体方案。

3. 依据区位条件，确定整治的技术与模式

在国家层面，相关部委的技术管理部门应对当前农村人居环境整治中所采用的技术进行分类，科学分析这些技术的特点及空间适宜性，提出一份“自上而下”的技术供给清单。在此过程中，建议将民营企业成熟的农村生活污水、生活垃圾处理技术以及厕所革命技术或者模式也纳入进来，这既增加了技术或者模式的可选择性，也有利于调动企业参与农村人居环境整治的积极性。同时，基层职能部门在推进农村人居环境整治进程中，对不同区域农村所需要的技术类型及模式非常清楚，可以提出一份“自下而上”的技术需求清单。通过技术供给与需求清单的对比，不同区域在开展农村人居环境整治中，可以选择出适宜的技术和模式。

具体而言，一是实施生活污水与厕所一体化处理技术的推广应用。二是推广生活垃圾分类，提高农村生活垃圾资源化利用率。探索建立区域性“生活垃圾绿色银行”，建立“生活垃圾绿色账户”，以生活垃圾分类为前提，实现生活垃圾源头减量化，提高居民垃圾分类的积极性和主动性。以寻找生活垃圾资源化途径为根本，提升生活垃圾资源化利用率。

4. 科学匡算，为整治提供资金保障

首先，加大财政资金投入。根据农村人居环境整治需求，国家层面应加大资金投入力度，一方面用于完善设施，另一方面用于建立运营机制。同时，建议取消配套资金，加大资金使用的监督与审计，发现问题严肃追责。

其次，创新融资机制。建立“政府投入为主，村民支持为辅，积极发挥社会支持”建设公共设施的多元化投资机制和以村民为主体的公共设施运行维护管理机制，调动村民参与农村人居环境整治的积极性。

其三，建立农村人居环境整治专项资金。农村人居环境整治是一项长期任务，建议在国家层面设立农村人居环境整治专项资金，明确政府的投资主体。鼓励社会团体、企业和个人捐款或以其他方式积极参与到农村人居环境整治之中。此外，建立和完善适应各地经济发展水平的地方政府补助机制，作为国家专项资金、社会资金投入的有效补充。

5. 加强监管，确保整治成效的可持续

针对农村人居环境整治中过度关注工程建设而不关注人居环境整治成效及可持续性问题，应加强对农村人居环境整治的全过程监管。针对当前农村人居环境整治监管缺位问题，应尽快建立评估与监督机制。建议采取第三方参与模式，建立农村人居环境整治的评估与监督机制，对参与农村人居环境整治的利益相关者的行为、治理效果、满意度、存在的问题进行全面科学的评估，以寻求完善农村人居环境整治的途径与措施，特别是设施完成之后管护机制的完善。这是确保整治成效可持续性的关键。

四、“十四五”农村人居环境整治重点领域的对策建议

“十四五”农村人居环境整治应该以农村生活污水、农村生活垃圾和厕所改造为重要抓手，加快补齐人居环境短板。

（一）农村生活污水治理方面

1. 实现技术与模式创新，为农村生活污水处理提供保障

一是加快已有技术的推广应用。对农村生活污水处理，已经探索出了一些有效的技术，需要加快推广应用，在更大范围内服务于农村人居环境整治。同时，探讨将个体企业成熟的农村生活污水处理技术及设施纳入国家相关部门推广体系的途径，发挥它们参与污水治理的作用。二是加快新技术研发。要根据不同地区的实际情况，研发农村生活污水处理所需技术，提高技术的区域适应性。三是加强相关技术整合，选择相应的模式。农村生活污水处理所需的技术具有综合性特点，需要加强各种相关技术的整合。四是应根据山区、丘陵、平原地区的不同地貌特征，寒带、温带、热带不同的气候特征，城镇郊区、边远地区不同的条件，以及农村生活污水产生量的差异性，选择集中处理或者分散处理模式。

2. 加大资金投入保障力度，逐步完善农村生活污水处理设施

一是设立专项资金。针对广大农村生活污水治理的实际状况，建议在国家层面设立农村生活污水处理专项资金，明确政府的投资主体。二是鼓励社会资金参与农村污水治理。在国家设立专项资金的同时，政府应积极鼓励社会团体、企业和个人捐款或以其他方式积极参与到农村生活污水治理之中。三是增加地方政府财政投入。根据不同区域经济发展水平，建立和完善适应各地经济水平的地方政府补助机制，作为国家专项资金、社会资金投入的有效补充，将农村生活污水处理的资金投入纳入国家财政体系中，逐年增加对污水处理设施的建设和维护费用。

3. 加大资金投入保障力度，逐步完善农村生活污水处理设施

一是建立有效的生活污水设施运营机制。在农村生活污水治理之初，政府负责相应设施的运营与维护较为合适，运营一段时间之后，应逐步过渡到政府和用户以外的第三方。通过专业机构的运营与管护，更有利于保障设施的正常运行，便于实施监管。需要指出的是，应根据集中处理与分散处理的具体特

点，确定运营机制。二是建立评估与监督的有效机制。建立农村生活污水处理评估与监督的有效机制，及时发现其中存在的问题，寻求解决的途径。三是建立有效的农村居民参与机制。通过提高农民的认知水平，提升责任意识，进而增强参与积极性，使其积极、主动、全面参与农村生活污水处理的全过程。

（二）农村生活垃圾治理方面

1. 完善相关法律法规和激励政策，推进农村生活垃圾处理规范化

《中华人民共和国环境保护法》和《中华人民共和国固体废弃物污染环境防治法》是农村垃圾处理的主要法律依据。在农村垃圾处理法律缺失情况下，一方面要抓紧制定相关法律法规，为农村垃圾处理提供不同层面、不同环节的法律依据；另一方面，应根据现有法律中关于固体废弃物的处理规定，出台农村生活垃圾的具体管理办法，进一步细化责任，明确防治要求。应尊重农村垃圾地域差异，积极推动以授权立法的形式将地方性农村生活垃圾污染环境防治的具体办法和规范交由各地自主制定。目前，上海、浙江、安徽等省市都分别制定了地方环境保护条例、地方农村环境污染防治规划或地方农村垃圾管理办法，可供其他省份借鉴。此外，需要不断完善农村生活垃圾处理的国家标准和技术规范。

2. 加大资金保障力度，探索政府保底的多元投入机制

农村垃圾处理是一项公益事业兼民生工程，政府保底是责任。但是，农民作为受益主体，也应适当承担清洁费用。农村生活垃圾治理费用包括建设费用和运行费用。建设费用主要由政府出资解决，运行费用则应该由政府和村集体、村民共同承担。各级政府可以根据实际情况，探索以政府为主体的多元化资金投入机制。一是应考虑将农村生活垃圾治理费用纳入地方财政预算，并逐年加大投入，用于保障设施设备建设和运行费用，以及垃圾清运所需经费，实现垃圾清理常态化。二是鼓励村集体出资和村民缴费，用于解决村庄保洁费用，包括垃圾分类减量、收集以及运输至本村集中堆放点的费用。三是支持地方积极探索引入市场机制，逐步将农村生活垃圾治理项目推向市场，通过市场化运作筹措资金。通过财政、税收和金融政策吸引社会力量和企业参与垃圾分类处理和资源化利用。如可对参与企业（如从事垃圾填埋、沼气发电项目）所得进行税收抵扣、优惠和减免。

3. 推进农村生活垃圾处理体系建设，建立多元化、资源化的处置方式

垃圾处理体系建设应该秉持“减量化、资源化及再处理”的原则，在明确政府、企业和公民各自责任的前提下，建立和落实促进生活垃圾源头减量、资源资源化利用和无害化处理的各项管理机构、制度、机制、技术规范和标准。一是健全农村垃圾处理的环卫机构。有机构、有编制、有人员是垃圾处理工作成功的经验，最好能够做到城乡对接，解决好管理缺位问题。二是因地制宜推行垃圾处理体系。在较发达地区推行“户分类、村收集、镇转运、县处理”模式，在欠发达地区推行源头分类集运和分散无害化处理或其他资源化处理方式。收运和处理方法本着就近原则，灵活选择。离县级处理设施较近的垃圾，转运到县统一处理；离县级处理设施较远的，转运到乡镇处理；边远山区等交通不便的地区，尽量在村内进行无害化处理，避免二次污染。在此基础上，建立乡村保洁体系，利用和完善各种现有设施，改建和兴建垃圾中转站，建立覆盖村镇的资源回收体系。三是健全各项管理制度、垃圾处理技术规范，包括能够促进垃圾分类和资源回收利用的经济激励办法。

4. 总结经验，因地制宜推进农村生活垃圾源头分类和回收利用

农村生活垃圾中60％以上的可堆肥类垃圾可直接就地处理，而且农村具有更好的垃圾分类场所，所以源头分类可实现显著的垃圾数量及其污染的减量化和资源化利用，减轻终端处理压力。可以通过典型经验的宣传推广和代表性市（区、县）的示范来推动农村生活垃圾分类工作。鉴于各地区经济条件和自然条件差异较大，农村垃圾治理基础参差不齐，各地区推行分类减量的目标和要求应有所不同，分类方式不宜在全国范围内一刀切，也不宜强制要求所有镇村必须进行源头分类减量。推动农村生活垃圾分类和资源化利用，要明确每类垃圾的处置去向，分的种类不能过细，要简单易懂、便于操作，且成本在当地政府和农民承受范围内。如浙江金华模式，由于其简便、易操作在实践中获得了较多采纳。同时还要加强宣传和教育，培养农民垃圾分类意识。如编写农村垃圾处理读本、利用大众媒体宣教、印发宣传资料、组织观摩培训，以及组织中小学生参加相关环境教育活动等，促进农民垃圾分类和回收利用等良好的习惯养成。

5. 加大农村垃圾终端处理技术研发，提倡高科技、无污染的焚烧方式

垃圾填埋，在严格按照技术规范进行消毒、覆土、防渗和排气等处理之后，应推行先进的渗液收集和处理技术，如反渗透的膜处理技术，将水污染风险降到最低。相比填埋，垃圾的清洁焚烧具有占地少、污染小、安全性高等特点，可以实现垃圾80％以上的减量，还可以提供热值或电力，符合垃圾处理减量化、无害化和资源化的终极目标，值得倡导。但是这种焚烧绝非污染空气和环境的“一烧了之”，而是高科技含量、无污染、高质量的清洁焚烧。应该加快垃圾焚烧技术标准制定，加强适用于农村地区的垃圾清洁焚烧技术研发。

（三）农村厕所改造方面

1. 加大专项资金投入，拓宽资金投入渠道

农村改厕是一项卫生健康及环境质量的投资，各级政府应完善农村改厕优惠政策，加大无害化卫生厕所改造建设支持与扶持力度，提高补助资金标准，强化建设质量。建议整合涉及农村改厕项目资金，将“碎银子”集中起来办大事。以中央和省、市、县财政农村改厕资金和农村清洁工程、农村环境连片整治等专项资金为引导，农业、能源、卫生、住建等部门涉及农村改厕项目资金一同投向整治村庄，推动农村卫生厕所普及。各县要建立资源化管理机构，对现行相关资金使用管理制度进行研究和统筹协调，根据各村实际和群众意愿，使各项项目相互衔接，避免交叉重叠建设，并通过改厕带动农村改厨、节能、环境整治工作。

同时，可试行厕所改造直补制度。项目补助资金可通过农民在农村信用联社的账户直接发放到改厕农户。村委会采用张榜公示补助农户名单和补助资金数额，有关部门凭公示照片和核查情况拨付补助资金，保障补助资金足额发放到改厕农户手中。农户必须实名签领补助资金，不得代签领。同时，拓宽资金筹集渠道，鼓励多方资金共同参与，解决资金短缺瓶颈。

2. 强化宣传引导，加强公共卫生体系建设

充分发挥舆论导向作用，通过群众喜闻乐见的方式进行宣传，大力传播农村改厕的重要意义、经验做法和正确使用方法，切实增强农村群众的积极性、主动性，转变群众卫生观念和生活习惯，科学使用无害化厕所。同时，加强对基层干部的无害化厕所使用培训，让村内党员干部教着做、带头做、示范做，并达到以“训”促“宣”的效果。改厕工作要先易后难、以点带面，让有条件的村和自愿改厕的群众先改，充分发挥典型示范作用，稳步推进农村改厕工作。

3. 改进改厕工程工艺技术，因地制宜推进改厕工作

依据绿色发展理念，加强改厕与农村生活污水治理的有效衔接，实现农村生活污水与“厕所革命”一体化处理，而不能将改厕与农村生活污水处理分离开来。同时，要将厕所的“改”与改之后的“治”相统一。针对目前改厕过程中，出现的种种工艺问题，建议各地实地考察地区发展实际，选用合适的改厕工艺。特别是东北寒冷地区、西部山区等特殊地理环境，应该设计更加合理的工艺。

建议大力推广改厕和污水结合的方式。一是在经济发达且靠近县城的地区，通过污水管网建立水冲完成下水道式厕所，直接对粪便进行收集处理，或以村为单位建立污水处理设施，实现污水达标排放。二是偏远山区，或者居住分散的村落，推广使用小型一体化污水处理设备，对污水管网暂时没有覆盖到的地区优先选择使用小型一体化污水处理设备，达到生活污水与粪便一同处理，一步到位。

4. 建立社会化管护机制，统筹各部门协作

农村改厕工作必须在各级政府统一领导下，协调各方，齐抓共管。针对目前农村改厕工作存在的后期维护困难，农村改厕工作要按照市场化运作模式，鼓励企业或个人出资进行改厕后检查维修、定期收运、粪渣资源利用等后续工作，形成管收用并重、责权利一致的长效管理机制。

5. 严禁简单照搬城镇模式推进农村生活污水处理的行为

推进农村“厕所革命”，注重的是把好事做好、做实！为此，建议各级相关部门紧密结合不同区域农村的实际情况，选择适宜的处理模式。严禁借“厕所革命”的名义，不考虑农村实际，简单地、不计成本地把城镇污水管网模式应用于广大农村，严禁通过大工程实施改厕与生活污水处理的行为。

农村人居环境整治典型模式与投入机制研究*

改善农村人居环境，是以习近平同志为核心的党中央从战略和全局高度作出的重大决策。与城市相比，长期以来，我国农村发展历史欠账多，人居环境水平落后，既有总体投入不足的原因，也有投入主体单一，方式方法落后等机制问题。因此，要从根本上改善农村人居环境，既需要持续稳定的真金白银投入，也需要不断创新体制和机制，从政策和制度上寻找突破口，鼓励更多的投资主体承担农村人居环境治理的责任，变单项治理为多元化系统工程来实施。

一、农村人居环境整治资金投入的内涵与特征

（一）农村人居环境整治内涵

早在 20 世纪 90 年代，我国学者吴良镛教授提出“人居环境由自然系统、人类系统、社会系统、居住系统及支撑系统组成”[1]。农村人居环境是一个“生物—自然环境—人类社会”的复杂系统，由于农户或其他生物的生产和生活行为所带来的不随水流、气流等自然迁移或物流等人为迁移的环境问题属于弱外部性环境问题，其外部性行为实施者及受影响者都是村庄内村民[2]。农村人居环境整治是为解决非迁移性农村环境问题而提供环保基础设施、公共服务等的投入，在我国主要表现为改厕、垃圾处理厂及污水处理厂的建设与运行等。

（二）农村人居环境整治资金投入特征

农村人居环境整治中的建设事项有纯公共产品和准公共产品两类。纯公共产品有很强的公益性，大多缺乏经济效益，这使得追求经济效益的社会资本缺乏进入的动力，需要由财政承担。另一类准公共产品，因初期回报率低，溢出效应强，主要由私人主体、社会组织及社区组织供给[3]，同样需要财政投入发挥先导和引领作用，例如农村厕所革命建设就属于准公共品范畴。

---

* 课题主持人：吴进，农业农村部沼气科学研究所。

二、农村人居环境整治资金投入现状与形势

（一）农村人居环境整治投入方式分析

农村人居环境整治投入主要包括政府、企业、村集体和农户四大主体。政府资金投入依托“地方为主、中央补助的政府投入机制”，非政府投入包括企业、金融机构、各类社会经营组织及农户等。

1. 财政资金直接投资

政府投入主要采用的是以地方政府管理为主、中央和省级政府通过财政转移支付的形式给予地方补助的模式，因政府财政支付能力不匹配，投入呈现了纵向的不均衡。以 2016 年为例，各级政府在村庄房屋及公共设施建设方面投入比例，县级政府承担着 50%较大比例的资金投入，共计投入 364.8 亿元，约占总投资的 29%。如图 1 所示。

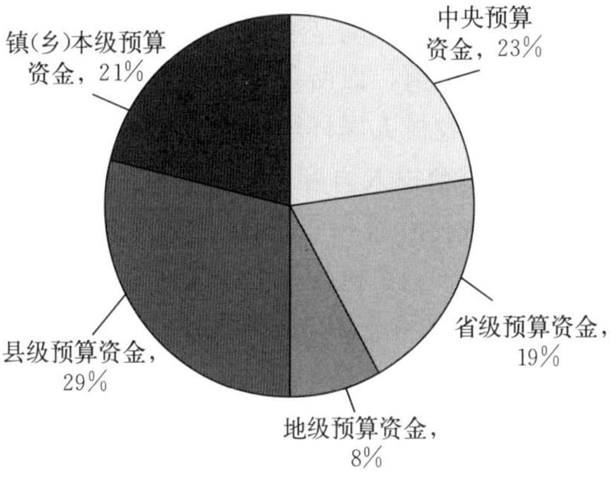

图 1　村庄建设财政性资金投资结构

数据来源：《2016 年城乡建设统计年鉴》。

2. 以奖代补

2019 年，中央财政通过“以奖代补”的方式启动了农村厕所革命的整村推进试点、整县推进、督查奖励等多项政策对地方进行支持。为确保资金能够安全有效地使用，中央财政采取“大专项＋任务清单”的管理模式，将资金、责任和权力切块下达给地方，由地方结合实际统筹安排。

3. 先建后补

地方政府在农村“厕所革命”行动基本采用“先建后补”的方式对农户或项目单位进行支持。即按照计划管理和合同管理要求先行建设项目或部分工程，由农户自行筹集建设所需全部资金并组织实施，经验收合格后，财政部门

将财政补助资金一次性报账支付给农户。

4. 政府和社会资本合作（PPP）模式

政府与社会资本合作开展农村人居环境整治，由政府筛选符合条件的整治项目纳入 PPP 项目库，鼓励各类企业、社会资本通过特许经营、购买服务、股权合作等方式参与，利益共享和风险分担。但目前就农村地区 PPP 项目分布及实施情况来看，很多地区仍处于观望状态，落地率不高。

5. 设立引导基金

政府通过设立子基金的模式进行股权投资，子基金由当地财政出资发起，通过融资及资源配置，吸收基金管理机构和社会资本投资到农村人居环境整治重点领域和薄弱环节。

（二）农村人居环境整治投入政策分析

1. 整治资金投入环境较为宽松

地方政府整合农村水利、农村危房改造、农村环境综合整治等各类涉农资金，下放项目审批权、立项权，调动基层政府整治工作积极性。一些地方依托城乡建设用地增减挂钩节余渠道，以所获土地增值收益及村庄整治增加耕地获得的占补平衡指标收益支持农村人居环境整治。

2. 中央财政不断加大资金投入力度

2008 年中央财政设立农村环境保护专项资金，通过“以奖促治”方式持续推进农村环境综合整治工作。农村环保专项资金政策出台以来，中央财政支持力度不断加大，从 2008 年的 5 亿元增长至 2018 年的 60 亿元。截至 2018 年年底，中央财政累计投入 495 亿元，支持约 16.3 万个村庄开展农村环境综合整治。

3. 政府农业投资引导作用加强

政府发挥资金的撬动和引导作用，转变政府农业投入方式，在农村公共服务领域通过委托、承包、采购等方式向社会购买村庄规划建设、垃圾收运处理、污水处理、河道管护等公共服务，并积极探索通过投资补助、资本金注入等方式支持农业 PPP 项目。

（三）农村人居环境整治重点领域资金投入分析

1. 农村生活垃圾整治投入情况分析

农村地区基础设施建设投入和垃圾处理率连年攀升，2017 年投资额达 135.6 亿元，达到城市垃圾处理固定资产投资水平的 56.3%。建制镇与行政乡生活垃圾处理率为 87.2%和 72.9%，无害化处理率分别为 51.2%和 23.6%，低于县城生活垃圾 91%的无害化处理率（图 2）。

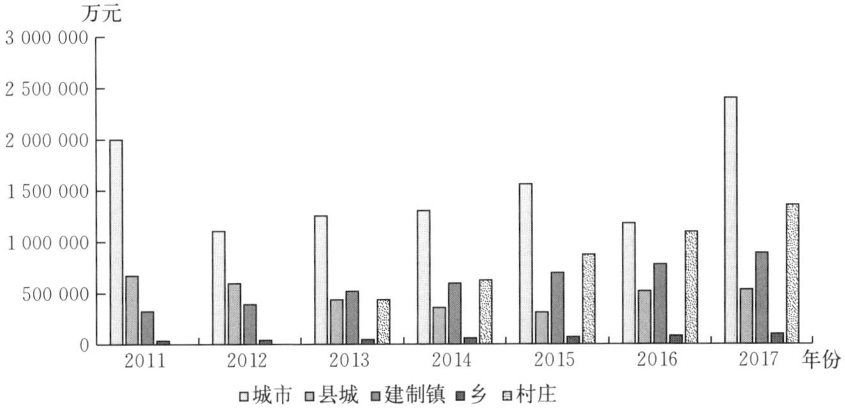

图 2　全国 2011—2017 年生活垃圾处理固定资产投资

数据来源：《城乡建设统计年鉴》(2011—2017 年)。

从 2017 年全国范围来看，山东、江苏、浙江在农村地区生活垃圾处理基础设施建设的总投资位列全国前三，山东省投资额达 28.87 亿元，其中对村庄投资 18.09 亿元。

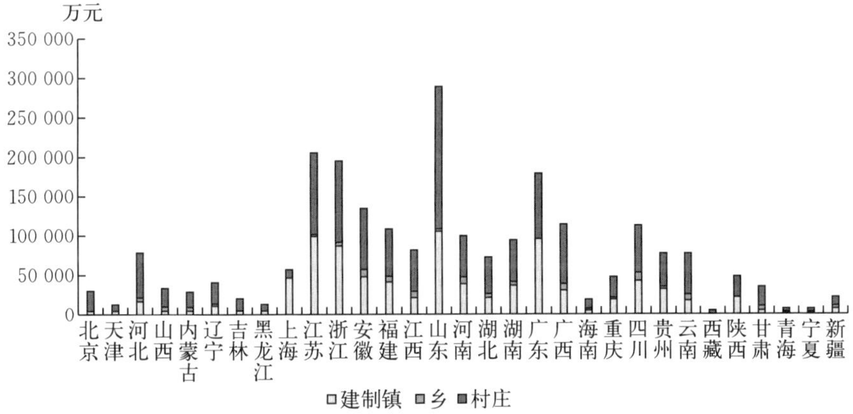

图 3　全国 2017 年农村垃圾处理固定资产投资

数据来源：《2017 年城乡建设统计年鉴》。

2. 农村生活污水整治投入情况分析

我国农村地区每年产生污水 90 多亿吨，建制镇和乡村的污水处理率分别为 49.35%和 17.2%，仍有 75%左右的行政村未建设污水处理设施，与城市、县城 90%左右的覆盖率相比，存在较大差距（图 4）。

从 2017 年全国范围来看，浙江、江苏、广东等东部沿海经济发达省份在

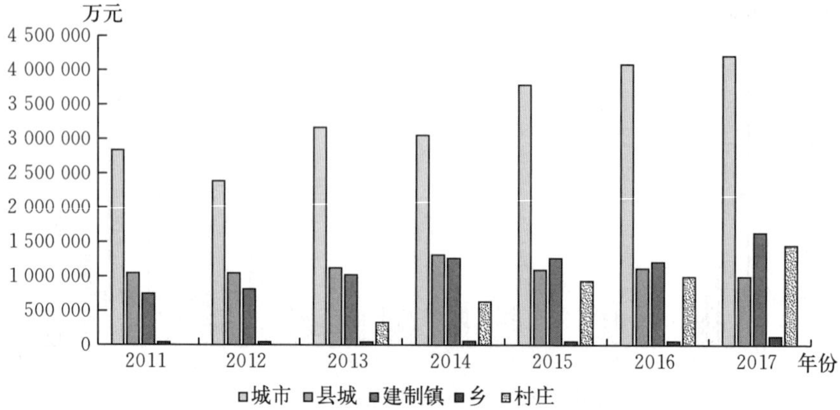

图 4　全国 2011—2017 年污水处理固定资产投资

数据来源：《城乡建设统计年鉴》（2011—2017 年）。

农村地区垃圾处理方面投入均超过 25 亿元，浙江省在镇、乡、村三级投资共计 63.96 亿元（图 5）。

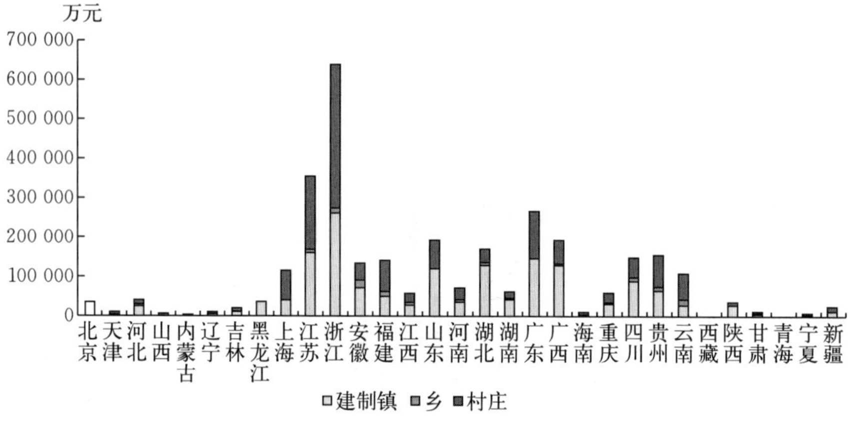

图 5　全国 2017 年农村污水处理固定资产投资

数据来源：《2017 年城乡建设统计年鉴》。

3. 农村厕所革命投入情况分析

目前，农村卫生厕所普及率超过 60%，东部一些省份甚至超过 90%。2019 年中央财政资金启动了农村厕所革命整村奖补工作，当年安排了 70 亿元支持。

4. 农村村容村貌提升与村庄规划管理投入情况分析

据城乡建设统计，2016 年已编制村庄规划的行政村个数为 323 373 个，占全部行政村的 61.5%；2017 年编制乡总体规划 615 个，投入 67 728.1 万元；编制镇总体规划 1 480 个，投入 271 717.9 万元。2017 年村庄建设投资9 167.6亿元，73%的资金投向房屋改造，其中住宅投资 5 271.3 亿元，占比重达 58%，投入力度较大，农村村容村貌得到了较好的改善（图 6）。

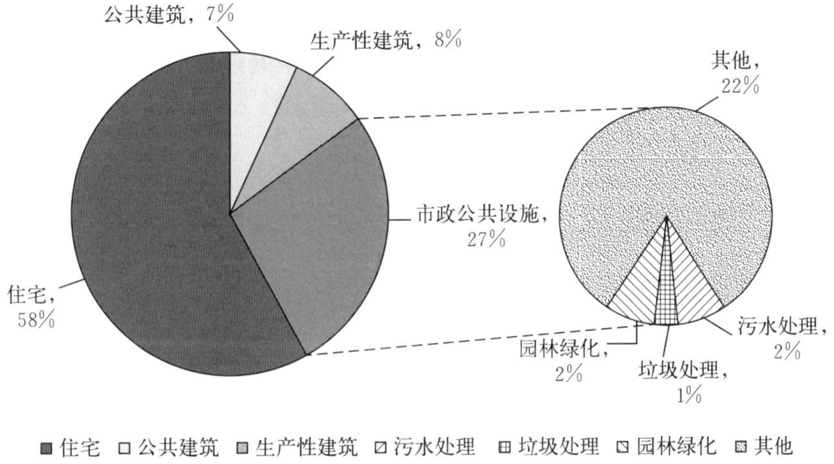

图 6 全国 2017 年村庄建设投资

数据来源：《2017 年城乡建设统计年鉴》。

（四）农村人居环境整治资金投入的短板问题

1. 资金投入总量严重不足

国家财政加大对农村人居环境整治资金投入，但总量严重不足[4-5]。据住建部城乡建设统计，2016 年全国对生活污水和生活垃圾进行处理的行政村分别为 20%和 65%，但仍有 42 万个行政村需要建设污水处理设施，18 万个行政村需要建设垃圾处理设施。按财政部 PPP 项目库投资额估计，每一行政村生活污水和生活垃圾治理分别需投入 393 万元和 132 万元，所需资金总量为 19 015 亿元，资金缺口大。以甘肃省武威市凉州区农村厕所改造为例，2019 年中央、省、市三级下达财政奖补资金为 2 743.7 万元，而所列改造计划奖补资金缺口达 14 384.6 万元。

2. 资金投入主体较为单一

农村人居环境整治资金投入主要来自于政府财政，由中央、省、市、县等多级配套实施，虽然各地已积极探索政府与企业合作模式，但大多数地方仍处于试点阶段，社会资本参与整治的路径有待拓宽，资金投入主体较为单一，多元化投资机制亟待建立[6]。

3. 资金投入水平难以均衡

我国农村地区经济发展的不平衡性在各地区表现为农村环保公共品投入方面的差异，经济发展水平导致环境整治的不平衡问题逐步成为关注的焦点[7]。总体上，东部地区投入远高于中西部和东北地区，近郊县市资金远高于山区及远郊县市。据 2017 年城乡建设统计，在农村生活垃圾处理环保设施投入，山东、江苏、浙江投资位列全国前三，东部地区有垃圾处理站的乡镇比例高于全国平均水平，供给比例达 48.9%。在村庄生活污水处理环保公共设施投入中，浙江、江苏、广东、山东、福建位列前五，五省份投入总量相当于其他各省市之和。

三、典型地区农村人居环境整治资金投入模式比较分析

（一）山东省曲阜市

曲阜市围绕村庄道路硬化、镇村环境整治、环卫设施配套等在全市范围内开展农村环境综合整治和美丽乡村建设。按照城乡环卫一体化整治的思路，构建农村生活垃圾“户集、村收、镇运、县处理”运行机制，涉农的乡镇街道建成垃圾转运站，设置垃圾桶、配备保洁员，县市区建设生活垃圾综合处理厂，制定市、县、乡三个层面的监管办法，实现农村环卫保洁作业市场化运作。2011 年地方财政先后投资 3 000 多万元建设垃圾中转站，投资 2 000 万元用于完善村镇一级的环卫设施，地方每年还投入 1 000 万元用于环卫运营，在村镇一级有力打造了一批具有示范效应的农村人居环境改善点。

（二）四川省眉山市丹棱县

丹棱县在农村人居环境整治工作中，一方面是加大基础设施建设资金投入，例如生活污水整治，投入 1.3 亿元建成 20 多个大型污水处理站，对乡镇和新村生活污水进行集中式治理，在农户家建设了 6 948 个生活污水分散处理湿地池，做到全县城镇无遗漏、全覆盖治理。另一方面，积极探索和推行农户付费、村集体补贴、财政补助相结合的农村生活垃圾处理“一元模式”。2011 年以来，通过村民代表大会公开竞标确定保洁承包人，签订承包协议，实行项目管理，承包人根据实际情况自行组建清洁队伍和购置装备，政府不再承担保洁运行费用，改由村民自筹支付。生活污水处理设施由政府补助 1 000 元、村民自筹 500 元/户，建设设施维护统一实行村民参与的“一元钱”治理模式，即运行费用按照每人每月交纳 1 元垃圾收集费，经济条件落后的村庄不足部分由村集体经济收入和县财政给予补助。实行保洁承包制度后，引导村民和村集

体出资出力承担一定的日常保洁义务，由此降低了财政投入和每年运行维护费用支出，使县财政基础设施投入减少 927 万元，节省 73%，而保洁承包人运行费用实行村民自筹后，县财政节省支出 379 万元，节约费用 88%[8]，有效地维护了农村生活污水和垃圾设施可持续运转。

（三）广西壮族自治区恭城瑶族自治县

恭城县自 20 世纪 80 年代实施农村沼气池或“一池三改”建设以来，30 多年坚持每年安排 25 万元以上的专项经费，每座沼气池按 600～1 000 元不等对建池农户进行补助，到 2017 年，全县农村户用沼气池保有量 6.87 万座，入户率达到 89.6%，在 70 个行政村建设农村生活污水处理设施 84 座，实现了农村生活污水处理率达到 57%，农村垃圾和生活污水减量化处理效果显著。2017 年，该县创新整治资金投入机制，新建项目采用建设—运营—移交（BOT）模式，例如村级污水治理设施项目通过 PPP 项目公开招标，明确由中标单位全额投资建设和有资质第三方运行管理，政府及受益群众向投资方购买服务，有力吸收了社会资本建设，缓解了政府财政压力。

（四）湖北省十堰市丹江口市

丹江口市是国家秦巴山片区扶贫开发重点市，也是湖北省九个深度贫困县（市）之一，被列为全省农村环境连片整治重点示范区。其做法一是将整治经费纳入财政预算，二是紧密结合精准扶贫和乡村振兴战略项目，整合各部门相关资金，三是在财政计划中专门安排“以奖代补”资金，使整治资金投入有保障，推进进度有序，治理效果显著。见表 1 所示。

表 1　丹江口市 2018 年农村人居环境整治建设投资表

类别	农村生活污水治理	农村生活垃圾治理	厕所革命	农业生产废弃物资源化利用	村容村貌提升	金额（万元）
中央投资	√					7 339.35
地方投资	√	√	√	√		7 913
社会资本		√				200
村集体资金		√			√	400
农户资金		√	√		√	200
建设总投资						16 052.35

数据来源：丹江口市农业农村局提供。

（五）甘肃省武威市凉州区

凉州区农村人居环境整治的投入资金，主要有中央、省、市、区各级财政支持，以区级财政资金为主。2019 年出台的《凉州区农村人居环境改善“一村一示范点”建设实施方案》，重点打造了 39 个示范点，以此推动 489 个清洁村庄的建设。2018—2019 年农村“厕所革命”共投入资金 5 123.6 万元，其中区财政累计投入 3 172 万元；农村生活垃圾治理专项经费 5 137 万元，其中区财政累计投入 3 499 万元，“以奖代补”资金 840 万元。此外，凉州区对新型农村社区生活污水治理，采用了政府与社会资本合作的 PPP 模式，其做法是由政府授权的出资平台公司与社会资本结合，共同组建有限责任公司负责项目融资、建设和运营管理，有效缓解财政资金投入不足的问题。运作方式如图 7 所示。

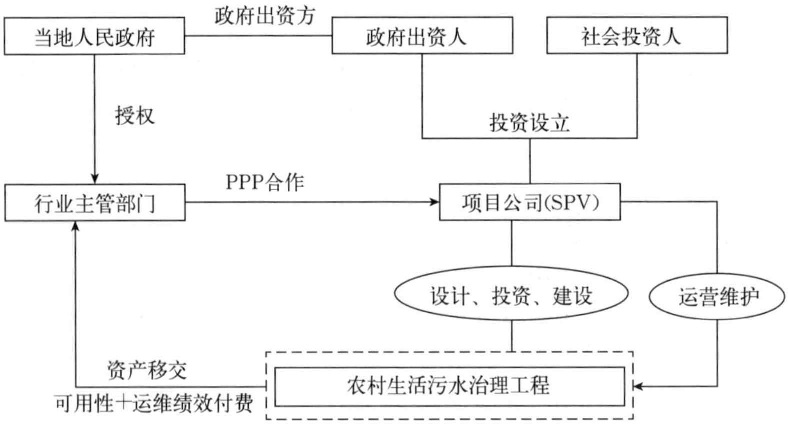

图 7　农村生活污水治理工程 PPP 项目运作方式

四、建立农村人居环境整治多元投入机制的思路与路径

（一）总体思路

我国幅员广阔，农村区域生活环境复杂，涉及面广、整治难度大，农村人居环境整治是一项复杂的系统工程[10]。应站在全国“一盘棋”的角度，立足农村环境的基础条件和治理发展阶段特征，坚持已有建设基础及整治项目的公私属性合理设计目标导向，注重全面性、统筹性、示范性、整体性、协调性、系统性。按照建立地方为主、中央补助的政府投入体系，积极调动社会力量参与，提高财政资金的投入效率，构建资金投入最优规划、最优设计、最优管理和最优控制的多元投入机制。

（二）建立农村人居环境整治多元投入机制路径

1. 投入主体由单一来源向多元融合转变

政府应发挥财政资金引导功能，建立受益者付费制度，以此构建政府、企业和农民等主体参与多元投入机制[11]，解决投入主体单一、资金缺口、后继乏力等问题。

2. 投入理念由直接投资向间接扶持转变

政府应注重发挥财政资金的撬动功能和资金的使用效率，改变以往财政直补政策，通过“以奖促治”和“以奖代补”相结合，推动“直接支持”向“间接扶持”方式转变。

3. 投入条件由无偿投资向有偿使用转变

政府要发挥杠杆效应，通过市场机制撬动社会资本，以期提高农村环境公共产品供给质量和效率[12]。例如，设立农村人居环境 PPP 投资引导基金等方式，改善社会融资结构，破解环境整治基础设施建设投融资难题，提高财政资金投资收益。

4. 投入布局由区域分割向城乡联动转变

对有条件的地区应实行城乡统筹整治，加快城市基础设施向农村延伸，在资金上加大对农村地区的倾斜力度。农村人居环境整治是乡村振兴有力切入点，其基本公共服务要更多向农村倾斜[13]。

5. 投入方向由松散撒网向聚焦示范转变

在 2008 年，我国就建立了农村环境整治专项资金，但“撒胡椒面”式的资助办法使投入方向不够聚焦精准，导致区域治理效果不平衡，整治效果不明显。因此，整治资金投入方向要聚焦，特别是对边远落后地区，要把农村厕所、生活垃圾、污水治理和村容村貌提升作为主攻方向。

五、建立农村人居环境整治多元投入机制的对策建议

（一）健全农村人居环境整治资金多元化筹措体制

一是完善财政性投入机制。各级政府在加大投入的同时，应合理划分中央与地方政府间财政事权和支出责任，进一步完善农村人居环境整治转移支付制度。不同的省按其经济和财政发展水平，确定中央和省的分担比例，使中央资金能向欠发达地区倾斜。二是完善政府和社会资本合作机制。发挥政府支农投资的引导作用，倾听不同主体的利益诉求，建立运营补偿机制，保障社会资本获得合理投资回报，吸引社会资金投入。按照“公益性项目、市场化运作”，

大力推广 PPP 以及政府购买服务等模式，促进整治链条升级。三是完善金融机构政策支持机制。引导各大银行加大对农村基础设施和生态环境建设，提高农村公共服务能力。应鼓励国开行、农发行与信用社等政策性金融机构，按照国家有关要求为农村人居环境整治争取低息中长期信贷支持。四是建立农村污染治理受益者付费机制。环保付费是提升农户环保意识、加强农村环保监督的重要方式。因此，在市场化运营基础上，应加大政府环保投入、强化企业社会责任、构建受益者付费机制，提高村民参与力度，实现良好互动和多元共治[14]。

（二）完善农村人居环境整治资金多元化管理体制

一是完善整治资金统筹整合机制。积极支持县级政府整合不同渠道、建设内容相近的资金，实行项目资金捆绑使用。按简政放权、放管结合、优化服务改革的总体要求，下放更多的项目审批、立项权，创造宽松的政策环境，调动基层政府的积极性和主动性。二是完善整治资金绩效评价机制。构建第三方财政支出预算绩效评价机制，并将绩效考评结果作为改进预算管理和经费安排的依据。通过绩效考评 PPP 整治项目，确保社会资本或建设单位提供高质量公共产品和公共服务。三是严格执行经费监管责任奖励和追究制度。严格落实项目经费监管责任制，对整治经费管理和使用情况好的单位和个人，给予通报表彰和奖励，并在资金分配和项目安排上给予倾斜。对资金使用违规的单位和个人，实行“一票否决”，并依法依规追究责任。

（三）创新农村人居环境整治资金多元化使用办法

一是以项目经济性建立政府—社会投资结构。对公益性较强，缺乏经济效益的治理项目，采取地方为主、中央补助的投入方式，并在县域层面整合涉农财政资金统筹投入。对前期投资较大，有经济效益吸引力的治理项目，采取社会资本为主、政府补助为辅、PPP 模式的投入方式。二是以项目区位性处理城—乡联结关系。对具有区位优势融入城市人居环境治理体系的乡村，充分利用城市较为完善的污水及垃圾处理系统，降低资金投入成本，构建城乡一体化的治理模式。对距离城市较远的乡村，则寻找适宜的治理技术，鼓励资金投入向边远地区倾斜。三是以项目系统性构建一体化整治模式。针对整治项目系统性，由市、县（区）级人民政府统筹，采用城乡一体化、存量增量一体化、处理设施与管网一体化等方式整体推进。例如：对城区与乡镇污水处理设施建设和运营，可采用政府资本金注入 PPP 项目，构建一体化整治模式。四是以项目示范性带动可持续发展。鼓励政府对企业打造乡村产业链实施奖补政策，各地打造出的人居环境整治示范村基本具备吸引旅游资本进入的各项要素，有利于开发利用自然生态资源，发展休闲农业以及乡村旅游，这些新产业新业态又反过来促进农村人居环境建设、产业兴旺和农民致富良性循环。

参 考 文 献

[1] 吴良镛．人居环境科学导论［M］．2001，北京：中国建筑工业出版社．

[2] 胡璇，等．强、弱外部性农村环境问题及其管理方式研究［J］．北京大学学报（自然科学版）．2013，49（3）：509－513．

[3] 陈志，李子贡．我国农村公共品供给标准化研究——韩国“新村运动”的启示［J］．农村经济．2019，（8）：127－135．

[4] 于法稳，侯效敏，郝信波．新时代农村人居环境整治的现状与对策［J］．郑州大学学报（哲学社会科学版）．2018，51（3）：64－68，159．

[5] 刘中元．全面推进农村人居环境整治新思考［J］．农业经济．2016，（2）：89－91．

[6] 于法稳．乡村振兴战略下农村人居环境整治［J］．中国特色社会主义研究．2019（2）：80－85．

[7] 陈俊，等．农村改厕影响因素及效果分析［J］．中国农村卫生事业管理．2013（2）：181－183．

[8] 吉丽琴．农村人居环境可持续治理的丹棱案例研究［D］．成都：电子科技大学．2017．

[9] 韩昊辰．韩国“新村运动”成功因素的研究——兼论对我国新农村建设的借鉴意义［C］．财金观察．2018（1）：199－205，214．

[10] 黄圣彪．推进厕所革命需要解决的技术问题及措施建议［J］．中国环境管理．2018（2）：49－52．

[11] 李江南．我国开始整治农村人居环境［J］．生态经济，2018，34（4）：10－13．

[12] 徐顺青，等．农村人居环境现状分析及优化对策［J］．环境保护．2018，46（19）：44－48．

[13] 陶勇．从“农村改厕”走向“厕所革命”的发展历程［J］．中国卫生工程学．2019（18）4：481－484．

[14] 毛晖，张鸿景．农村人居环境治理的困境与出路——基于多元共治的视角［J］．行政事业资产与财务．2019（1）：3－6．

构建农村人居环境整治长效投入机制研究*

2018年，中共中央办公厅、国务院办公厅印发的《农村人居环境整治三年行动方案》围绕改善农村人居环境明确指出“建立地方为主、中央补助的政府投入机制”，提出了加大政府投入、金融支持力度和调动社会力量积极参与的政策要求。与城市相比，长期以来，我国农村发展历史欠账多，人居环境水平相对落后，既有总体投入不足的原因，也有投入主体单一，方式方法落后等机制问题。因此，切实改善农村人居环境整治，需要持续稳定的真金白银投入，加快构建农村人居环境整治长效投入机制。

一、我国农村人居环境整治投入现状

为深入了解农村人居环境整治投入现状，课题组深入浙江省安吉市，天津市西青区、武清区、宝坻区、蓟州区、宁河区、静海区、滨海新区，河北省唐山市，陕西省西安市、渭南市，北京市门头沟区，黑龙江省讷河市等地，同相关政府管理部门，部分技术研究机构、企业和农户开展座谈或访谈，对我国农村人居环境整治的投入情况进行实地调查，结合官方新闻媒体和文献资料，掌握了较为翔实的状况。

（一）我国农村人居环境整治投入情况回顾

2008年以前，我国对于农村人居环境改善的投入主要来源于中央财政或中央环境保护专项资金项目，投入规模普遍较小，涉及范围普遍较窄。

2008—2017年间，中央和地方逐年加大农村人居环境整治投入力度，分别实施了村镇环境综合整治和生态建设示范、农村清洁工程试点示范、农村环境连片整治示范、农村学校师生的饮水安全问题整治、部分省市农村环境综合整治、农村饮水安全工程、农村环境综合整治、农村无害化卫生厕所、农业清洁生产技术示范、全省覆盖拉网式农村环境综合整治试点、南水北调水源地及输水沿线村庄整治、农业面源污染治理、农村污水垃圾处理等项目或工程。但

* 课题主持人：王政，天津农学院经济管理学院。

这些项目或工程大多具有示范性质和局部特点。

更大规模更全面的农村人居环境整治工作始于 2018 年。2018 年是中国生态环境保护事业发展史上具有里程碑意义的一年。2018 年 2 月，中共中央办公厅、国务院办公厅正式印发《农村人居环境整治三年行动方案》，对 2018—2020 年开展农村人居环境整治行动作出专门部署。2018 年 3 月十三届全国人大一次会议表决通过宪法修正案，把新发展理念、生态文明和建设美丽中国的要求写入宪法。十三届全国人大常委会第四次会议作出关于全面加强生态环境保护，依法推动打好污染防治攻坚战的决议。2018 年 5 月 18—19 日全国生态环境保护大会在北京召开，习近平总书记出席会议并发表重要讲话，正式确立“习近平生态文明思想”。2018 年 6 月 16 日《中共中央、国务院关于全面加强生态环境保护　坚决打好污染防治攻坚战的意见》出台，明确了打好污染防治攻坚战的路线图、任务书、时间表。截至 2019 年 9 月，全国 80%以上行政村的生活垃圾得到有效处理，近 30%的农户生活污水得到处理，污水乱排乱放现象明显减少；2019 年上半年全国新开工建设农村生活垃圾处理设施 5 万多座，农村生活污水处理设施 8 万多座，新开工农村户厕改造 1 000 多万户，农村人居环境得到明显改善。

（二）我国各地构建农村人居环境整治投入机制概况

自《农村人居环境整治三年行动方案》实施以来，各地在构建农村人居环境整治多元投入机制方面积极探索，不断创新，积累了很多成功经验。

在多渠道筹集资金方面，一些省市多元投入机制基本建立。以山东为例，当地通过争取国家支持补一块、省市县财政拿一块、政府债券筹一块、社会资本融一块、集体经济投一块、群众自筹掏一块“六个一块”的方式，多渠道筹集农村人居环境整治资金。印发《关于加快推进省级涉农资金统筹整合的实施意见（试行）》，改进涉农专项转移支付制度，对关系省委、省政府重大决策部署的农村人居环境整治项目资金，采取专项转移支付分配下达，集中力量解决农村人居环境整治重大事项。2018 年，全省各级财政部门共筹集资金 220.3 亿元，同比增长 83%，其中省级 119.69 亿元，市县级 100.61 亿元。

在充分发挥各级政府投资主体作用方面，各地明显加大了对农村人居环境整治的投入。2018 年以来，中央有关部门积极筹措资金，支持农村人居环境整治，先后安排 70 亿元中央财政资金实施农村厕所革命整村推进工作，安排中央预算内投资 30 亿元支持中西部省份整县开展农村人居环境整治。中央财政从 2019 年开始，利用 5 年时间对地方的农村厕所革命进行支持。各地也不断加大财政投入力度，如广东省 2019 年省级财政投入 97 亿元专项用于全域村庄清洁行动，同时要求各市、县、镇安排配套资金。广东省对 2 277 个省定贫困村平均安排省级财政补助 1 500 万元，并从 2018 年开始对粤东粤西地区每个行政村平均安排补助 1 000 万元，支持补齐基础设施短板、加快改善农村人居环境。内蒙古 2019 年拿出 20.4 亿元对农村“厕所革命”进行专项补贴。黑龙江省制定了《关于整合有关财政涉农资金支持美丽乡村建设的实施意见》，按照“渠道不乱、用途不变、统筹安排、集中投入”的原则，整合 9 项资金用于美丽乡村建设。

在发挥金融支持作用方面，各地结合实际进行了积极探索。如浙江省绍兴市上虞区围绕习近平总书记“两山”理念要求，实施美丽乡村精品路线及精品村和农村基础设施提升工程 PPP 项目，这是浙江省内首个以美丽乡村建设为主题的 PPP 项目，也是规范运作的财政部 PPP 项目库在库项目，吸引了当地多家银行介入营销，并使用抵押补充贷款资金支持农村人居环境整治。项目建设内容包括 10 条美丽乡村精品线路、13 个 3A 景区村和 35 个 3A 景区标准村，以及 274 个村庄基础设施建设。该项目作为浙江省改善农村人居环境的标杆项目，不仅有利于保护绍兴市上虞区的生态环境，提高全区乡村植被覆盖率，维护生态平衡，也有利于促进“生态兴城”，扩大对外开放程度，推动第三产业发展，对促进当地的生态旅游产业的建设，以及当地经济社会的长期可持续发展均具有重要的意义。

在鼓励社会资本投入方面，为充分发挥其专业化、市场化建设和运行管护的优势，各地多采取以奖代补、先建后补等多种方式，吸引社会资本投入。如天津市宁河区与首创集团运用 PPP 模式合作建设农村污水处理设施，充分发挥企业资金、技术、人才、装备、施工和管理等优势，加大对农村人居环境整治的投入。江西省倡导成立民间性质的新农村建设促进会，打好“乡情牌”，引导农村成功人士、企业家等投身家乡建设，截至 2019 年 6 月底已有 43 个县成立促进会，筹措资金超过 6 亿元。

在充分发挥农民的主体作用方面，陕西省大荔县设法让群众适度出一点“小钱”，目的是让群众不做“甩手掌柜”，营造人人珍惜、爱护美丽乡村建设成果的良好氛围，充分体现群众建设、监督、管理村庄的主体地位。当地按照“一事一议”原则，每家每户按照每年 120 元标准收取卫生保洁费，全县每年收取卫生保洁经费 2 000 万元，收到了较好的效果。

此外，在农村人居环境整治急需的技术、人才和设备投入方面，有的地方也积累了许多成功的经验。如广西改善农村人居环境时充分考虑地形地貌、人口规模、发展水平、资源禀赋等因素，坚持因地制宜，不搞“一刀切”。通过出台《农村生活垃圾处理技术指引》《农村生活污水处理技术指南》，鼓励各地采取科学简便、切实可行的垃圾污水处理好办法、好措施，探索建立不同的垃圾污水处理模式；全面推广清洁田园“十大工程”和“十大技术”，推出一批成本低又实用的“土办法”、“土技术”和“土设备”，极大地提升了农村人居环境整治的效果。

二、我国农村人居环境整治投入机制存在的问题

（一）投入主体较单一，没能较好解决“谁来投”问题

农村人居环境具有“准公共物品”的性质，在其整治过程中，市场和政府应该互为补充，在不同领域发挥不同效力。但部分地区缺乏对农民和社会力量的引导，形成政府单打独斗的局面，投入主体较单一。一是严重依赖中央资金的投入。农村人居环境的准公共物品特性以及环境设施投资规模小、运行成本高、回报率低等特点，导致农村人居环境建设缺乏对社会资金的吸引力。税费改革后，欠发达地区的基层政府财政收入较少，单纯依靠上级政府的财政支持，对农村人居环境整治投入能力不足。二是社会力量的参与度不够高。改善农村人居环境离不开社会力量支持，特别是在农村生活垃圾收运处置体系建设、农业生产废弃物资源化利用、农村生活污水治理等方面。但部分地区在税收和金融等政策方面对企业等社会组织支持有限，影响了社会参与热情。三是金融支持力度不够大。近两年金融机构虽然加大了对农村人居环境整治的支持力度，但总体表现为“金融产品少、支持范围窄、支持力度小”三大不足，难以满足农村人居环境整治需求。四是村民的主体作用未能充分发挥。农民是农村人居环境整治的直接受益者，也是推动农村人居环境整治的关键主体。但部分地区没有充分发挥农民主体作用，对农民缺乏教育引导，政府在干、群众在看，农民参与不积极，没有形成社会共同治理农村人居环境的合力。

（二）投入方向不够精准，没有解决好“往哪投”问题

农村人居环境整治的直接作用对象是农民，资金投入方向首先要考虑农民群众实际需求。但一些地方政策制定闭门造车，没有“问情于群众、问需于群众、问计于群众”，决策缺乏群众视角，投入方向存在偏差，政策设计脱离实际。例如，一些地方农村污水治理基本照搬城区模式，耗资巨大却不实用；有些地方村容村貌改造大搞形式主义，在村庄周围建了一圈“遮羞墙”，只图应付检查，不求实际，搞绣花枕头；有的地方为突出当地农村人居环境整治成效，往往选择大城市周边、交通主干道附近等地理位置明显的村庄以及易出成绩的一些村庄作为项目进行投入，而真正需要改善的村庄则较难获得支持；有些地方人力、物力及财力向贫困村过度倾斜，不

仅容易造成贫困村村民的依赖思想，也会影响非贫困村干部群众工作的积极性。

（三）投入方式没有因地制宜，缺乏创新，没有解决好“怎么投”的问题

一些地方没有针对不同村庄特点分类施策，有的出于分散风险和平衡利益考虑，资金投入习惯于“撒胡椒面”，资金使用效率不高，有的没有科学规划，把大量资源不合理地集中到少数地区，垒大户、堆盆景。一些地方单纯依靠财政资金直补方式消耗性投入，财政负担逐年加重，滚动投入后劲不足；有的地方不顾经济承载能力，盲目提倡 PPP 模式和建设污水治理设施，建成后需要支出较高的管网费用和投资利息，给经济状况较差的地方政府和村集体带来较重的经济负担；一些地方重前期投入，轻后期管护，已建成的一些基础设施甚至沦为“面子工程”或者“晒太阳工程”；有的地方没有建立健全农村人居环境整治投入资金管理制度，如资金来源于哪些渠道、资金如何分配、资金需要根据什么进行投入等方面都没有作出明确的规定，导致资金的管理主体不明、责任不清；还有一些地方没有建立与农村人居环境整治投入配套的管理和绩效评价制度体系，在资金分配、使用和效果方面难以做到科学合理的评估管理。

三、构建我国农村人居环境整治长效投入机制的措施建议

（一）统筹协调多元主体，解决好“谁来投”的问题

农村人居环境整治涉及政府、村集体、相关企业和广大农民，统筹协调各方主体、充分调动社会力量是构建农村人居环境整治多元投入机制的基础。一是加强政府主导作用。要围绕农村人居环境整治全面建立地方为主、中央补助的政府投入体系，进一步加大财政投入力度。二是引导金融机构积极参与。依托财政杠杆撬动金融资本服务农村建设，协调引入金融机构扩大贷款投放。三是主动对接专业企业。加强与污水处理、厕所建设、垃圾治理等行业领域企业合作，更多依靠市场机制解决农村人居环境整治问题。四是强化农民主体地位。尊重村民在农村人居环境整治中的主体地位和首创精神，积极动员农民投身美丽家园建设，鼓励农民投工投劳，保障农民在农村人居环境整治中的决策权、参与权、监督权。

（二）科学规划兼顾长远，解决好“往哪投”的问题

农村人居环境整治的项目建设和资金投入必须符合地方实际，要在充分考

虑地方地理、民俗、经济水平和农民需求基础上统筹推进。一是做好科学规划。立足农村人居环境整治目标，在摸清底数、总结经验的基础上，科学规划本地区实施方案，合理安排整治任务和建设时序，采用适合本地实际的工作路径和技术模式，防止一哄而上和生搬硬套，杜绝形象工程、政绩工程。二是明确重点，分清主次。要重点围绕农村生活垃圾治理、厕所粪污治理、污水治理、村容村貌提升、村庄规划及村庄人居环境管护机制建设等任务，系统推进项目建设；确定实施易地搬迁的村庄、拟调整的空心村等可不列入整治范围，减少不必要的投入成本。三是兼顾长远，建管结合。坚持先建机制、后建工程，项目资金投入不断档，建管一体有保障，确保各类设施建成并长期稳定运行。

（三）加强统筹注重创新，解决好“怎么投”的问题

一是加大项目资金统筹力度。地方各级政府特别是县级政府要统筹整合相关渠道资金，合理保障农村人居环境基础设施建设和运行资金；支持收益较好、实行市场化运作的农村基础设施重点项目开展股权和债权融资；积极利用国际金融组织和外国政府贷款建设农村人居环境设施。二是创新投入方式。创新政府支持方式，采取以奖代补、先建后补、以工代赈等多种方式，充分发挥政府投资撬动作用，提高资金使用效率；规范推广政府和社会资本合作（PPP）模式，通过特许经营等方式吸引社会资本参与农村垃圾污水处理项目。三是先易后难，量力而行。学习借鉴浙江等先行地区经验，坚持先易后难、先点后面，通过试点示范不断探索、不断积累经验；有条件的地区可进一步加大人居环境改善投入力度，条件不具备的地区可按照实施乡村振兴战略的总体部署持续推进，逐步投入，不搞一刀切。四是加大项目监管。强化县级党委和政府项目投入主体监管责任，监督项目落地、资金使用、推进实施等工作，对实施效果负责；市地级党委和政府要做好上下衔接、域内协调和督促检查等工作，实现项目监管上下联动，形成监管合力。

参 考 文 献

[1] 张蕊．中央财政投入100亿，农村人居环境整治迎重磅利好［J］．就业与保障，2019（16）：8－9.

[2] 夏明辉．农村人居环境整治呼唤投融资创新［N］．中国城乡金融报，2019－07－17（B01）．

[3] 本报评论员．完善投入机制　强化要素保障［N］．长春日报，2019－07－02（001）．

[4] 贾泽楠．内蒙古河套灌区农村人居环境提升策略研究［D］．呼和浩特：内蒙古工业大学，2019.

[5] 闫煜天．从农村人居环境治理角度浅谈乡村振兴［J］．地产，2019（9）：59－60.

[6] 吉林省农业农村厅农村社会事业促进处．省委农办主任、省农业农村厅厅长 于强在全省

农村人居环境整治暨村庄清洁行动培训班上的讲话 [J]. 吉林农业，2019 (09)：8-11.
[7] 于法稳，于婷. 农村生活污水治理模式及对策研究 [J]. 重庆社会科学，2019 (3)：6-17，2.
[8] 于法稳. 乡村振兴战略下农村人居环境整治 [J]. 中国特色社会主义研究，2019 (2)：80-85.
[9] 中共中央办公厅、国务院办公厅转发《中央农办、农业农村部、国家发展改革委关于深入学习浙江"千村示范、万村整治"工程经验 扎实推进农村人居环境整治工作的报告》[J]. 当代农村财经，2019 (4)：38-41.
[10] 本报评论员. 始终坚持真金白银投入 [N]. 农民日报，2019-03-13 (001).
[11] 李伟国. 中央1号文件系列解读之四 扎实推进乡村建设加快补齐农村人居环境短板 [J]. 农村工作通讯，2019 (5)：32-34.
[12] 国务院办公厅. 国务院办公厅关于改善农村人居环境的指导意见 [J]. 农村实用技术，2018 (10)：1-2.
[13] 徐小荣，孟里中. 农村人居环境治理之囿与治理之道——基于湖北省某村的调查分析 [J]. 社科纵横，2018，33 (9)：74-78.
[14] 本刊编辑部. 河南加大农村人居环境整治财政投入 [J]. 乡村科技，2018 (25)：9.
[15] 王旭东. 改善农村人居环境工作情况 [J]. 中国机构改革与管理，2018 (6)：51-53.
[16] 孙慧波. 中国农村人居环境公共服务供给效果及优化路径研究 [D]. 北京：中国农业大学，2018.
[17] 于法稳，侯效敏，郝信波. 新时代农村人居环境整治的现状与对策 [J]. 郑州大学学报 (哲学社会科学版)，2018，51 (3)：64-68，159.
[18] 张全林. 农村人居环境硬投入要出硬效果 [N]. 遵义日报，2018-03-19 (005).
[19] 律星光. 聚焦农村人居环境整治行动 [J]. 财经界，2018 (3)：66-68.
[20] 黄合新. 改善农村人居环境，助力脱贫攻坚 [J]. 城市建设理论研究，2018 (4)：43-44.
[21] 赵红，王维幸. 基于激励理论的我国农村人居环境投入机制研究 [J]. 安徽农业科学，2017，45 (30)：223-226.
[22] 姚雯娟. 基于比较研究的辽宁省宜居乡村规划模式初探 [D]. 大连：大连理工大学，2017.
[23] 鞠昌华，等. 我国农村人居环境整治配套经济政策不足与对策 [J]. 生态经济，2015，31 (12)：155-158.
[24] 郜彗，等. 中国省域农村人居环境建设评价及发展对策 [J]. 生态与农村环境学报，2015，31 (6)：835-843.
[25] 李全文. 改善我国农村人居环境的财政政策研究 [D]. 北京：财政部财政科学研究所，2015.
[26] 朱琳，等. 农村人居环境综合整治技术管理政策不足及对策 [J]. 生态与农村环境学报，2014，30 (6)：811-815.

农村改厕技术及整村推进机制研究*

近年来，党中央、国务院高度重视改善农村人居环境工作。党的十九大提出了实施乡村振兴战略的重大部署，明确要求开展农村人居环境整治行动。农村厕所革命是打好农村人居环境整治这场硬仗的关键。我国农村厕所改造始于20世纪60年代开始的爱国卫生运动。2004年以来，中央财政累计投入83.7亿元，支持农村改厕工作。据第三次全国农业普查数据，2016年末全国53.5%的村完成或部分完成厕改，取得了积极成效。我国农村卫生厕所普及率区域差异明显，呈现“东高西低、南高北低”的格局，农村自然条件、发展水平、人文素养、政策落实等因素，是卫生厕所类型、数量、利用程度与功效的区域差异来源。总体上看，农村厕所仍滞后于其他民生事业的发展，急需进一步加强顶层设计，在《农村人居环境整治三年行动方案》的框架下，提出农村厕所革命推进提出具体化可操作性的落实方案。

当前，农村改厕主推技术仍然以全国爱卫办提出的“三格式”等6种技术装备为主，一些新型节能环保型厕所技术也逐步涌现，并广泛应用于城市公共场所、交通运输等领域，但在农村地区的推广应用缺乏相应研究。同时，我国农村改厕也存在人—厕关系欠佳，导致农村户厕卫生状况和使用便利性不高的问题；厕所—环境关系关注不够，导致厕所粪污利用渠道不畅通的问题；农村户厕建设后运行管护机制缺乏，导致农村改厕不可持续发展的问题。

2018年以来，本课题组为调研农村改厕情况，先后赴黑龙江、山东、江西等地参加技术服务团工作3次，赴河北、内蒙古、湖南、海南等11个省开展农村改厕专项调研，走访16个县30余个行政村，重点对农村改厕技术及适应性和整村推进机制构建等内容进行研究，分析存在问题，并形成政策建议，以期为我国农村改厕整村推进方案及建设管护机制构建，推动农村厕所革命和农村人居环境改善提供支撑。

---

* 课题主持人：沈玉君，农业农村部规划设计研究院。

一、我国农村改厕技术及适应性分析

目前，我国农村改厕主推技术有三格式户厕、双瓮式户厕、三联通沼气式户厕、粪尿分集式户厕、双坑交替式户厕、完整下水道水冲厕所等 6 种类型，通过对技术及设备特点分析，为不同地区整村推进农村改厕提供借鉴。

（一）常规改厕技术模式

1. 三格化粪池厕所

三格化粪池由厕屋、蹲（坐）便器、冲水设备、三格化粪池等部分组成，是在密闭条件下进行厌氧发酵、液化、氨化等过程杀灭寄生虫卵和病毒，实现粪便无害化。该工艺结构简单，便于启动和管理，不存在动力消耗，造价较低，在我国农村得到了广泛推广。但如果管理不善、停留时间不足，将导致出水污染物浓度较高，不及时清粪导致堵塞溢满或渗漏，导致环境污染。一些地方尝试在三格化粪池后增加第四格——小型人工湿地进行进一步处理。该技术在我国华东、华北和中南部地区较为适用，不宜在东北、内蒙古等高寒地区推广（图 1）。

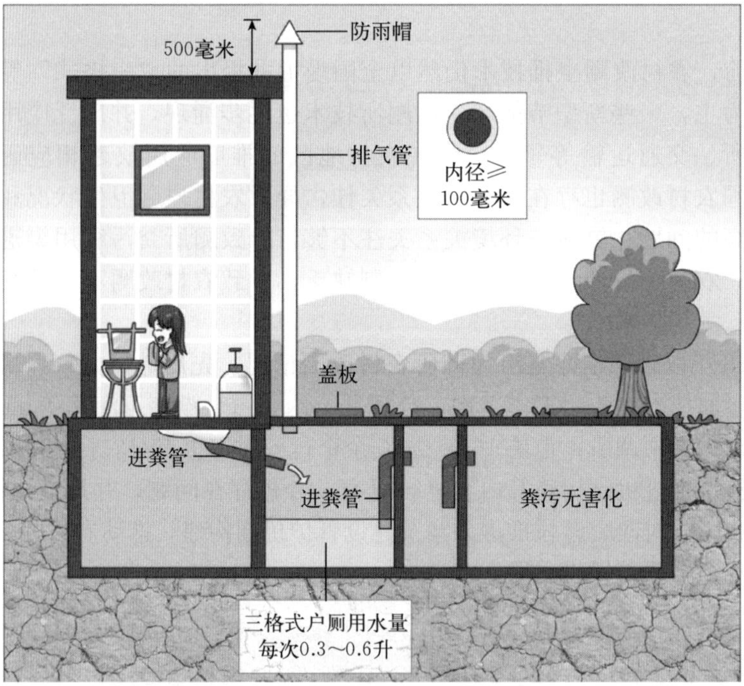

图 1　三格化粪池厕所示意图

2. 双瓮式厕所

双瓮式厕所主要包括漏斗（即便池）、前瓮、后瓮、导粪管及活动盖板等。人粪尿在前瓮发酵分解、沉淀，中层粪液流入后瓮进行进一步厌氧消化处理，达到粪便无害化处理，发酵过程中的前瓮中臭气可从排气管排出室外。双瓮式厕所具有造价低廉、操作简单、大肠杆菌杀灭率及寄生虫卵下沉率高等优点，厕所部件多是塑料或水泥制品，较为耐用。但如果不按要求施工，很容易造成出水不达标和沿接缝渗漏的现象发生。同时，该技术模式清淘困难，用水量大会导致清淘间隔时间短，在实际应用中效果不理想。该技术在我国华东、华北和中南部地区较为适用，在寒冷地区可将双瓮深埋实现防冻（图 2）。

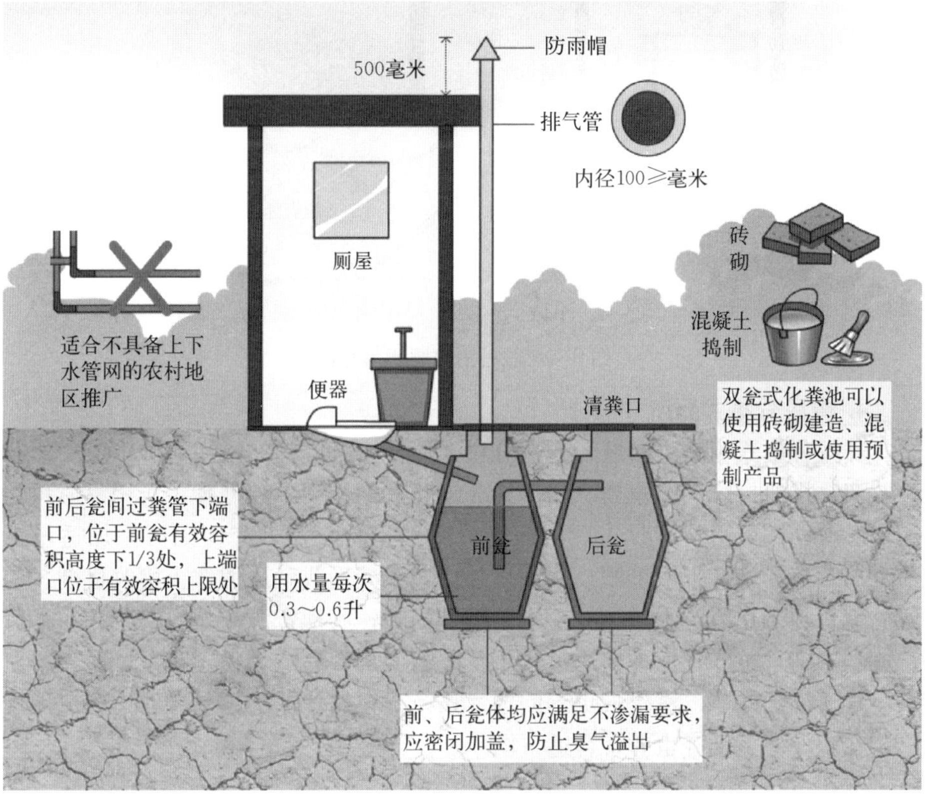

图 2　双瓮式厕所示意图

3. 三联沼气式厕所

三联沼气式厕所是指将沼气池、厕所和畜禽舍联合，人粪尿、畜禽粪便及冲厕粪便水、破碎后的有机垃圾在沼气池中混合厌氧发酵，产生的沼气用于供能、供暖，残余物可供农田使用，实现营养循环和资源的回收利用。该技术无害化程度较高，但施工难度较大，日常维护要求较高，一些沼气池建设质量不达标导致出水水质不好，部分沼气池因产气量小而被停用。北方地区冬季温度低，无法稳定运行，一些地区创新性地结合太阳能采暖房，形成了“五位一体”模式。该模式可结合农村户用沼气池进行推广建设（图 3）。

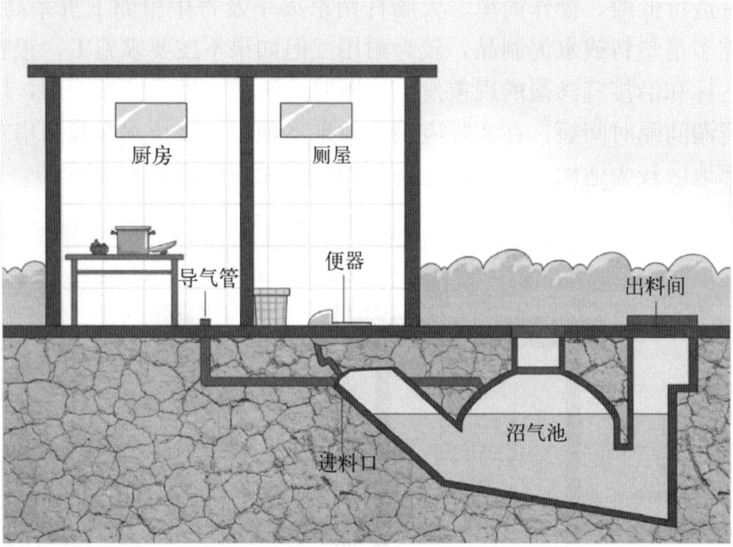

图 3　三联通沼气厕所示意图

4. 粪尿分集式厕所

粪尿分集式厕所由厕屋、粪尿分集式便器、贮粪池、贮尿池等组成，便器设有两个排泄口分别收集粪、尿于储粪池和储尿桶中单独处理，所用材质可为陶瓷、玻璃钢或塑料，收集后的尿液可就地稀释利用，粪便则可添加适量锯末、草木灰等进行干燥堆肥，集满后外运集中处理或就地用作土壤改良剂。粪尿分集式厕所在节约水源、减少水污染的同时，实现资源的高效回收利用，运行成本不高且抗冻，但在使用过程中覆盖物抛洒容易造成粉尘飘飞，覆盖不完全会导致气味外泄、滋生蚊虫等问题。该模式在缺水及边远贫穷的地区值得推广，在寒冷地区推广也非常合适（图 4）。

5. 双坑交替式厕所

双坑交替式厕所由厕屋、两个相同便器和贮粪池组成，两个贮粪池互不相通。两坑轮换交替使用，一坑使用时另一坑作为粪便封存池，粪便在封闭条件下实现厌氧消化，杀灭病原菌和虫卵等，封闭一定时间后可清淘后使用。使用的厕坑应保持排气管敞开，在排气管口应设防蝇罩。该技术模式具有建设简单、操作简便、运行成本低、节水等优点，适宜在我国干旱和半干旱的西北农村广泛使用（图 5）。

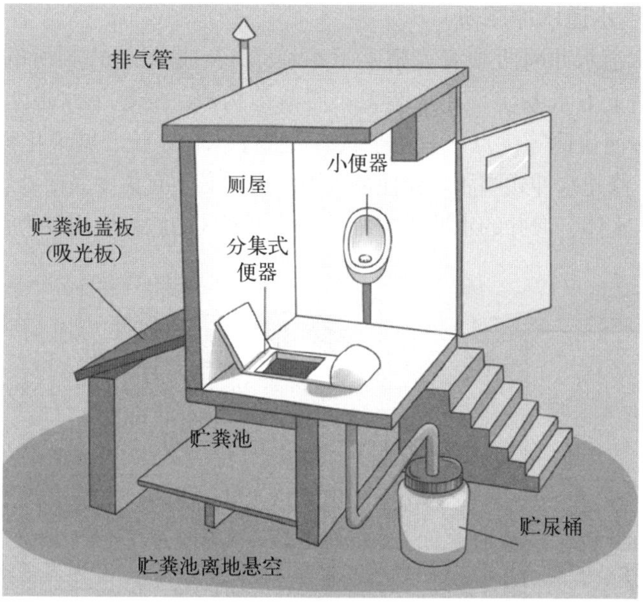

图 4　粪尿分集式厕所示意图

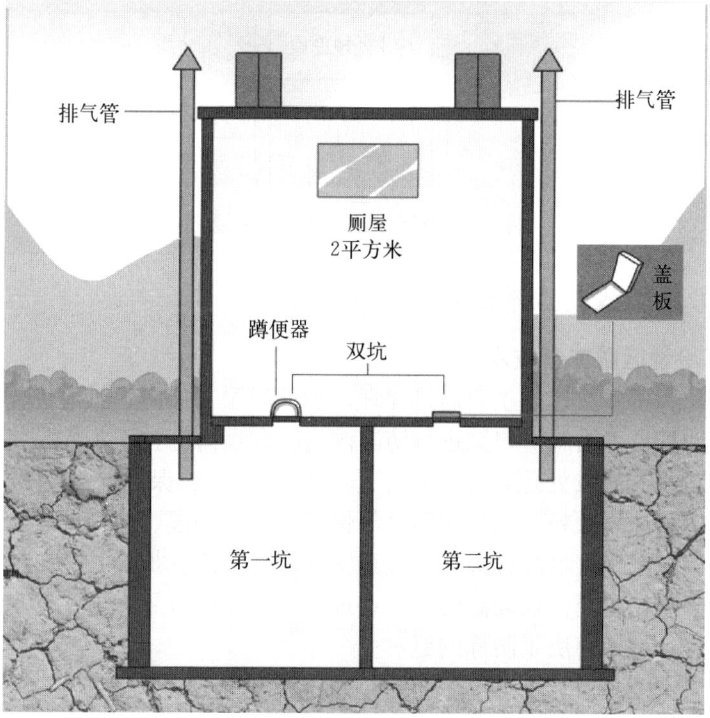

图 5　双坑交替式厕所示意图

6. 完整下水道水冲厕所

完整下水道水冲厕所须有完整上下水道系统，是附建式厕所的主要应用模式。该厕所由上下水系统、冲水装置、便器等构成。完整下水道水冲厕所具有环保卫生、方便快捷等优点，宜用于具有完整下水道系统、城镇化程度较高、居民集中的地区修建水冲式厕所，粪便冲入下水道后必须有集中粪便处理设施。禁止修建直接排入水体、渗井的水冲式厕所。在城市郊区的农村应用较为普遍（图 6）。

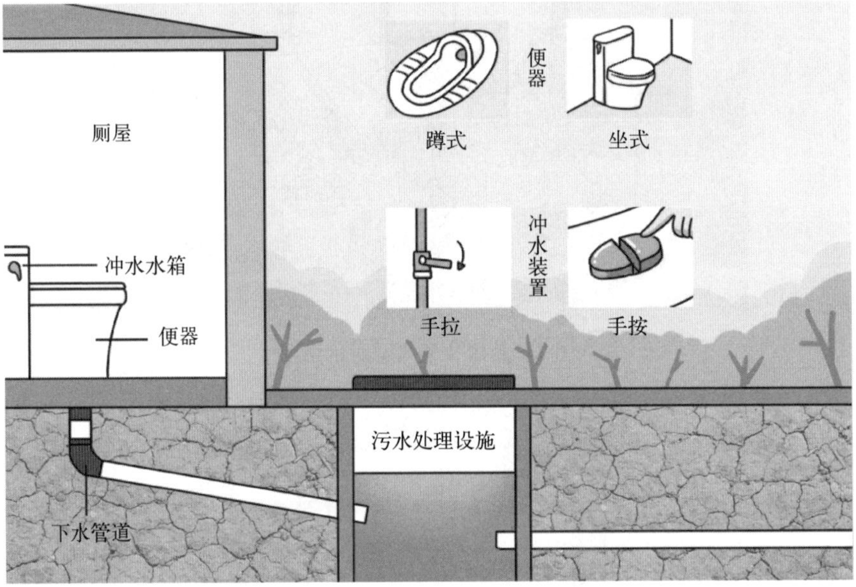

图 6　完整下水道水冲厕所示意图

（二）新型改厕技术模式

1. 寒冷地区防冻新技术

目前，我国寒冷地区主要通过深埋、加保温层、加热、管道优化设计和厕所进屋等四种技术措施对户厕进行防冻改进。深埋防冻技术主要是将抗压能力较强的塑料化粪池或处理设施深埋于冻土层以下。加保温层技术采用保温岩棉、保温用珍珠岩颗粒、农作物秸秆等保温材料对厕屋、化粪池或处理设施进行包裹，管道采用聚氨酯保温材料包裹实现冬季防冻。加热技术是指通过加热板或加热管维持化粪池较高温度。一些地区推行厕所进屋，下水管道采用大口径直管设计，有效解决了防冻问题。

2. 干旱地区节水新技术

干旱地区推广较多的厕所主要分为无水型和少水型两类。无水型厕所主要是粪尿直接进入储存发酵池，采用微生物技术进行堆肥发酵后还田。少水型厕所主要包括真空厕所技术和自循环水冲式技术。真空厕所技术以气吸加压的形式将粪污吸走，可节水约90%。自循环水冲式厕所技术采用污水处理系统产生中水进行冲厕，实现节水（图7）。

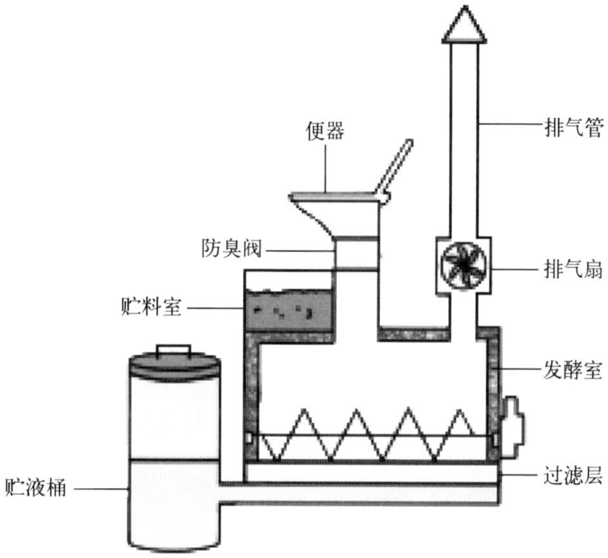

图7　生态旱厕示意图

二、我国农村厕所粪污处理现状

通过实地察看、访谈交流、发放问卷等方式对全国16个省46个市52个村的520家农户进行调研发现，我国农村厕所粪污处理途径主要有三种：直接还田、堆肥、与污水协同处理，还有随意丢弃的现象。

（一）直接还田

该方式占比41.6%。采用双瓮和三格式厕所的农户自行或委托第三方将化粪池中的粪污抽出，在需肥季节运送至田间直接还田，在不需肥季节向粪污中加入泥土和秸秆后，堆存在田间地头。这种方式简单实用，成本仅为20～40元/吨，主要用于粪污清淘支出。但在不需肥季节，堆存在田间地头，容易带来二次污染风险。

（二）粪污堆肥

该方式占比8.2%。粪尿分集式和双坑交替式厕所主要产生固体粪便，由农户自行或送至肥料厂堆肥；产生的少量液体，作为肥水施用于房前屋后自留地。粪污清淘和运输费用总计为 20～58 元/吨。

（三）与污水协同处理

该方式占比 6.7%。采用完整下水道水冲式厕所，粪污统一进入污水处理设施，处理达标后排放。这种方式分为两种：一种为纳入城市污水管网，但管网铺设投资高，污水处理费约为 0.61～1.36 元/吨；另一种为村域分散式处理，主要采用单户或联户设施，通过生物化学工艺进行处理，运行费用为 20～60元/吨。

（四）随意丢弃

该方式占比达 44.5%。农户或一些不规范的个体户抽取化粪池粪污后，随意丢弃在村外的河边、荒地、山沟等。调研发现，这种现象与使用双瓮或三格式厕所的相关度较高，原因在于这两种厕所用水量大，粪污多为液态，作为污水处理时，由于前端无格栅沉淀处理，易造成管网堵塞，增加处理费用，污水处理厂不愿接纳；作为肥料利用时，干物质少，有机肥厂也不愿接受。

三、农村改厕整村推进机制

通过对各省农村改厕情况调研，重点分析了农村改厕整村推进机制构建情况，总体上看，我国农村改厕整村推进机制逐步建立。

（一）建设投入模式

一是通过政府主导的统一建设模式。一些地方根据中央和地方资金政策安排情况，采用政府主导的统一建设模式。海南省针对采用预制玻璃钢化粪池的，组织全省统一招标采购化粪池。各市县组织农户分类推进，一些市县由乡镇组织对全村低保户、贫困户等由政府组织施工队统一建设，一般户也可自行选择，实现统建与自建相结合的整村推进改厕。二是政府引导的农民自建模式。为调动村民参与积极性，河北行唐县鼓励有改厕意愿的农户积极投工投劳，负责自行清理圈坑、夯实地基，积极引导农户自行修建标准化厕房，验收合格后由施工队给予农户用工补贴。全县 16 个乡镇统一公开招标施工和监理单位，由中标企业统一进行一体式化粪池回填施工和监管，实现整村推进。同时，严把工程材料质量、不定期监督检查、工程逐级验收等方式，进行全过程、全覆盖质量监管。三是协同推进新建房屋与改厕。对于自建新房或危房改造的房屋，积极推动厕所进屋进院，新房新厕同步建设，引导农户自投自建。

海南省贫困户危房改造中同时支持厕所改造。江西上饶市印发《上饶市农村居民住房建设管理条例》，针对“在建”的农民建房抓规范，对农房建设实施全程监管，确保新建房屋配备标准合规的三格化粪池。

（二）运行管护模式

各地积极推进农村厕所管护和粪污处理利用工作，通过建制度、建队伍、搭平台构建适于当地经济社会发展水平的管护模式，主要构建了三种模式。一是政府包干＋第三方服务模式。山东省博兴县每个乡镇成立粪污第三方清运服务组织、建立粪污临时处理中心，每年财政支付595万元专门用于粪污处理，建立了“博兴县农村卫生厕所长效管护监管平台”，用远程监控、物联网等信息化技术，对全县粪渣（粪污）的收集、运输、处理进行了有效整合，实现粪污清运调度全覆盖。二是农户付费＋第三方服务。河北香河、山东广饶等地均推动农户付费，每次农户付费30～50元。广饶县推动建立“有制度、有标准、有队伍、有经费、有督查”的“五有”管护机制，实施了粪污末端清运环节实行部分补贴或全额补贴，引导利益联结机制构建。三是农户自行维护模式。黑龙江五常市农村将化粪池粪污抽出后，用于庭院内菜园施用。北京通州区将化粪池内粪污施用于林地，实现了粪污循环利用。

（三）质量管控措施

各地根据实际情况，确立改厕前、中、后质量管控机制，强化改厕质量管控。

一是强化责任落实。各地不断加强改厕任务落实力度，加强绩效考核，对辖区内乡、村等基层干部的培训和督导，开展精准摸排，合理确定改厕方案和目标，避免因超出当地经济条件、社会发展水平和财政承受能力等，影响改厕质量。安徽省合肥市肥西县成立分管县长和乡镇长任组长的农村改厕工作领导小组，制定全县农村改厕方案，落实改厕责任单位和责任人，将农村改厕工作纳入年度目标绩效考核，实行半月一调度、每月一观摩、每月一通报工作机制，确保全县改厕工作按照序时进度扎实推进。

二是加强建设各环节质量管控。一些地方采用公开招投标的形式确定改厕产品和施工，严格程序，信息公开透明，强化施工全过程监管，并建立了完善的验收制度。如河南省南阳市严格确定选材的质量标准和技术参数，杜绝使用质量低劣产品，强化材料设备现场抽样送检，由专人或专门机构进行质量把关；建立由乡镇政府主管、第三方监理、村民代表监督的全方位监管体系，科学组织施工，强化工程施工日志管理，并明确了施工队伍的保修责任。一些地方成立竣工验收组，规范验收流程，制定详细的验收技术规范，由培训合格的竣工验收人员严格按照竣工验收规范进行验收，形成验收报告，汇总竣工验收表并存档。如，安徽省肥西县坚持“完成一户、验收一户”“谁签字、谁负责”“谁验收、谁负责”，每座厕所必须现场验收，对不符合规范和质量要求的，要求施工单位或农户限期整改到位，确保改厕质量。

三是健全维护和粪污资源化利用体系。明确厕所设备管护机制，配套建立相应的维修服务体系，与设备供应厂商建立易损备件供应服务协议，明确相应的维修服务责任。积极培育社会化、专业化、市场化维修服务力量，做到设施坏了有人修、管道堵了有人通，确保厕所正常使用。没有落实好维修服务措施，宁可不开工、不建设。如，山东省淄博市推动建立有场所、有牌子、有车辆、有人员、有电话、有制度、有经费、有配件专柜、有活动记录、有粪液利用“十个有”建设标准，为农户提供改厕后续管护服务，临淄区朱台镇 57 个村分片区建设农厕服务站 6 处，每次服务收费 30～50 元不等，以保障农厕服务站正常运行。

四、结论与建议

总体上看，当前农村厕所整村推进机制构建在一些地方取得了突破，但仍存在以下问题。

一是设施建设总体水平较低。我国地域广阔，各地资源条件差异较大，各类改厕技术受水资源、经济水平、农户文化水平等条件的影响较大，适用条件仍不清晰，导致各地在改厕技术模式选择过程中，存在较大的盲目性。一些改厕模式，仍未较好地解决厕所粪污无害化问题，带来较大的二次污染风险。寒旱地区厕所技术没有实现根本性突破。

二是资金投入力度仍需加强。近年来，中国政府加大了对农村改厕的支持力度，但是资金缺口较大，部分居民投入意愿不强，厕所粪污及生活污水治理等的基础设施一般主要由政府投入，建设和运行管护资金仍然短缺。

三是建设质量管理仍需加强。农村改厕产品市场鱼龙混杂，施工质量不高。由于缺乏评估和规范，一些企业和施工单位采用劣质材料、降低施工成本等方式恶性竞争，无法保证质量。一些地方在项目建设和验收过程缺乏有效监管，仍然采用项目完成后进行完工项目验收，致使验收流于形式。

四是运行管护机制仍不完善。重建轻管现象较为突出，一些地方目前仅以完成改厕任务为主要目标，对于后期厕所粪污处理和户厕维护管理方面仍缺乏远期谋划，未完善详细的管护要求和机制。农民群众短时间无法掌握科学的运行和管护方法，农民自行管护能力不足，专业化队伍缺乏，长期稳定运行存在一定难度。

五是农户积极性尚未发挥。部分地区还存在大包大揽、过度补助的现象，虽然一定程度上有利于保证产品质量，但容易让群众养成“局外人”的思想心态。一些地方农户甚至基层干部对改厕政策和技术不甚了解，对户厕改造和粪污处理等仍然缺乏认识，对改厕工作造成误解，农民群众监督作用发挥较少。

根据上述研究结果，本文为农村改厕工作提出以下政策建议：

一是提高重视程度，保障建管资金来源。国家财政用于农村改厕的资金，要确保一定比例用于引导建管体系及粪污处理利用体系的构建，运行管护和建设要纳入到同等重要程度予以支持。创新政府和社会资本合作模式，形成专业国资平台引领、社会参与的多元市场投入机制。引导国内外机构、基金会、社会团体和各界人士利用公益捐助平台，为农村厕所革命的推进筹资筹物。

二是强化统筹规划，不断提升技术水平。指导县域农村改厕整村推进方案制定，引导各地结合乡村建设规划编制，统筹农村建设与厕所、生活污水等基础设施建设布局和规模。加快推动技术攻关步伐，重点研究和制定一批急需的建设标准、产品使用评估标准，鼓励支持相关企业、科研单位、高校等社会力量开展新技术新产品研发，并推动试验示范和成果转化。因地制宜建立符合实际的农村改厕及厕所粪污处理技术模式，积极推广低成本、低能耗、易维护、高效率的处理技术。

三是明确职责分工，建立高效管护体系。强化中央统筹、省负总责、县市抓落实，发挥县级部门在统筹规划、公共服务方面的指导职责，落实乡镇级部门组织、指导、监督等方面的责任。鼓励社会化经营，探索通过与专业化管护主体、社会团体、公益力量等合作设立物业管理机构，探索培育一支联合推动农村改厕及厕所粪污处理利用的专业化施工队和管护队伍，可探索通过出让冠名权、广告权、相关资源开发权等方式，引入专业化企业进行管理。建立考核机制，将该项工作纳入对各级政府的绩效管理考核工作中来，定期督导检查，严格绩效奖惩。

四是加强宣传发动，引导农民积极参与。通过主流媒体、自媒体、科普培训等多种渠道，广泛开展多种形式的宣传活动，提高农民的思想认识和接受程度。发挥村民委员会等群众自治组织的监督作用，落实受益群众的日常管护责任。加强制度管护，强化村规民约对村民厕所卫生、粪污处理等方面的检查、评比等奖惩机制，形成“以农民为主体，让农民能受益”的新格局。

参 考 文 献

[1] 赵立欣，孟海波，沈玉君．图说离不开的小空间——农村厕所的故事 [M]. 北京：中国农业出版社，2019.

[2] 陶勇．从“农村改厕”走向“厕所革命”的发展历程［J］．中国卫生工程学，2019，18（4）：481-484．
[3] 王永生，刘彦随，龙花楼．我国农村厕所改造的区域特征及路径探析［J］．农业资源与环境学报，2019，36（5）：553-560．

农村厕所粪污处理与资源化利用研究*

我国历来重视农村厕所问题，特别是党的十八大以来，党中央高度重视厕所革命，强调厕所问题不是小事情，要梯次推进厕所粪污处理及其资源化利用，努力补齐这块影响群众生活品质的短板，确保到2020年实现农村人居环境阶段性明显改善，村庄环境基本干净整洁有序，村民环境与健康意识普遍增强。农村厕所革命的核心问题是解决好厕所粪污处理与资源化利用，直接关系到农村生态环境、农村饮用水安全、公共卫生安全、农民群众健康和农业绿色发展，是改善农村人居环境、建设生态宜居美丽乡村的重要举措。本报告梳理了我国农村厕所粪污处理与资源化利用的主要模式及相关保障机制，结合存在问题和国内外对比分析提出了针对性的对策建议。

一、我国农村厕所粪污处理的主要模式

在农村改厕中根据黑灰水是否分离处理和粪污处理规模，对农村厕所粪污处理模式进行划分。

（一）按黑灰水是否分开处理划分

黑水是指农村厕所粪污，主要包括人粪尿及粪便冲水等；灰水是指农村生活污水中洗浴、洗涤、厨房排水等。厕所粪污处理方式主要有两种：一种方式是黑灰水分离，即黑水灰水分开处理；另一种方式是黑灰水不分离，即黑水与灰水一并处理。

1. 黑灰水分离处理模式

黑灰水分离处理方式中，厕所粪污主要采用三格化粪池进行处理，其他生活污水进入村庄排水边沟。比如，北京市房山区大石窝镇下营村厕所粪污三格化粪池处理，水冲式厕所粪污进入三格式化粪池，处理后由抽粪车清运。该模式在全国多地推广，广泛使用。每户改厕和三格式化粪池建设投入约2 400元，后期农户每次抽粪费用50～100元。

---

* 课题主持人：朱昌雄，中国农业科学院农业环境与可持续发展研究所。

水冲式厕所

三格式化粪池

2. 黑灰水一并处理模式

黑灰水一并处理模式主要是将厕所粪污并管于厨房、洗涤、洗澡等生活污水，一并进行处理，主要采用生物、生态及生物生态组合等处理技术。比如，四川省德阳市罗江区慧觉镇明月村，采用三格式化粪池加潜流人工湿地组合处理工艺，统筹治理厕所粪污与农村生活污水，实现“厕污共治”，并通过小型压力罐解决农村水压不足和间歇性管道供水问题。单户平均投入 2 100 元，后期主要是三格式化粪池粪渣清理，管护费用较低。

明月村户厕及三格式化粪池

（二）按厕所粪污处理规模划分

农村厕所粪污处理模式应根据区位特点、经济条件、资源禀赋等差异合理选择，主要包括单户、联户或整村、连片集中处理三种主要模式。

1. 单户处理模式

模式一：水冲厕所—三格式化粪池—人工小湿地（表流/潜流式）—浇灌林地/果园/菜地。该模式技术工艺简单，建设投资成本低，后期运行维护简便、费用低，处理后的废水可以就地资源化利用。在居住分散，周边有充足土地，不宜通过管网集中收集污水的村庄农户，具有较高的推广价值。比如，安徽省巢湖市柘皋镇汪桥村，采用三格式化粪池＋小型人工湿地处理模式。农户粪污进入三格式化粪池，经过微生物降解无害化处理后，进入人工小湿地，再通过灌溉管道浇灌菜园、果园等实现循环利用。建成一个单户三格式化粪池投资约 2 300 元，人工小湿地约 400 元。后期由农户自行管护，基本不产生费用。

巢湖市汪桥村三格式化粪池

巢湖市汪桥村小型人工湿地

模式二：水冲厕所——一体化处理设施——达标排放。该模式较规模处理设施相比建设成本相对低，运维比较简便，出水水质较好，在北京、山东、江苏等省应用较多。适用于环境敏感性较高，且不适宜建设集中污水收集管网，或虽有村庄集中污水收集管网但难以覆盖到的零散农户。典型案例如山东省德州市齐河县采用小型一体化生物处理模式，核心技术为倒置 A^2/O 和接触氧化法。通过在降解反应器内添加一定优化配置的生物强化菌剂，对粪污与灰水中的有机污染物进行高效降解，实现污水净化，可达到排放标准。每户设备投入约 3 550 元，厕具、厕屋、施工投入约 2 600 元。后期管护由第三方提供，每户每年运维费用约 150 元。

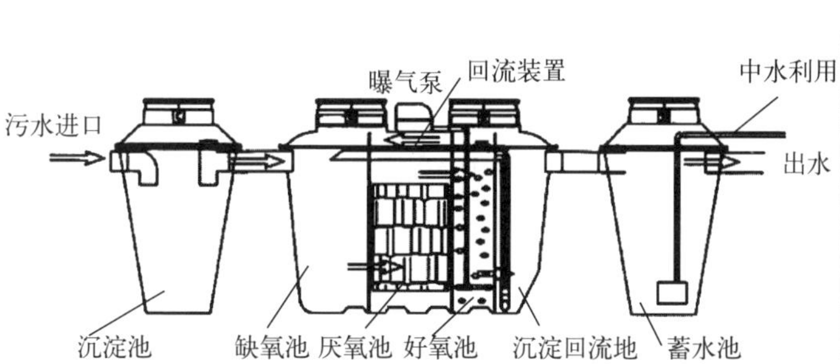

齐河县一体化设备内部结构及现场图

模式三：厕所粪污与锯末/粉碎的秸秆/微生物菌剂—贮粪池—农家肥。该模式主要利用智能控制、自动搅拌、保温加热以及微生物发酵等技术，将粪污转化为有机肥料，其特点是投资少、简单实用，在干旱缺水、高原、北方寒冷地区具有较强的适用性和较高的推广价值。比如，吉林省长春市九台区推广农村秸秆发酵节能型旱厕，通过机械排入垫料对粪污进行覆盖，在低温菌剂、除臭剂的作用下进行积肥发酵形成有机肥料。该型旱厕户均投资 3 000～4 000 元，后期运行费用主要用于购买菌剂，年运维费用约 80 元。

农村秸秆发酵节能型旱厕

2. 联户或整村处理模式

该模式主要应用于人口多、分布集中、距离城镇较远的村组，以整村、整组或数十户农户为单元，通过村内排污管道，将粪污集中处理，实现污水达标排放，或进行灌溉、景观用水。

模式一：厕所粪污＋生活污水—兼性厌氧处理—湿地—达标排放。该模式技术简单，需要一定的管网和设施建设成本，运行维护简便，出水水质较好，适用于附近有空闲地和坑塘的村庄。比如，浙江省杭州市余杭区小古城村采用无动力兼氧污水处理工艺，建设一座容积为 200 立方米、日处理能力为 50 吨的无动力兼氧污水处理工程，服务 80 余户居民、一座村办公大楼、一座农家乐农庄及一所公厕，总体投资 47 万元。项目投入使用后，基本无运行费用。

小古城村无动力兼氧污水处理设施

模式二：厕所粪污—户用三格式化粪池—村级三格式化粪池—浇灌菜地/林地/果园。农村厕所粪污进入户用三格式化粪池，经污水管道汇集到村级三格式化粪池，经处理后进行浇灌。该模式处理工艺简单，运行维护简便，具有较高的推广价值。比如，福建省南平市延平区炉下镇瓦口自然村采用大小三格式化粪池处理模式。一是将卫生间洗澡、马桶等高污染负荷水与农村厨房、洗衣等低污染负荷水分离，分而治之。二是厕污与洗澡水经过户用三格化粪池处理后，再引入村级三格式化粪池进行二次处理。全村共 70 户 220 余人，常住人口约 50 户 160 人。利用农户原有的三格式化粪池，新建了村级三格式化粪池 3 处，其容积共计 80～100 立方米，投资约 20 万元，基本无需后期运维。

户用三格式化粪池

村级污水收集管道

村级三格式化粪池

模式三：厕所粪污—一体化处理设施—人工湿地—达标排放。农村厕所粪污和生活污水一并进入污水管道，汇集到一体化处理设施，处理后达标排放或循环利用。该模式中一体化处理设施多采用膜处理技术，建设成本较高，膜使用周期短，价格高，后期运行维护费用高，出水水质好，比较适合经济发达、环境敏感度的地区推广应用。比如，安徽省巢湖市柘皋镇汪桥村生活污水一体化处理模式，采取“A^3/O+MBBR”一体化处理技术，生活污水经收集管网排入污水格栅渠，格栅渠内安装格栅，除去大颗粒的杂物。经格栅渠处理后的污水自流进入调节池，调节池可调节水质水量，污水在调节池内充分调节稳定后，经提升泵提升至一体化污水处理设备内进行处理。污水中污染因子被微生物充分降解分解，再经泥水分离，污泥存入污泥池中，尾水经过紫外线消毒设备后，出水水质满足《城镇污水处理厂污染物排放标准》（GB18918—2002）一级 A 要求。该项目共建设主、支管网 9 400 米，主要处理汪桥村范围内的生活污水，服务人口 236 户 716 人。日处理 50 吨生活污水的一体化处理设备（含基建）约 40 万元，总投资 110 余万元，总占地 1.5 亩，污水处理费约 0.65 元/吨。

污水收集池

MBBR生化池

人工湿地

处理后的出水

3. 连片集中处理模式

将全县所有村庄按片划分成若干个片区，每个片区集中建设一座粪污处理站，将片区内村庄粪污通过管网或抽粪车至集中粪污处理站，达标排放或资源化利用。

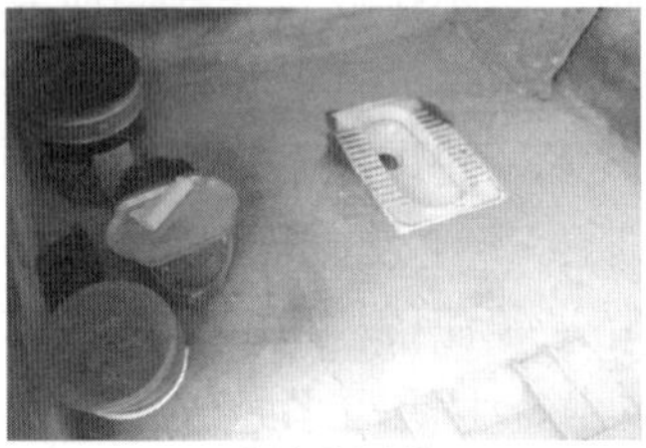
水冲式厕所

生活污水收集桶

抽粪车

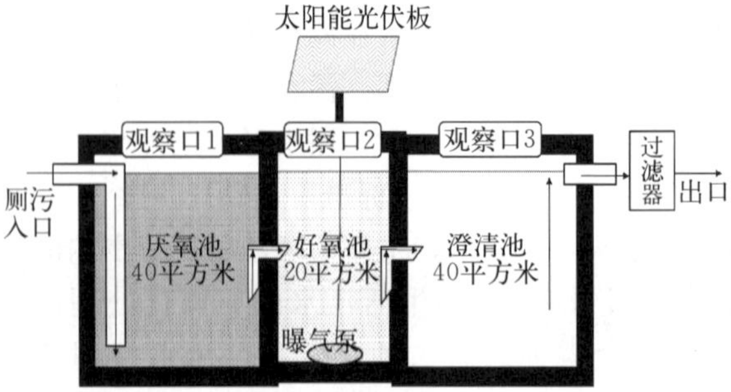

A/O处理工艺示意图

曝气装置太阳能供电

尾水灌溉设备及管道

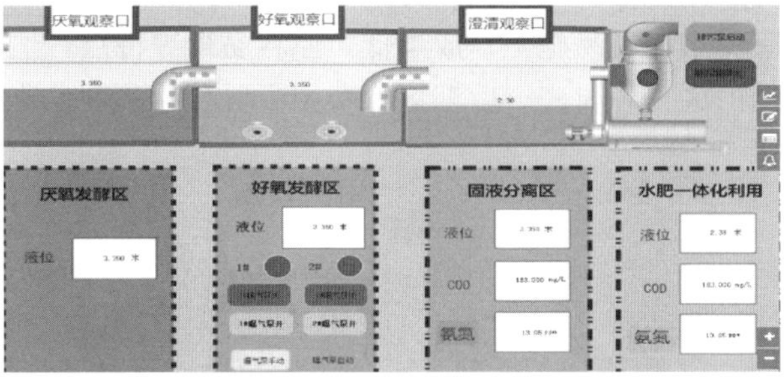

云信息服务平台及实时监控系统

模式一：厕所粪污—贮存粪池/化粪池—抽粪车/管网—集中处理站—达标排放/浇灌菜地林地果园。该模式中集中处理的技术决定了建设和运行成本的高低及其可适宜推广的区域。若集中处理站采用大三格式化粪池、改进型大三格式化粪池或 A^2/O 处理技术，建设和运维的成本较低；若集中处理采用膜处理技术，建设和运维成本较高。比如，河北省邯郸市邱县探索出改厕和污水统筹治理的“两收集、两利用”新模式，收集洗衣、洗漱、厨房污水用于冲厕，粪污经户用三格式化粪池处理后，由抽粪车抽取并运往粪污集中处理站。经过厌氧、好氧处理后，尾水达到《农田灌溉水质标准》（GB 5084—2005）要求，再经过灌溉系统或抽水车输送至农田进行肥水利用。该县同步建立了信息化管理服务系统和在线监测系统，并引入第三方参与运维，确保粪污的抽取、转运、处理、利用全程可控可追溯。政府每年补贴农户抽粪费 36 元，农户自掏腰包约 20～40 元。

二、我国农村厕所粪污资源化利用的主要模式

（一）肥料化利用

1. 固态肥料利用

模式一：卫生旱厕—清淘—堆肥—农田应用

该模式是我国传统的粪污资源化利用方式，旱厕粪污清淘后，通过堆沤腐熟后做成农家肥还田利用，成本低，使用方便，原料易得，适用于缺水、干旱地区或居住分散的山区丘陵村庄。比如，河南省鹤壁市鹤山区草粉生态式厕所，该厕所将便器与储粪仓无缝连接，形成一个密闭的腔体，储粪仓作为发酵仓使用，使用前在储粪仓内铺垫 20～30 厘米混有菌剂的草粉，每次如厕后加混有生物菌剂的草粉 80 克（约一把），通过自然干燥和有机物菌剂堆肥发酵，竞争性地抑制并杀死粪便中的病原微生物，并吸附、降解、转化粪便中产生的臭味物质，将粪污分解的二氧化碳和水排出，剩下的氮、磷、钾等元素被微生

物载体吸附，形成固态有机肥，实现粪污无害化处理、资源化利用。该模式具有免水冲、易施工、成本低，原料易得等特点，适用于水资源缺乏、居住分散的山区丘陵村庄。后期运行费用主要包括菌剂、草粉等，运行费用较低。

改造前

改造中

改造后

模式二：卫生旱厕—粪尿分别收集—微生物发酵—有机肥料。该模式是在传统旱厕基础上改进后的一种粪尿分离式厕所，尿液单独收集可用作液态肥。比如，甘肃省张掖市推广免水冲源分离资源型家用旱厕，源分离蹲便器/坐便器在源头上将粪尿分离，而且无需水冲。尿液收集贮存后作为液态肥料，粪便进入生物发酵槽通过微生物除臭发酵可作为有机肥原料。坐便器和集尿桶之间，安装尿液异味隔臭装置，使尿液能从坐便器顺利流至集尿桶中，而尿液气味被封堵在桶中，防止气味扩散。生物发酵槽使用混合微生物，可在好氧、厌氧和缺氧条件下起作用，保持对粪尿的除臭、发酵等功效。厕所内部采用智能化搅拌和排风系统。该厕所每日蹲位耗电小于 1.5 千瓦时，在新疆、甘肃、宁夏等地均有推广使用。

免水冲源分离资源型家用厕所

模式三：户厕粪污—抽粪车—预处理点—有机肥厂—生态种植。农户厕所粪污通过抽粪车运送至预处理点，生产有机肥，具有较强的适用性和较高的推广价值。比如，山东省临沂市临沭县粪污集中生产有机肥模式，全县规划建设了 6 处粪污预处理点，每个预处理点可覆盖服务 1.5 万厕改户，每个预处理点粪污年吞吐量达到约 6 万立方米，6 处预处理点可完全覆盖全县所有 8 万多厕改户。每个预处理点都配套了农家肥生物菌堆积发酵厂棚、三级发酵过滤池、干湿分离机、封闭式吸污车和干粪运输车、装载机等。从农户厕所抽来的粪污，就近运输至预处理点，生产成品有机肥。为确保厕所后续管护体系正常运转，县政府拨出 100 万元专项资金，扶持第三方参与运维。规划每个厕所粪污预处理点，签约 2 000 亩的生态种植基地，全县可辐射服务 1.2 万亩农田。2018 年，销售无公害生态有机肥 30 多万吨，绿色农产品销售额超过了 260 多万元，其中应用于茶园 50 亩，茶叶增产约 30%，年增收 20 多万元。

手机扫码抽粪

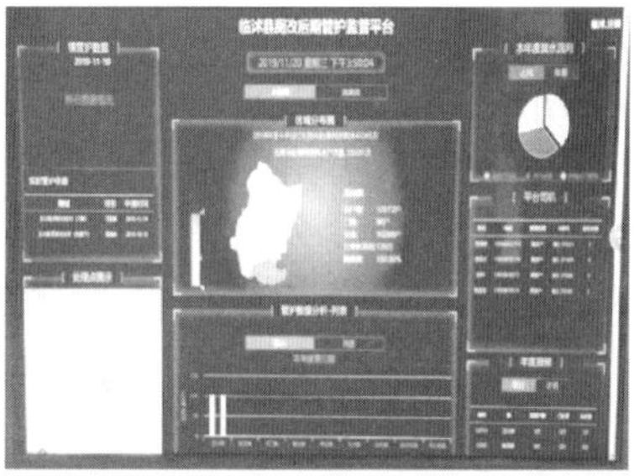

信息化管理平台

有机肥生产与使用

2. 液态肥料利用

模式：水冲厕所—三格式化粪池/沼气池—液态肥施用。该模式简便易行，但要注意三格式化粪池/沼气池出水应彻底无害化，且稀释到安全利用标准后才可作为液态肥利用。比如，海南省定安县富文镇抽取三格式化粪池出水，用于当地槟榔树或橡胶树施肥，取得较好的经济效益和环境效益，在粪污处理环节基本不产生成本。

抽取三格式化粪池第三格出水与施肥

（二）能源化利用

模式：厕所粪污＋养殖粪污—厌氧发酵—沼气—发电/燃料。该模式可将农村厕所粪污、养殖粪污、秸秆以及有机生活垃圾等废物进入沼气池发酵，产生的沼气可直接作能源利用，产气量较多者可发电利用。比如，山东省滨州市滨城区中裕集团农业产业园沼气发电利用模式，中裕集团产业园作为地方改厕第三方运维公司，承接周边 7 个乡镇的改厕粪污收集处理任务，通过吸粪车将农户三格式化粪池粪污转入中裕集团农业产业园沼气处理工程，连同企业自己产生的养殖粪污一起进行厌氧发酵，产生的沼气作为清洁

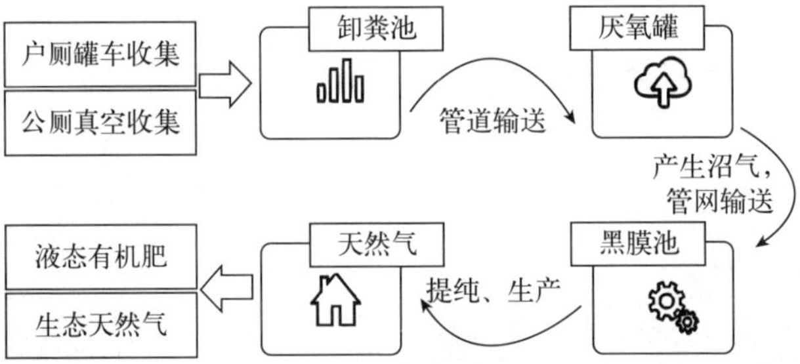

粪便资源化处理流程图

户厕收运

初步过滤

厌氧发酵

二级发酵

沼液输送

沼液利用

能源利用，沼液和沼渣通过园区灌溉设施进行还田利用，沼气发电并入国家电网。厕所粪污和养殖粪污通过沼气池厌氧发酵处理达到《粪便无害化卫生标准》（GB 7959—2012）。

（三）生态修复利用

模式：厕所粪污—湿地净化处理—水生动植物（鱼、虾、蟹、莲花、茭白等）综合利用。该模式通过管道将农村厕所粪污汇入湿地处理设施，利用微生物净化以及水生动植物综合利用污水中氮、磷等营养物质，实现厕所粪污处理与资源化利用同步进行，适用于水网地区，处理后的出水可达标排放、循环利

收集池

沉淀池(预处理池)

人工湿地

出水

用。比如，安徽省芜湖县陶辛镇上水村水生态修复利用模式，结合芜湖县平原圩区多水的农村地理环境特色，根据农村污水及面源污染主要污染物是氮磷的特点，构建以莲、茭白、美人蕉、香菇等主要吸收水生植物的沟渠型、水塘型、景观型、生产型等小生态系统，实现污水资源化利用和达标排放。上水村自 2015 年开展农村污水及面源污染治理以来，覆盖居民 150 户用。水系水质长期稳定在Ⅲ类及以上，水生态功能改善明显，水环境承载能力明显增强，每年经济型作物产出约 40 万元（主要以莲花、茭白、鱼、虾等水产品为主），实现了社会、经济、环境效益多赢。

三、农村厕所粪污处理与资源化利用的保障机制

我国农村厕所粪污处理与资源化利用在因地制宜推进技术模式支撑的同时，更需要建立完善运行管理保障机制，确保工作做好做实。

（一）建立组织领导机制

建立高位推进机制，形成主要领导直接抓、分管领导具体抓的工作局面；建立问责机制，全面加大农村厕所粪污处理与资源化利用的推进督导力度，发现问题、反馈解决。比如，福建省宁德市周宁县泗桥乡泗桥村改厕工作做到党政领导直接抓，分管领导具体抓，建立了相应的改厕领导小组。由乡党委副书记、政府乡长担任组长，村建分管领导任常务副组长，其他班子成员任副组长，成员由各所站负责人组成。领导小组下设办公室，挂靠乡村建站，村建站负责人任办公室主任，负责综合协调、工作调度、材料整理及信息报送，定期向领导小组报告工作。同时各村还根据实际情况相应确定了 2～3 名村级干部专人抓改厕工作，各包村干部负责指导督促各农户的改厕工作，从上到下建立了农村改厕一条线领导管理体系，制定了相应工作实施方案，定期召开会议，研究部署改厕工作，及时解决具体问题，领导经常下村现场办公督促指导，实时推进相关工作进度。

（二）完善市场运作机制

通过政府购买社会化服务，引入市场机制，让专业的人干专业的事，打破政府既当“裁判员”又当“运动员”的尴尬局面，有效破解常态化运营难题。通过公开招标，采取政府购买服务，引入第三方参与运维，负责农户厕所粪污清淘、运输、集中处理和资源化利用。比如，河北省邯郸市邱县投资 80 余万元，购置抽粪车 49 台，附带车辆清洗设备 49 套，全部交由第三方公司运营管理，承担全县厕污抽取、运输和处理中心运营维护、农户厕具维修服务。

（三）引导群众参与机制

通过上门走访、入户调查、面对面交流、村民代表大会等形式，宣传、科普粪污处理与资源化利用知识，引导广大农民群众作为参与主体，提升环卫意识，规范群众操作，把粪污收集利用纳入村规民约，引导群众生活污水用于院内洒水抑尘、浇菜浇树或冲洗厕所，实现原位消纳。比如，江西省井冈山市茅坪乡通过系列宣传方式，使群众彻底转变了思想观念，从以前的“要我改”变为“我要改”，提升了农民的内生动力，调动了群众主动参与农村厕所改造的积极性，都纷纷到村里递交改厕申请书。

（四）建立信息化运行机制

建立粪污处理和资源化利用信息平台，对抽粪车安装定位系统，实现粪污抽取、运输、处理利用的全流程监控，为粪污资源化利用提供技术保障。比如，山东省胶东街道办事处为精准高效便捷对接村民卫生厕所抽取需求，提高管护工作效率，利用现代智能信息技术、网格化管理模式，创新建立了“胶东厕污智能管理系统”，打造了“精细化、科学化、常态化”的厕所管护平台。在村居端，村庄厕所管理员负责操作，主要由一部智能手机和特定软件组成。在作业端，物业公司负责接收报抽和维修信息，在线指导抽粪作业并实时监控。在中控端，街道办事处物业管理办公室控制使用，动态显示全处每日报抽信息及完成情况；自动统计每日、每周、每月各村抽厕和维修数据；通过GPS定位系统和实时监控设备监督物业公司服务质量。

（五）建立多元投入机制

加强农村厕所粪污处理和资源化利用专项资金支持，引入社会力量投资，鼓励村集体和农户自筹等方式，建立多渠道资金筹集机制。比如，福建省三明市将乐县通过引入有资质的公司，与政府出资方成立项目公司，统筹考虑项目投、融、建、管、运等问题，确保了项目建设有资金、施工有队伍、管理有机构、监督有主体、运营管理有保障，最大化地发挥专业优势。目前，已累计投入资金约8 300万元，开展53个行政村的污水处理站区及配套管网建设，其中16个行政村已竣工验收，17个行政村已完成站区和配套管网建设，20个站区正在建设当中，确保年内全部投入使用。

四、农村厕所粪污处理与资源化利用中存在的问题

与国外相比，我国农村厕所粪污处理与资源化利用方面目前处于探索阶

段，还存在一些困难和问题。

（一）重前端处理轻后端利用

厕所粪污处理与资源化利用应按源头控制、过程减量、末端循环利用的链条进行设计和实施，三段同等重要，但是部分地区只重视改厕的源头控制，未注重末端厕污收集与循环利用，出现了“重处理轻利用”的现象，背离了资源化利用的原则，增加了厕所粪污处理的难度，也造成了资源浪费。

（二）法律法规和技术标准不健全

为保护水环境，节约水资源，防止水污染，我国制定了《环境保护法》《水法》《水污染防治法》等法律法规，但到目前为止还没有制定农村水资源保护、环境污染防治的法律法规。我国制定了《农村生活污水处理工程技术标准》《农村生活污染控制技术规范》《农村厕所污水处理技术指南（试行）》等标准规范，但厕所粪污资源化利用的条款有待完善。

（三）部分地区未坚持因地制宜的原则

一些地区技术模式选择脱离实际，有用肥需求的农村地区忽视粪污肥料化利用，却统一采用截污纳管处理模式，没有与生态农业发展有机结合；有的粪污处理设施设计处理能力与实际需求不匹配，出现“大马拉小车”或“小马拉大车”现象。

（四）过程监管不到位

一些地方农村厕所粪污处理建设、运维等监管责任主体不明确，存在三格式化粪池破损泄露，有农户故意把化粪池凿漏，避免清淘或减少清淘次数等现象；也存在粪污去向不明、偷排乱排现象，反映出实际监管不到位，“重建设轻管理”的问题。

（五）资金投入不足

当前我国农村厕所粪污处理与资源化利用等人居环境整治历史欠账多。农村人居环境整治涉及的改厕、污水、垃圾、黑臭水体治理及饮用水安全保障等由不同部门负责，存在着各自为政的现象，资金统筹使用效率低；农村人居环境整治涉及的多个部门未系统设计和统筹施策，出现重复建设问题；人居环境整治资金缺口大，目前没有专门支持资金，难以吸引社会资本参与，统筹乏力，导致改厕及其粪污处理与后期运维动力不足。

（六）专业技术队伍缺乏

我国厕所革命刚刚起步，体量大，基础差，厕所粪污处理与资源化利用专业性强，现有从事技术研发、推广、运管等专业技术人员数量不足，难以满足当前厕所粪污处理与资源化利用的客观需求。

（七）农户环保卫生意识差

长期以来，我国对农村环境建设投入低，环保宣传与卫生知识宣传培训不到位，城乡居住环境差别不断扩大，直接导致农民卫生观念与环保意识淡薄。同时受生活习惯和经济社会发展水平的影响，农民对环境卫生的要求也不同，农户参与改厕和粪污处理的自觉性、主动性不强，付费意愿低，参与度不高。

（八）管护机制不健全

我国农村经济发展不平衡，部分农村地区粪污处理设施由政府投入资金建成，资源化利用和后期运行维护管控机制不健全，费用承担主体不明确，从而导致许多设备建而不用，出现“晒太阳”的现象。有部分地区后续运行费用主要依靠地方政府财政承担，没有形成多元的资金投入渠道，成为地方政府比较沉重的财政负担，这对于财政收入较少的地区，长期运维难以持续。

五、国内外农村厕所粪污处理与资源化利用现状

（一）国内农村厕所粪污处理与资源化利用现状

自《农村人居环境整治三年行动方案》实施以来，财政部安排农村厕所革命整村推进奖补资金70亿元支持户用厕所改造，通过旅游发展基金补助地方项目安排8.4亿元支持旅游厕所建设。全国各地因地制宜、有序推进农村厕所革命，卫生厕所改造完成60%以上，有力地推动农村厕所粪污处理与资源化利用，取得了明显成效。

1. 农村改厕模式

目前，我国厕所改造有水冲厕和卫生旱厕两种形式，前者在我国东中部、西部经济条件较好和城郊等地区被广泛使用。水冲式厕所粪污处理模式主要有单户、联户或整村、连片集中处理三种主要模式。每种模式在各个地区因地制宜地选择适宜的粪污处理与资源化利用工艺。卫生旱厕在西部、山区、高原、寒冷及贫困地区应用较多。

2. 无害化处理技术

农村水冲式厕所粪污处理技术主要包括生物、生态和生物生态组合技术。

目前生物处理技术主要采用生物接触氧化法、膜生物反应器（MBR）、序列间歇式活性污泥法（SBR）、厌氧生物滤池法、A^2/O 等处理技术。生态处理技术主要包括人工湿地、氧化塘和 FILTER 等技术。这些技术在各地应用时，会根据地方的实际需求，采用单一技术或组合技术加以利用。

3. 资源化利用技术

粪污资源化利用最主要的途径是固态有机肥利用。如粪尿分集生态厕所、生态型生物发酵旱厕、积肥池式厕所等，多是通过智能控制系统、搅拌系统、保温加热系统以及强化微生物等措施实现厕污便捷无害化、肥料化利用。水冲式厕所粪污资源化利用主要通过化粪池和沼气池厌氧发酵处理，沼渣沼液肥料利用，沼气能源化和发电利用等。

4. 运维管理制度建设

“十二五”以来，生态环境部、住房和城乡建设部等相关部委出台了 10 余项包括粪污无害化标准、农村户厕所卫生规范等在内的农村人居环境治理标准规范。出台了包括“厕所革命”在内的 20 多项农村人居环境整治相关政策文件。组建全国农村厕所革命专家智库，编写农村改厕实用技术手册。农村改厕逐步形成了以整村推进、逐步覆盖，农民主体、政府引导，地方为主、中央支持，区域统筹、差别补助为原则的管理、运维制度。

（二）国外农村厕所粪污处理与资源化利用现状

欧美等发达国家对环境保护和乡村建设重视早、投入大，农村厕所粪污处理与资源化利用基础设施建设相对完善。

美国约 33％的农村厕所粪污与生活污水统一纳入管网处理；约 67％的农村厕所粪污进行分散处理。分散式处理设施主要包括原位处理系统（通常由化粪池和土壤沥滤场组成）和群集处理系统（用于两户及以上污水收集和处理）两种模式。

日本主要以水冲式厕所为主，注重统筹厕所粪污和生活污水治理。目前主要有下水道设施、村落排水设施、净化槽三种。下水道设施主要应用于 1 万人以上的规模城市；村落排水设施主要应用于相对集中居住的村庄；净化槽主要是处理单个家庭生活污水，黑水、灰水一体化处理。在支持保障上，房屋内设施（卫生间、厨房、管道等）全部由居民自己建设，政府主要支持建设粪污处理设施；建立针对个体的净化槽补助制度，中央政府补助 13％、地方政府补助 27％、个人负担 60％。补助实行普惠性，任何时候、任何居民只要按照《净化槽法》规定安装净化槽，经检测达标即可申请补助。

欧洲的德国、瑞典、荷兰、芬兰、爱沙尼亚等国家水冲式厕所基本普及，基本建立了城乡一体化的污水处理系统，荷兰农村厕所粪污基本上都通过污水管网输送至污水处理厂集中处理。芬兰、爱沙尼亚 90%的厕所粪污纳入城镇污水管网集中处理，其余约 10%的村庄由于地处偏远就地分散处理，少数使用生态旱厕。比如，偏远地区部分农户使用家庭生活污水处理系统；部分旅游乡村黑水、灰水分开收集，灰水经人工湿地净化后用于景观灌溉，黑水进入污水处理厂处理后排入地表水系统。

与国内相比，欧美日等农村厕所粪污处理与资源化利用具有以下特点：一是农村人居环境建设过程中没有改厕或厕所革命的概念，政府也没有实施相关专项行动，厕所大多是居民建房过程中自发配套建设的。二是在农村厕所粪污处理、生活污水治理等方面制定了严格的法律法规，比如欧洲一些国家从 20 世纪 70 年代开始就陆续制定了《环境管理法》《水管理法》《废弃物污染防治法》等，美国发布了《分散污水处理系统手册》，日本制定了《净化槽法》。三是建立了居民厕所粪污、生活污水等处理付费制度。比如，在荷兰一般 5 口人的家庭每年需交 1 500 欧元的生活污水和垃圾处理费用，可分期付款；居民一般按人口计算费用，企业一般根据产生废弃物的量计费。四是形成了多方参与的治理机制，在厕所粪污、生活污水等治理中有大量企业、非政府组织参与，污水处理设施管理、水质监测等均委托第三方公司运营监管，居民适当付费，政府给予公司一定的补贴支出和税收优惠。

六、对策建议

推进农村厕所革命，不能就改厕搞改厕，核心是要抓好粪污无害化处理，优先解决粪污收集与利用去向，与农村生活污水治理有机衔接、统筹推进。

（一）加强顶层设计，完善相关法律法规与标准规范

美、欧、日等国家（地区）农村厕所粪污治理较为成功主要得益于完整的政策体系、多方位的运营体系和保障得力的资金支持体系。借鉴上述国家（地区）的成功经验，我国应进一步制定完善相关法律法规，明确政府、农户等主体责任；健全相关技术标准体系，根据区域规划和目标水体制定农村厕所粪污处理后的排放标准，确保有规可依。

（二）推进农村厕污分区分级治理，加强资源化利用

从美、欧、日等国家（地区）治理方式看，大多将农村厕所粪污纳入生活污水管网统筹治理，执行严格的排放标准，运行维护成本相对偏高。我国农村发展相对滞后，地区间经济发展不平衡，这就决定了必然要走一条多元化治理路径。在经济相对发达地区，依据生态敏感度和环境容量，采用农村改厕与生

活污水一体化治理方式，提高出水排放标准；在经济欠发达地区，在粪污无害化处理基础上，以农牧循环、就近消纳、综合利用为主线，与农业生产绿色发展相结合，实现农村厕所粪污治理与生态循环农业发展有机衔接。

（三）加强工艺技术研发，凝练适用治理模式

农村厕所粪污处理与资源化利用模式选择和技术遴选，应充分考虑各地的地域差异、经济承受能力、生态敏感度、环境容量以及农民习惯等诸多因素，切忌一刀切，盲目效仿。针对水网、缺水、干旱、寒冷、山地等不同类型地区要因地制宜研发相应治理技术，科学确定符合本地农村特点的农村厕所粪污治理模式。以流域水质目标管理为基础，集成适用的综合整治方案与模式。

（四）建立激励补偿机制，引导社会资本参与

我国农村厕所粪污处理与资源化利用涉及农村千家万户，是一项巨大的惠民工程，需要大量的资金投入。各级财政要加大农村厕所粪污处理投资力度，鼓励企业和民间资本介入，形成多元化、多渠道资金投入机制，在有条件的地区探索推广农村厕所粪污处理农民适当付费制度。

（五）培育专业技术队伍，提高科技支撑能力

2018 年政府机构改革后，农业农村部门在农村人居环境整治各个方面，存在专业技术研发人员、基层专业技术服务人员缺乏的问题，不能满足当前改厕与粪污处理与资源化利用的需求。因此，需要建立专业技术研发队伍，构建农村厕所粪污处理与资源化利用技术体系。培训服务农村改厕等人居环境整治的基层专业服务队伍，促进各类项目工程的实施与落地，提高整体科技支撑能力。

（六）加强培训宣传，引导农民积极参与

部分农村地区农民环保意识差，卫生观念淡薄，对开展农村厕所革命的意义认识不足。要加大宣传培训力度，提高村民环保意识和对农村厕所粪污处理重要性的认识。通过村规民约、宣传标语等方式，普及粪污治理卫生知识，掌握粪污资源化利用的科学方法，提高农民参与度，形成厕污治理“人人有责、人人参与”的良好氛围。

（七）加强监督管理，提升运维管护水平

部分农村地区厕所粪污的收集、运储、处理和利用等环节还存在监督管理不到位的情况，比如，收集和运储过程有渗漏、达不到无害化处理要求、粪污去向不明等，严重影响了农村厕所粪污处理和资源化利用推进成效。应进一步

加强监管，禁止粪污直排，防止农户个体、种植大户、合作社、企业等农村厕所粪污收集处理主体乱排乱倒。加强农村厕所粪污治理信息化平台建设，对农村厕所粪污抽取、运输、处理与资源化利用进行全过程的追踪和监控。加强运维管护人员的专业培训，确保实际操作流程规范化，同时制定相关奖惩和绩效考核办法等保障措施。

农村改厕新技术新产品市场化问题研究*

小厕所，大民生；小厕所，大文明。厕所状况体现了一个国家和地区的发展水准和文明程度，关系到人民群众身体健康和生活品质，农村改厕意义重大。

2015 年，习近平总书记提出进行“厕所革命”，让农村群众用上卫生的厕所。党中央、国务院在美丽中国、健康中国、乡村振兴战略中都强调了推进改厕工作。各地贯彻落实习近平总书记重要指示和中央部署要求，农村改厕取得了一定成效。据初步统计，2018 年全国完成改厕 1 000 多万户，农村改厕率超过一半，其中六成以上改成了无害化卫生厕所，受到了农民群众的普遍欢迎。据初步摸底，2019 年全国户厕计划改造 1 200 多万户，进展顺利。

随着“厕所革命”的推进，我国农村改厕还存在一些障碍，其中，产品和技术方面是一个突出短板，特别是干旱、寒冷等特殊条件地区，相关技术和产品的针对性、适用性不强，农村改厕新技术新产品研发创新、市场推广、运行管理和农户参与等方面还存在不少问题。究其原因主要在于还没有真正形成市场化机制，农村改厕新技术新产品市场化陷入了困境，出现了供需不平衡、不匹配等问题。一方面部分地区，特别是干旱、寒冷地区，缺乏适宜市场需求和农民真正需求的技术产品；另一方面部分地区供给的技术产品不是农民真正需要的，出现了新改造厕所闲置无用的“形式主义”现象。另外，技术产品供给不平衡，产品同质化严重，技术低端，不能满足无害化资源化要求，产品性价比不合理。因此，亟须加强农村改厕新技术新产品市场化问题研究，为建立农村改厕新技术新产品市场化机制、打赢“厕所革命”攻坚战提供决策参考。

* 课题主持人：王瑞波、汤敏，农业农村部农村社会事业发展中心。

一、我国农村改厕新技术新产品研发及应用推广情况

目前市场上的农村改厕新技术新产品主要为“6＋X”模式，呈现出6种主流技术为主，各种生态技术为辅的发展格局。

（一）十种主要农村户厕新技术新产品研发情况

1. 三格式户厕

三格式户厕的原理主要是利用三格化粪池，使粪便在池内经厌氧发酵分解，达到沉淀或杀灭粪便中寄生虫卵和肠道致病菌的目的。三格化粪池由相互联通的三个密闭粪池组成，中间由过粪管联通，主要是利用厌氧发酵、中层过粪和寄生虫卵比重大于一般混合液比重而易于沉淀的原理处理粪便。

2. 下水道水冲式户厕

下水道水冲式户厕的便器分为虹吸式和直冲式两类。虹吸式便器是通过水产生的虹吸作用将便器中的水连同粪污卷进弯管，由排水管排出完成清洗；直冲式坐便器是利用水流的冲力排出粪污。便器存水弯的水封堵住了下水道和化粪池的气体通道，使臭气不能逸入室内。

3. 粪尿分集式户厕

粪尿分集式户厕的原理主要是采用专用便器，对粪便和尿液分别进行收集，然后利用蒸发的原理，使粪便不断失去水分至粪干，从而杀灭病原体，实现粪便无害化。

4. 双坑（双池）交替式户厕

双坑（双池）交替式户厕的原理主要是厌氧发酵，设有两个坑（池），先使用第一个坑（池），粪尿混合进入，定期撒下适量的土覆盖。当第一坑（池）粪便积满时，将此坑（池）封闭做堆肥处理，启用第二坑（池）。第二坑（池）使用方法不变，当其积满时封闭起来，清除第一坑（池）粪便后启用。双坑（池）交替使用。

5. 沼气池式户厕

沼气池式户厕的原理主要是厌氧发酵，沼气池式户厕粪尿和冲厕水通过管道排入已建的户用沼气池中，粪污在厌氧环境下被厌氧微生物分解转化，产生沼气和沼肥。沼气供农户利用，沼肥作为肥料还田使用。8立方米户用沼气池厌氧发酵水力停滞时间可达60～90天，灭活粪便中的病原体，使其达到无害化。

6. 双瓮（双格）式户厕

双瓮（双格）式户厕的原理主要是厌氧消化分解粪便，双瓮（双格）式户

厕的双瓮（双格）由相互联通的两个密闭粪池组成，中间由过粪管联通。粪便在池内经厌氧消化分解，从而达到沉淀或杀灭粪便中寄生虫卵和肠道致病菌的目的。

7. 资源型气冲厕所

资源型气冲厕所的原理主要是利用空气将粪尿冲进密闭的正压或者负压收集系统，然后利用微循环和微降解，实现废物—肥料—农业—食品的物质循环。通过技术和结构上的创新使系统能耗低于常规便器冲洗水的供水能耗，实现排泄物收集全密闭，无臭气泄漏，利用好氧或厌氧生物将粪便转化系统生产有机肥。

8. 循环水冲式厕所

循环水冲式厕所的原理基本是将厕所产生的黑水进行无害化处理，并再次用于冲厕使用，实现“化粪为水”，突破了传统冲水式厕所对清洁水的依赖。循环水冲式厕所区别于其他厕所的主要构件是黑水处理装置，其他构造可以根据当地环境和特殊需求进行量身定制。

9. 免水微生物降解型厕所

免水微生物降解型厕所的原理主要基于微生物降解，在一定的温度下，利用自然产生微生物的独特组合快速分解人类排泄物。免水微生物降解型厕所区别于一般厕所的主要构件是微生物净化处理系统，并且处理系统全部集成在马桶自身，无需任何辅助设施。可适用于家庭、公共场所和交通工具中，并且可以根据使用情景，制定不同的规格。废物处理一次到位，干净彻底，无固废排放，排放的气体对环境无害，节水节能，维持马桶工作温度可采用太阳能。

10. 免水微生物堆肥型厕所

免水微生物堆肥型厕所的原理主要是微生物发酵，它是在坐便器下方建造一个长方形池，内填充农村秸秆或木屑作为微生物的反应基质，并辅以较小的动力搅拌，通过有氧微生物的放热发酵，将粪便转化为无臭味的水、二氧化碳和较干燥的有机肥回归到大自然，整个过程不需水冲，实现了中国农村地区的秸秆循环利用，产物还可以作为农作物的有机肥，并且可以通过调控温度，保留有益菌，杀灭大肠杆菌和蚊蝇卵，避免农村饮用水源地和地下水受污染，解决农村蚊蝇滋生现象。

（二）十种新技术新产品优劣势及适宜推广地区分析

我国地域分布广泛，经济、社会、气候条件差异很大，分析十种农村户厕的优势、劣势、适宜推广地区及维护管理注意事项，对于推进市场化进程具有一定的参考价值（表 1）。

表1　农村改厕新技术新产品原理、优劣势及适用地区

序号	名称	原理	优势	劣势	适用地区
1	三格式户厕	粪便在密闭条件下进行厌氧发酵、液化、氨化、生物拮抗，去除和杀灭寄生虫卵及病菌，使粪便无害化	池子造型简单，易于施工建造和维护管理，造价低廉	出水污染物浓度较高，直接排放易造成二次污染；使用不当，容易堵塞和渗漏	主要适用于非寒冷地区
2	下水道水冲式户厕	有完整上下水系统，厕所粪污集中处理	干净卫生，应用广泛	用水量大，建设运维成本高	主要适用于水资源丰富，有完整的上下水系统的地区
3	粪尿分集式户厕	便器分别有粪、尿两个收集口，将粪尿分别收集，干湿分离	用水少节约水源；运行成本低，抗冻性好；适合干旱缺水、经济欠发达地区	粉状覆盖物容易造成扬尘和堵塞；覆盖物多少影响粪便发酵程度；易滋生蚊蝇和病菌，气味较大	主要适用于干旱缺水的农村地区
4	双坑（双池）交替式户厕	两个粪坑（池）结构完全一样，两坑（池）交替使用，一池用时另一坑（池）作为粪便封存池，粪便清淘完，重新交替使用	造价低廉，不用水或少量水节约水资源，适合干旱缺水、经济欠发达地区	卫生条件差，气味较大	主要适用于缺水、高寒地区
5	沼气池式户厕	将人畜粪便及有机垃圾混合破碎后集中收集在沼气池中进行厌氧发酵，生成沼气使用，残余物可堆肥	沼气、沼液及沼渣可作为能源物质循环利用，促进农村经济的发展	沼气产量受沼气池结构、原料配比、外源物及温度的影响；冬季低温运行受限制	在全国可以普遍使用，在气温较高的南方地区使用效果好，在北方寒冷季节需要对沼气池加保温措施
6	双瓮（双格）式户厕	人粪尿在前瓮（格）发酵分解、沉淀，中层粪液流入后瓮（格），进行进一步厌氧消化处理，达到粪便无害化处理	造价低廉，大肠杆菌杀灭率高，寄生虫卵下沉率高，漏斗设计使得寄生虫蝇类不易钻出	出水污染物浓度较高，直接排放易造成二次污染，池体结构特殊，自行清淘困难	适用于冬季时间长、地下冻土层深的东北地区

（续）

序号	名称	原理	优势	劣势	适用地区
7	资源型气冲厕所	构建一个循环系统，最大限度地实现资源循环利用	节水、无臭、节能；源头分离，原位减量化和稳定化；灵活性、适应性强；中水回用，适用于污水或缺水地区	粪尿分离，需要有集中的污水处理系统和粪污处理系统	主要适用于水资源短缺地区
8	循环水冲式厕所	微生物降解原理，“化粪为水”循环使用	无需外部水源接入，污水“零排放”	要保证微生物活性，需要控制好温度，造价稍高，微生物需要定期更换	主要适用于可利用面积有限，排水系统不完善，严重缺水，需移动补水装置的地区，目前主要用于景区和公园
9	免水微生物降解型厕所	微生物降解的原理，在一定的温度下，利用自然产生微生物的独特组合快速分解人类排泄物	绿色环保，节水节能；干净彻底，无固废排放，排放的气体对环境无害	要保证微生物活性，需要控制好温度，造价稍高，微生物需要定期更换	不必安装给排水系统，尤其适合于干旱缺水，生态环境脆弱易受破坏的地区
10	免水微生物堆肥型厕所	微生物发酵的原理。需要粪便、秸秆或木屑为微生物提供反应基质，并辅以较小的动力搅拌，通过有氧微生物的放热发酵，将粪便转化为无臭味的水、二氧化碳和较干燥的有机肥	无需水冲，秸秆循环利用，产物还可回田。干净卫生，形式比较灵活	要保证微生物活性，需要控制好温度，造价稍高，微生物需要定期更换	适用于干旱、寒冷、无管网、人和畜禽粪便回田的农村地区

（三）主要新技术新产品应用推广情况

1. 不同类型卫生厕所技术产品市场推广情况

卫生厕所市场推广占比最高的是三格式、沼气池式和完整下水道水冲式

3 种厕所技术产品，分别占 34.67%、14.76%和 15.73%，共占 65.16%；双瓮式、粪尿分集式和双坑交替式合计占 8.13%；其他类型的卫生厕所占 26.71%。下面主要分析 6 种无害化厕所市场推广情况。

2. 不同区域新技术新产品的市场推广情况

一是西北缺水地区。西北地区干旱缺水，比较适合使用粪尿分集式户厕和生态厕所，该类产品市场占有率比较高的是粪尿分集脱水型旱厕和原位堆肥型旱厕。这两种厕所不需水冲、不需要管网系统，成本低、操作简单、卫生环保。可广泛适用于甘肃、青海、宁夏、陕西、新疆、内蒙古等西北干旱缺水地区。

二是北方寒冷地区。北方地区冬季时间长，地下冻土层深，比较适合使用双瓮（双格）式厕所，该类产品市场占有率比较高的是双瓮式水冲厕所。双瓮式水冲厕所将粪便收集和无害化处理有机结合，粪尿通过在瓮体内密闭储存、厌氧发酵、沉淀分层，有效杀灭或去除细菌、病毒、寄生虫、蛔虫卵等，达到无害化要求。可适用于黑龙江、吉林、辽宁、河北等土层厚、降雨中等的东北、华北地区。

三是华北平原地区。华北平原地区比较适合使用节水型生态厕所，该类产品市场占有率比较高的是负压气冲厕所。负压气冲厕所利用环境空气将粪尿冲进密闭的负压收集系统，兼具常规水冲便器使用方便和旱厕在节水上的优点，冲水量仅为常规节水便器的 25%以下，小便可以实现无水气冲。可适用于山东、河南、河北、天津、北京等水资源短缺地区。

四是南方丘陵地区。南方丘陵地区地形复杂、用户分散、粪水收集难，适合采用一体化生态厕所。该类产品市场占有率比较高的是分散式一体化生态厕所。分散式一体化生态厕所利用附着在填料上的微生物对污水中的有机污染物进行生物降解，达到净化污水的目的，能够对农户产生的粪污进行单独处理，非常适合农村分散式粪污处理需求。适用于云南、贵州、四川、重庆、湖北、湖南、江西、安徽、广东、广西等水热资源丰富的南方丘陵地区。

五是城郊地区。城郊地区经济条件相对较好、农民居住集中、休闲观光农业发展快，适宜发展水冲式无害化集中处理厕所。水冲式无害化集中处理厕所主要是三格式化粪池厕所，已在我国农村地区得到广泛使用，经三格式化粪池厕所处理后的粪便和废水可以集中收集，进行深度处理达标排放或回灌农田循环利用。适用于大中城市郊区以及休闲观光农业发达地区。

六是农村社区。在城镇生活污水处理设施覆盖不到的农村社区，适合发展沼气池式户厕，该类产品市场化占有率比较高的是联户沼气净化厕所。适用于人口居住相对集中、城镇生活污水管网覆盖不到的农村社区和乡村旅游集中的村庄。

二、新技术新产品市场化存在的主要问题

农村厕所新技术新产品市场化涉及新技术新产品的政府引导、创新研发、行业规范、产品推广和农户接受等方面，存在的突出问题有以下八个方面。

（一）还没有建立起真正的市场化机制问题

1. 管理机制不健全，市场预期效果欠佳

大部分经济欠发达地区农村改厕工作管理机制不太完善。首先，改厕工作涉及多部门，有的牵头部门不能有效协调相关部门；其次，农村改厕项目资金运用缺乏有效监管，新技术新产品市场化受到制约；再次，卫生厕所采用的新技术新产品还缺乏评价验收标准。还有就是部分农村改厕随意性大，有的未严格按照《农村户厕卫生标准》规定执行，采用的技术产品不合规定，未达到预期效果。

2. 企业和科研院校过度依赖政府，影响市场化进程

农村改厕产品的研发、生产和销售大多由政府主导，企业和科研院校尚未成为新技术新产品市场化的主体，缺乏针对目标市场、适应农村需求、适应农户需求的产品技术研发，市场转化能力不高，产业整体实力不强。目前我国改厕企业以中小企业为主，缺少大的龙头企业，技术产品研发能力不强，存在产品技术含量低、创新能力弱、技术人才缺乏、信息面窄、公共服务体系不健全等问题，制约着改厕企业的快速发展。我国科研机构，如山东农业大学、农业农村部环境保护科研监测所等单位在农村改厕新技术新产品方面具有较强的科研实力，但其研发的新技术新产品大多还停留在实验室样品阶段，距离市场化尚有一定距离。

（二）资金投入不足，成本过高，企业垫资问题

1. 政府资金投入不足

2019 年，中央财政投入 70 亿元奖补资金用于农村厕所革命整村推进，但我国有 2.3 亿农户，按照改厕所比例 85%计算，还有 3 450 万户厕所没有得到改造，即使 70 亿元全部用于 3 450 万户厕所改造，户均政府资金补助也只有 203 元，因此，农村改厕还需要大量资金投入，随着改厕工作深入推进，新技术新产品需求日益增加，需要更多资金投入。政府补贴地区差异较大，部分经济发达地区政府补贴能够覆盖所有成本，但大部分欠发达地区还需要村民自己支付一部分费用，增加了村民的经济负担，降低了村民采用改厕新技术新产品的积极性。

2. 新产品的建设使用成本较高

户厕改造过程中，一般而言，除了建造化粪池，还需要统一安装蹲便器、冲水桶，排气管，建设厕屋，所需物料成本已经很高，再加上产品的运输、安装和施工成本，改造一个户厕需要较多的资金投入。目前改厕用得较多的是脚踏冲水方式的厕所，一些农户反映，这种方式水压水量较小，需反复踩踏3～4次才能冲洗干净，反而导致用水量大，无形增加使用成本，有的农户无奈已改为自备水桶冲厕。

3. 粪污处理成本较高

调研发现，厕所粪污由村或镇统一配备专业人员抽取处理的占50%左右，另外50%主要依靠农户自行处置。部分地区厕所粪污即使是由村镇统一抽取，也需要农户每次支付30～100元不等的粪污抽取费，农户积极性不高。还有部分新技术新产品趋向于自动化、智能化，需要时时供给能量，也明显增加了农户的使用成本，降低农户对于新技术新产品的接受度。

4. 企业垫资多，回款难

回款难是大多数改厕企业面临的问题。在改厕项目中，有的地方政府将厕具设备与施工一起招标，有的地方是分开单独招标。但在合同中，许多设备供应商都会被要求在安装验收合格后付款。在全面推开农村厕所改造的背景下，有的企业参与的改厕工程项目比较多，用于厕具材料的垫付资金额巨大，回款难阻碍了企业的产品研发，影响了企业正常的经营发展，甚至会导致企业资金链断裂，经营困难，在一定程度上迫使部分企业在生产过程中不得不“偷工减料”。以鲁中一家环保公司为例，该公司参与省里农村改厕工程项目比较多，2016年前后，企业用于厕具材料的垫付资金最高时达到了1亿多元，影响了企业正常的经营发展，更不用谈企业产品研发。

（三）新技术新产品研发推广问题

目前，农村改厕技术创新跟不上，科技研发相对滞后，技术储备不足，单一性、通用性技术较多，综合性、针对性技术较少，缺乏经济适用、简易易用的改厕技术和产品，尤其缺乏适合高寒、干旱等特殊环境下厕所改造的技术和产品。一些高校、科研院所和企业的技术实力和产业实力不足，适销对路的新产品新技术研发不够，市场上下游衔接不畅，市场推广能力不强。针对当下改厕难题，部分企业研发出了新的技术和产品，但是还缺乏进一步推广的平台。

（四）新技术新产品先天不足、维护麻烦等自身问题

新技术新产品自身问题主要有部分新技术新产品不完善、使用管护麻烦等问题。

新产品的自身技术问题方面，新产品在技术层面还没有很好地解决除臭问题，灭蚊蝇和杀菌问题，节水问题，保温节能问题，粪污资源化问题和建筑材料问题。

新产品的使用管护方面，一方面，新技术新产品的使用管护成本高，比如有些化粪池质量低劣易坍塌破碎、冬季保暖成本高、化粪池容量小，需要频繁清淘等，频繁的故障和维修成本降低了农户使用新技术新产品的积极性。另一方面，新技术新产品维修服务市场还没有形成，一旦产品出现故障，或者到了使用年限需要更换，农户很难找到维修服务商，给农户使用改厕新技术新产品带来了极大的不便。

（五）标准规范缺乏，专业队伍缺乏等行业发展问题

目前改厕新技术新产品仍处于市场发育期，行业标准还不完善，缺乏专业的施工队伍，并且农村改厕过度依赖政府工程。一是行业标准不完善。目前我国户厕改造仅有《农村户厕卫生规范》《免水冲卫生厕所》《粪便无害化卫生要求》3 项与农村改厕及粪污资源化直接相关的国家标准，11 项其他标准，另外还有一些补充性的地方标准，地方标准和行业标准较少，并且当前的标准重点关注厕所改造，在产品、技术和设备等方面的标准制定工作明显滞后。缺乏适用于不同区域特点的农村改厕和粪污资源化利用技术规范。由于行业标准不完善，目前市场上的改厕产品种类众多，质量良莠不齐，对于新技术新产品市场化及其推广而言，欠缺良性的市场环境。二是缺乏专业施工队伍。大部分改厕项目的化粪池和配套厕具是通过政府采购的，施工交由第三方施工单位。由于改厕项目每户一厕，涉及面广，单体工程量小，施工队伍多但不专业，施工质量不高直接影响户厕的使用效果。

（六）实际使用条件要求高的问题

粪尿分集式户厕、双坑交替式户厕、双瓮（双格）式户厕，沼气池式户厕和大部分生态厕所等分散治理户厕，这些厕所在设计上都能根据厌氧发酵、好氧发酵或者微生物分解等原理实现粪污的无害化处理。但是在实际使用过程中，一方面，由于相关产品类型众多，质量良莠不齐，在设备制造、维护、认证、工程建设、排放等诸多方面都存在不足，导致不能实现粪污的无害化处理；另一方面，部分产品即使质量合格，但对农户的使用规范和外界温度要求较高，很难达到粪污无害化处理的条件。北方地区多采用双瓮式厕所，但由于双瓮没有深埋，防冻效果较差，冬天结冻堵塞后无法使用。如有的农户不能正确管理维护和使用已经建成的化粪池，盖板及池壁密封不严，导致粪便不能充分发酵，达不到无害化标准；沼气池使用缺乏专业人

员服务，在沼气池出料方面容易出现重大安全事故，造成人员死亡等问题。

（七）农业农村自身难题和农户意愿问题

农村改厕新技术新产品应用推广需要有一定的人力、财力作保障，也需要农户有参与意识。然而我国大部分农村地区经济发展水平较低，存在劳动力缺乏、资金困难、观念落后等问题，阻碍了新技术新产品的市场化。一是农村劳动力缺失，改厕难度较大。由于农村居民大量外出务工，留在农村的大多是“老、弱、病、残”人员，对采用农村改厕新技术新产品的额外劳动缺乏热情，农民自觉投工投劳的较少。二是农村经济拮据，资金筹措困难。农村改厕新技术新产品资金一般采用政府补助、群众自筹、多元投入的筹资机制。对于经济发展水平低的农村地区，劳动收入不多，农村改厕新技术新产品自筹资金遇到较大的困难。三是卫生观念缺乏，健康意识淡薄。经济发展水平低的农村地区，受农户的居住环境、文化素质、风俗习惯的影响，对改厕工作存有抵触情绪，认为厕所本身就是脏的地方，无需改造，不愿意接受新技术新产品。

（八）技术产品推广后的运营管护问题

部分地方政府非常重视改厕新技术新产品推广工作，但后期使用、维修管理跟不上，“重推广，轻管护”问题突出。一方面，地方政府“缺人”。据统计，已实施项目的乡镇，平均每个乡镇从事村镇建设推广管理的人员不足3人，60%的乡镇仅一名村镇建设管理员。另一方面，村庄缺“人才”。就分散式的粪污治理而言，建设之后如何使用管护，谁来维修都是需要有人来管理的，但是目前这部分管理工作是缺失的，农户技术产品使用不规范，维修困难，推而不管让户厕改造沦为“晒太阳”工程并非个例。就集中管网化的粪污治理而言，农村污水治理多采用建管分离的方式，政府负责硬件建设，村集体负责日常管理运行。囿于设备运行维修的专业性，即使对村民进行培训，也很难胜任专业性较强的系统维护工作，影响技术产品的应用推广和户厕使用效率。

三、对策建议

农村改厕新技术新产品市场化要坚持因地制宜，尊重群众意愿，保障质量优先，不能贪大求快，不搞一刀切。充分发挥市场在资源配置中的决定性作用，依靠市场主体，调动市场力量，瞄准关键技术产品联合攻关，加强技术产品成果转化、推广应用。更好发挥政府引导作用，做好顶层设计，加大资金投入，加强科技研发，鼓励协作创新，提供市场服务，不断完善市场化机制，营造良好的市场化环境。

（一）科学合理加大资金支持

农村改厕新技术新产品研发推广具有一定的公共公益属性，需要政府科学高效投入资金，鼓励引导科研院所、高等院校和企业积极参与有关工作，建立市场化激励机制。设立农村改厕新技术新产品研发专项，加大科研经费支持力度，引导企业、高等院校和科研院所围绕农村改厕的关键技术产品开展科技攻关，推动科技成果转化；设立专项奖补资金，鼓励改厕企业、科研院所等建立技术研发中心，研发推出适销对路的农村改厕新技术新产品，尤其是适合高寒干旱地区的改厕技术产品。设立农村改厕实用新技术新产品培训宣传推广专项经费，增加农户使用改厕新技术新产品补贴额度，减轻农户经济负担。

（二）研发提供市场对路的新技术新产品

要加强关键技术、关键产品研发，提出适宜不同区域的改厕技术模式清单，研发成本低、使用方便、经济性好的农村改厕新产品；研究厕所粪污与农村生活污水、生活垃圾、散养畜禽粪污等统筹协同处理新技术，提供适用市场对路的技术产品支撑。从技术产品系统研发方面来看，开展技术产品科技研发攻关，加强无水型和少水型厕所研发，突破防冻、节水、节能等关键技术，推进新材料、微生物、微动力等先进技术应用；加强发酵菌株、生物填料等方面的研发力度；降低设备成本，提高设备稳定性、耐用性和运行效率；加强厕所粪污收集、贮存、运输、肥料化利用、能源化利用、有机肥还田等粪污资源化利用全链条关键技术研发；还要加强黑水、黄水、褐水低成本处理技术研发。从改厕各环节来看，对改厕新技术新产品进行研发满足市场需求，厕屋部分研发节水或无水技术产品，做到粪便无暴露、除臭、清洁、能洗手等；地下部分，研发粪尿就地无害化处理、高寒防冻、厌氧发酵、沼气等技术产品；清淘运输部分，研发操作方便无接触、密闭无味无暴露等技术产品；集中处理部分，研发复合堆肥、沼气、生物堆肥、厌氧滤器等技术产品；利用处置部分，研发尿液利用、沼气利用、堆肥利用等技术产品。从降低成本方面来看，高成本是农村改厕新技术新产品市场化的重要障碍，要考虑到农户的接受度，做好成本控制，为新技术新产品市场化创造客观条件。

（三）制定新技术新产品标准规范

制定完善标准规范是农村改厕新技术新产品市场规范的重要保障。目前农村改厕标准制定主要关注的是厕所改造和污水处理，在整个粪便无害化和资源化利用方面存在一定不足，厕具、化粪池、粪污无害化处理、资源化利用等方面的行业标准有待完善，特别是适用于不同地区技术产品标准。需要从厕所改造、产品标准、粪污资源化利用、设备标准化等方面制定相关技术产品国家标准和行业标准。在不同区域方面，加强制定适用不同地区农村改厕技术标准规范；在重要环节方面，制定改厕粪污的收集、存储、运输等方面的技术标准规范；在关键设备方面，制定粪污肥料化利用、粪污处理过程用的相关设备技术产品规范，如固液分离设备、厌氧设备、好氧设备等。

（四）搭建新技术新产品市场化平台

引入大的财团、大的环保企业，培育一些龙头企业，搭建市场化转化平台，助力农村改厕。在全国不同区域市场推广一批农村改厕新技术、新产品和新模式，尤其是高寒干旱地区的农村改厕，重点推介一批技术成熟、性价比高、适应不同经济条件、农民乐用的农村改厕新技术和新产品。开展农村卫生厕所新技术、新产品、新模式展览展示、研讨论坛、交流推介等活动，搭建政府、企业、科研单位和市场主体共同参与的农村改厕新技术新产品市场化平台。

（五）构建政产学研协作推进机制

推动政产学研协作是改厕新技术新产品市场化的重要支撑。一是注重协调引导。推动产学研合作，相关政府部门围绕企业技术需求，组织专题对接活动，邀请高校院所、科研团队与相关企业进行对接；不断创新活动组织形式，完善项目筛选机制，对征集到的科技成果进行严格遴选，对成功对接的重大项目进行全程跟踪和服务，深入推进合作项目实施。二是加快资源集聚。在“学”方面，要加大对重点科研院校的资金投入，大力培育高层次实用人才；在“研”方面，要加大对科研院所和相关企业在技术攻坚上的奖励；在“产”方面，对于低成本，高效有用的技术和产品，要优先列入政府采购名单中，支持新技术新产品的市场化发展。三是创新合作模式。产学研合作涉及研发风险、成果作价、投资比例、知识产权等一系列问题。在推进产学研合作过程中，要以利益共享为基础，以各方共赢为目标，着力建立长效机制，鼓励联合科技攻关。四是打造良好环境。要按照法制、诚信、高效、共赢的原则，努力打造良好的政策、人文、产学研合作环境，充分发挥政策对创新的激励导向作用。

（六）让村民舍得用敢用乐用能用

一是要降低费用让村民舍得用。大部分改厕新技术新产品应用增加了自来水使用量，水费增加不少，农民心疼。改厕后完全使用水冲厕的比例并不高，普遍存在仍使用旧厕或者新旧厕共用以旧厕为主的现象，个别的甚至将抽水马桶拆除弃之不用。改厕新技术新产品应用一定要控制好成本，让村民舍得用。二是要提高质量让村民敢用。目前改厕过程中出现的厕具品质不高、漏水，化粪池盖板容易断裂，马桶及水管维修服务缺位等产品质量问题，降低了村民使用改厕新产品新技术的积极性。今后要不断提高技术产品质量，打造村民信得过的改厕技术产品，让村民敢用。三是要改变农户习惯让村民乐用。目前大部分村民还是以农业生产为主，受传统生活习惯影响，部分村民不习惯用冲水厕所，认为掺水后的粪便肥效降低，不愿意使用。要加大宣传培训，让村民了解使用卫生厕所的好处，乐于使用新技术新产品。四是要配套设施让村民能用。农村多为单家独户分散居住，大部分地区没有排污管网配套，使用水冲厕所，粪水可能直接流入沟渠、小河，造成污染。农村改厕要配套相应的粪污处理技术和设备，才能满足农户使用新技术新产品的需求。

（七）提供优质市场化社会化服务

优质的服务是提高农村改厕新技术新产品市场占有率的重要法宝。目前，市场上很多改厕产品在实验阶段都是很好的，但是实际使用中会出现各种各样的问题，大大降低农户的产品体验。一方面是农户不知道如何规范使用产品，另一方面是产品使用过程中，一旦出现问题维修麻烦。为提供优质市场化服务，要做好产品的使用规范宣传培训服务，还要做好产品的售后维修服务。考虑到农村居住分散的特点，可以根据产品覆盖范围，设置售后维修点。为降低成本，解决后端清运维修难题，建立社会化服务机制，以县或镇为单位，建立农村卫生厕所服务站或专业公司，购置吸粪车，定期进村入户收集粪污并解决村民维修难题；或以政府购买社会服务的方式，与企业签订卫生厕所粪液清理和设备维修协议，将卫生厕所粪便清运和设备维修任务承包给企业，解决一家一户粪污清理难和维修费用高的问题。支持鼓励运维企业与周边农业产业基地或有机肥厂签订合作协议，收取粪污使用费用，降低企业运营成本。

（八）加大宣传培训促进市场推广

让有关干部、技术人员、农户和社会各界了解农村改厕技术产品要求非常重要，有利于促进新技术新产品市场推广。充分发挥舆论导向作用，以群众喜闻乐见的方式对改厕新技术新产品进行宣传，引导农民群众科学使用无害化厕所技术产品，增强使用新技术新产品的积极性和主动性。分类培训基层政府主管人员、施工技术人员、管理维护人员、检测人员，培养一批管理干部及基层技术骨干。加强基层党员干部的新技术新产品使用培训，让村内党员干部教着做、带头做、示范做。对于改厕市场推进较难的地区，可以先易后难、以点带面，开展试点示范，让有条件的村和自愿性强的群众先接受新技术新产品市场推广，充分发挥示范引领作用，稳步推进农村改厕新技术新产品市场化工作。

参 考 文 献

[1] 农业农村部农村社会事业促进司．农村厕所革命技术论坛材料汇编 [R]. 2018.

[2] 汪宇．美丽乡村建设背景下农村改厕运动的困境与解决路径 [J]. 无锡职业技术学院学报，2017 (3)：61-62.

[3] 张红培，李孜，赵秀竹，等．我国农村改厕的成效及问题研究 [J]. 中国初级卫生保健，2018 (6)：70-71.

[4] 张梦杰，姚伟，付彦芬．2006—2015 年我国农村卫生厕所分布差异性分析 [J]. 环境与健康，2018 (1)：63-64.

[5] 白玉方，吴克，吴东彪．我国农村环境卫生管理现状及发展趋势研究 [J]. 环境卫生工程，2016 (5)：26-27.

[6] 高素坤．农村厕所低成本改造技术与应用研究 [D]. 泰安：山东农业大学，2017.

典型国家农村厕所革命研究*

世界卫生组织（WHO）最新数据显示，全球有将近 1/3 人口缺乏基本的卫生设施，其中，仍有 8.62 亿人口采用露天排便的方式。全球约有 60%的人口家中没有厕所或者粪便没有被安全处理，而农村地区只有 2/5 的人口有安全的卫生设施。据世界银行估计，不卫生的如厕条件每年使世界经济损失高达 2 600亿美元。

厕所改善是农村环境卫生设施改善的重点内容之一，也是世界卫生组织初级卫生保健的八大要素之一。国际上“厕所革命”这一说法是联合国儿童基金会（UNICEF）于 1997 年首次提出的，当时 UNICEF 和爱国卫生运动合作推动中国的厕所改造，特别强调发展中国家要按照千年发展目标和可持续发展目标下的卫生指标进行厕所改造。实际上，早在 1988 年，中国社会科学院朱嘉明先生就在参观完国外的堆肥厕所后写出《中国：需要厕所革命》一书。2001 年11 月 19—21 日以“我们的厕所——过去，现在及未来”主题的首届世界厕所峰会在新加坡举行，标志着世界厕所组织（WTO）的正式启动。2010 年，联合国大会和联合国人权理事会承认享有安全饮用水和卫生设施的人权，推动人们对全球水和卫生危机的认识达到了新的高度。将水和环境卫生定为一项人权，可以理解为确认水和环境卫生对人类尊严的根本重要性。在 WTO 的倡议下，2013 年 7 月 24 日，第 67 届联合国大会通过决议，将 11 月 19 日定为“世界厕所日”，旨在提高人们对世界厕所问题的关注。厕所是一个系统工程，完整的厕所系统应该包括便器及厕所粪污的收集、贮存、运输、处理、处置、利用等生态链工程单元。卫生状况的逐渐恶化，使得厕所革命已列入世界各国的议事日程中。

20 世纪以来，随着各国交往的加深，各种国际组织纷纷成立，并在相关领域发挥着越来越重要的作用，见表 1。WHO 和 UNICEF 等国际组织都在为改善世界各国环境卫生、促进卫生厕所建设方面持续努力，发挥着重要的示范和引领作用。

---

* 课题主持人：李天昕，北京科技大学环境科学与工程系。

表1　全球“厕所革命”中的主要国际组织

序号	组织名称	成立时间	总部	简介和厕所活动
1	世界厕所组织 WTO	2001年	新加坡	关心厕所和公共卫生问题的非营利组织。发起人是新加坡人沈锐华 Jack Sim，2005年成立了世界厕所学院。每年世界厕所组织都会在不同的地方举行世界厕所高峰会。目前世界厕所组织有来自58个国家的235个国际会员。在WTO的倡议下，联合国将每年的11月19日设立为世界厕所日。2015年8月至今，WTO开创了针对改善中国农村中小学校厕所卫生问题的实体项目——彩虹校厕计划，为广大师生修建了安全卫生的厕所，并有计划地为孩子们提供相关的卫生课程与免费的香皂和厕纸等
2	世界卫生组织 WHO	1948年	日内瓦	国际上最大的政府间卫生组织。前身可以追溯到1907年成立于巴黎的国际公共卫生局和1920年成立于日内瓦的国际联盟卫生组织。WHO成立当年，将每年的4月7日设为全球性的世界卫生日。WHO和UNICEF共同主导联合国可持续发展目标环境卫生的联合监测项目。关于环境卫生设施的目标是在2015年前将无法持续获得基本环境卫生设施的人口数量减半，2030年确保所有人享有水和环境卫生，实现水和环境卫生的可持续管理
3	联合国儿童基金会 UNICEF	1946年	纽约	1981年起开始实施《国际饮水供应和环境卫生十年》计划，争取到1990年实现“人人享有安全饮水与卫生”的全球性目标。从20世纪80年代开始，UNICEF开始针对中国农村地区卫生厕所改造进行了长期的援助与支持，一直持续到今天。2011年，UNICEF与爱卫会合作开展了农村环境卫生全覆盖试点项目。2011—2015年，我国50个村开展了此项目。2016年10月，UNICEF与住建部启动了新一轮的试点项目（2016—2020年）。全球范围内，UNICEF致力于借鉴国际经验并结合当地实际，探索适合各国国情的环境卫生全覆盖模式。通过健康教育媒体宣传引导等多种渠道和方式，改善群众的意识和行为习惯，实现粪便的安全管理，实现100%粪便无暴露
4	比尔及梅琳达·盖茨基金会 BMGF	2000年	西雅图	比尔·盖茨与梅琳达·盖茨夫妇出资创立的非营利性基金会，旨在促进全球卫生和教育领域的平等。2011年，BMGF启动了厕所创新大赛（Reinvent the Toilet Challenge，RTTC），向全世界征集设计方案，资助优秀者研发、试用厕所产品，并进行商业推广。2011年8月，BMGF在西雅图市举办了第一届创新厕所展览会。2012年和2013年，分别针对印度和中国启动了厕所创新大赛 RTTC - India 和 RTTC - China。2018年10月，主导发布厕所国际标准 ISO 30500：2018《Non - sewered sanitation systems（无下水道卫生系统）》。2018年11月，在北京举办新世代厕所博览会，展示过去数年的厕所研发新产品

一、国外农村厕所革命开展情况

近些年，在中国和印度的带领下，世界发展中国家的厕所革命取得了巨大成就。而对于发达国家而言，城市和农村趋于一体化，厕所已经非常普遍，其农村厕所革命主要关注农村污水处理和资源化利用。

（一）印度

除了中国，印度是近年来开展农村厕所革命最活跃的国家。印度独立后，公共卫生部门的首要任务是农村供水，对卫生的重视程度很低。印度分别于 1980 年和 1986 年启动了低成本综合卫生计划和中央农村卫生计划。在这两个计划中，厕所质量普遍较差，未考虑使用情况，如厕行为没有根本改变。1999 年，全面卫生运动启动，情况发生了显著的变化。2003 年，印度为消除露天排便（Open Defecation Free，ODF）的村庄提供补贴。但是，这种补贴是一次性的，缺乏持续性，对于维持 ODF 的村庄缺乏激励政策，许多已建厕所陷入废弃状态。此外，各种骗局将印度农村卫生运动搞得名誉扫地，比如机构谎报数据。2012 年，印度试图通过卫生基金和圣雄甘地全国农村就业保障计划纠正一些财政缺陷，以提高农村发展项目之间的协同效应。

2014 年 10 月，印度总理莫迪宣布启动“清洁印度”行动（Swachh Bharat Mission，SBM）。作为国家重点发展的旗舰项目，SBM 力争五年内消除露天排便。SBM 有两个子任务，分别是农村地区的 SBM－G 和城市地区的 SBM－U。印度饮用水和卫生部、印度城市发展部分别是执行 SBM－G 和 SBM－U 的主导政府部门。根据印度 2011 年的普查结果，67％的农村家庭没有厕所，在露天排便。SBM－G 的目标是通过社区主导的方式，加快农村厕所建设，改善固体废物和废水的管理，从而创建卫生村。

SBM－G 的目标是到 2019 年 10 月建设 1.11 亿间厕所，耗资 13.6 亿卢比。SBM－G 给印度农村卫生带来了翻天覆地的变化，厕所覆盖率从 2014 年 10 月的 38.7％增加到 2019 年 10 月的 100％。根据最新数据，自 2014 年 10 月以来，已经建造了 1.028 7 亿间厕所。2015—2016 年只有 5 个 ODF 区，2019 年10 月达到 706 个。2015—2016 年只有 46 963 个 ODF 村，2019 年 10 月达到 60.32 万个。

印度农村厕所主要采用双坑渗滤厕所，这是 WHO 批准的就地卫生解决措施，考虑到当地社会文化、健康、经济、技术功能和环境等所有因素。一方面，它满足了厕所的所有卫生要求，另一方面，维护相对简单，存放的排泄物可以作为肥料使用。

（二）南非

南非是世界上第一个将使用卫生厕所纳入人权的国家。饮水和卫生的人权使得“人人有权获得足够、安全、可接受、可实际获得和负担得起的个人和家庭用水”。与之呼应的是，其厕所相关产品也层出不穷，厕所产业带动了地方的就业。如在非洲地区应用非常普遍的 Amalooloo 厕所。南非 Amalooloo 厕所的亮点在于设计和理念。其将洗手水收集用来冲厕，在尿液收集上，其在内部桶壁有一个切口，尿液可以沿着桶壁进入切口，从而实现尿液单独收集，这种设计完全区别于传统的粪尿分集厕所。在厕所内部，设置了洗手装置，洗手槽直接连接马桶，洗过手的水直接用来冲厕，可以节约冲厕用水。这种厕所也可以在没有水的情况下使用，相当于干厕；组装形式简单，可以轻松拆除，不需要熟练工就能搬到其他地方，当地人经过简单培训就能使用；还能升级到冲水系统，所能承受的风力也很高。

此外，南非充分利用社区力量解决厕所问题。在农村地区，建有厕所并不一定意味着使用厕所，不频繁或不使用厕所限制了改善卫生条件所带来的预期健康结果。针对农村地区的粪尿分集干厕，社区采取小额有条件现金转移的方式来激励农户更多地使用他们的厕所，为收集的尿液支付费用，不但可以提高厕所的使用频率，实现尿液的肥料化利用，还可以将小额现金支付交到南非农村贫困地区的失业人口手中。

（三）美国

从 19 世纪 50 年代开始，美国农村就开展了分散式污水处理的实践，经过 100 多年的发展，美国已经形成了比较完善的农村生活污水处理体系。美国农村分散污水处理设施与城市污水处理厂使用相同的污水排放标准。美国的农村污水治理主要指 1 万人以下的分散污水治理。

分散式污水处理系统是一种包括污水就地收集与就近处理的综合系统，主要用于处理家庭、小型社区或服务区产生的污水。分散式污水处理系统在源头分类回收、利用污水中所含有机物以及氮、磷、水等方面都有独到优势。根据处理规模不同，分散式污水处理系统可分为两类：一是就地污水处理系统（OWTS）。19 世纪中叶，OWTS 开始在美国大规模应用，适用于单个家庭的生活污水处理。该系统由化粪池和地下土壤渗滤系统（人工湿地或氧化塘）构成。OWTS 由房主或者开发商根据联邦或当地卫生部门颁布的设计标准建造，系统安装完毕后，除非发生污水外溢或对地下水、地表水质造成污染等情况，卫生部门通常不再对这些就地处理系统进行检查。二是集群式污水处理系统（CWTS）。由于 OWTS 运营过程中缺乏有效的管理和维护、时间过长和技术简单，很多 OWTS 已经无法有效地处理生活污水。因此，90 年代后期，CWTS 应运而生并逐渐在美国推广。CWTS 适用于多户家庭的生活污水处理，通过应用最新处理技术、增加必要的处理装置，进一步强化了污水处理能力，提高了出水水质。

美国分散式污水处理系统的优点主要包括投资低、能耗低、维护简单。其最大问题在于后期的运行与维护工作不足。与日本的专业化管理模式不同，在美国乡村，分散式污水处理系统特别是 OWTS 多由使用者自我管理为主、专业化机构管理为辅，使用者缺乏专业知识和技能的问题在管理和维护过程中非常明显，也是相当多分散式污水处理系统出现失效或发挥效用不足的主要原因。鉴于此，美国环保署（EPA）分别于 2003 年和 2005 年发布了《分散式污水处理系统管理指南》和《分散式污水处理系统管理手册》，对分散式污水处理系统提出了业主自主模式、协议维护模式、运行许可模式、集中运行模式、集中运营模式五种管理程度逐步加强的模式，分别适应不同复杂程度、不同环境要求的污水处理系统。

在法律依据上，美国农村污水治理适用于《清洁水法》《安全饮用水法案》和《海岸带法修正案》等。依据这些法律规范，EPA 设立并管理许多与分散式污水处理系统相关的计划和项目。在地方上，各州和地方政府也有对分散污水处理的立法权和执法权。在政府部门之外，民间非营利机构是确保分散式污水处理系统有效运营的重要力量，管理部门可以与具有资质的民间管理实体签订合同，委托其完成分散系统的规划、设计、安装、维护评估、技术咨询或培训等工作。

（四）日本

日本是亚洲最先实现现代化的国家。日本主要污水处理方式包括下水道处理、农业村落排水设施和净化槽三种，后两种是农村生活污水处理的主要途径。可以说，“净化槽”是日本农村地区污水处理技术的代名词。20 世纪 50 年代，日本政府着手乡村人居环境整治工作。随着 70 年代末“造村运动”的开展，城乡差距基本消除，冲水马桶在农村开始普及，但是当时缺乏相应的污水处理设施，由此带来的厕污直排问题较为严重。在这种情况下，日本国内出现了用于处理厕所污水的单独处理式净化槽。净化槽是一种小型生活污水处理装置，运用物理和生物处理技术对污水进行有效处理。对于典型的净化槽，污水进入净化槽后，首先进行预处理，去掉比重较大的颗粒和悬浮物，提高污水的可生化性；然后污水到达过滤槽，槽内装有填料，通过厌氧反应去除可溶性有机物；之后污水进入曝气槽，促进有机物的氧化分解；最后，污水进入沉淀槽，沉淀后污水在消毒池完成消毒，水质达标后排放到大自然中。净化槽本质上是一系列单元处理工艺所构成的技术组合，主要在排水管网不能覆盖、污水无法纳入集中处理设施的偏远地区推广使用，主要针对独栋住宅，处理人口对象为10人以下。日本的净化槽分为3种类型：单独处理净化槽、合并处理净化槽和高度处理净化槽。早期的净化槽在一定程度上解决了公共卫生问题。但是，单独处理净化槽无法有效处理厨房、洗衣、浴室等生活污水，难以有效处理农村混合生活污水。合并处理净化槽迅速推广使用，基本满足了农民分散居住情况下生活污水处理的客观需要。

日本为推动农村家庭污水治理而实施了两项资助计划。其一为净化槽设置整备事业，用于支持农村家庭将单独处理粪便的净化槽改造为合并处理净化槽。家庭负担总费用的60%，其余费用由地方补助2/3、国家补助1/3。另一计划为净化槽市町村整备推进事业，目的是为推动水源保护地区、特别排水地区、污水治理落后区等的生活污水治理工作的开展，家庭只需负担10%，国家承担33%，剩余约57%通过发行地方债券筹措。另外，该计划还由市、町、村设立公营企业，承担净化槽的日常维护管理等业务。

在日本，与净化槽有关的主要法律包括《净化槽法》《建筑基准法》《废弃物处理与清扫法》等。《净化槽法》规定了净化槽制造、安装、维护检修及清扫等方面的要求，制定了净化槽安装企业的注册登记制度、净化槽清扫企业的许可制度，同时规定了净化槽安装维护专业技术人员的国家职业资格认证。《建筑基准法》明确规定了对净化槽处理能力的要求、净化槽的结构、与建筑物之间的关系、类型认证等内容。《废弃物处理与清扫法》则明确了净化槽污泥处理方面的规定。日本还制定了内容详细、规范明确的净化槽技术标准体系和性能评价、认证体系，如《净化槽使用人员计算方法》《净化槽构造标准》《净化槽构造标准及解说》《净化槽性能评价方法及细则》等。

（五）欧盟

在欧洲，厕所革命的概念在某种程度上等同于生态卫生理念（Ecological Sanitation，Ecosan）。Ecosan出现于1990年，并且很快在国际上成为明星词汇。联合国于2000年发表了“有关废水管理和卫生系统的闭合环路”的声明。Ecosan系统是基于厕所的资源分离，实现可持续卫生管理的另外一种方法。废水的源头分离，如黑水（即厕所废水）和尿液分离，能够获取营养物回收和污染物去除更加容易的浓缩富营养废弃物。Ecosan是一种以资源为导向的卫生系统，它以生态系统原理为基础，闭合物质流动循环，成为污染治理的新趋势（从污水处理到资源回收）和对卫生系统的再概念化（从“drop - flush - forget”模式到“drop and reuse”模式的资源主导型的环境保护）。从生态卫生的角度看，发达国家的厕所革命致力于优化成本效益，资源回收和废弃物处理。截至今天，Ecosan 的概念一直与“生态厕所”相等同。有关生态卫生的概念，国内外学者进行了深入而广泛的探讨。Black 指出，Ecosan 是一种以尊重卫生系统的生态完整性来解决环境和卫生问题的系统方法；Winblad 等则认为，Ecosan 是一种预防疾病、促进健康、保护环境、节约用水，实现有机物和营养物质循环再利用的系统；Langergraber 和 Muellegger 认为，Ecosan 以废物无害化和饮用水安全为目的，实现水、营养物质、生物质等物质流和能量流的闭合循环；Montanger 等指出，Ecosan 包括供水、排泄物、废水和固体废弃物的排放和管理；Werner 等提出了 Ecosan 的两个原则：一是物质流（粪便、尿液、灰水）分开收集，二是避免对物质流的稀释以尽可能减少消耗饮用水。

对于生态卫生示范工程的建设，德国和瑞典走在前列。例如，德国吕贝克市 Flintenbreite 生态居住小区卫生项目，居住人口 350 人左右，建立了以真空厕所为核心的污水分流处理系统，并且将雨水和有机垃圾也纳入进来；德国比勒菲尔德市 Waldquelle 生态居住小区全为低矮建筑，楼层不超过四层，距市区 15 千米，居住人口 270 人左右，卫生系统以干式堆肥厕所为核心，兼顾有机垃圾。瑞典 Orhem 市 Gebers 公寓生态卫生项目位于瑞典斯德哥尔摩市南郊，靠近自然保护区，有居民 80 余人。该项目卫生系统以粪尿分集厕所为核心，粪便和尿液分别收集，使人粪便中的所有植物营养物质都有效地用于农业。

二、国外农村厕所革命经验和对我国的启示

（一）发达国家农村污水处理经验的启示

1. 因地制宜，分散式污水处理是发展方向

地域广阔的澳大利亚、北欧及人口相对密集的西欧等发达国家多选用分散式处理系统，实现了污水就地处理和就地回用。而分散污水处理系统又不尽相同，日本普遍采用占地面积小的净化槽，德国普遍实现雨污分流及生活污水分质分流处理，美国则利用先天地理优势，多采用占地面积大、成本极低的土地处理系统。

我国幅员辽阔，地形地貌复杂，气候条件复杂，经济发展不平衡，生活习惯差异大。就我国农村改厕实践来看，对于有条件的地区，可充分借鉴这些国家的农村污水处理经验，各地根据当地的自然条件开展农村分散式污水处理的建设与推广工作。东部农村城市化水平高，邻近城区的乡镇农村地区完全可以纳入市政排水管网集中处理生活污水，而其他地方则可选择分散式集中处理。相比之下，西部农村城市化水平低，普遍无法承担高昂的集中排水管网建设和

运行费用，但几个聚集的村庄是可以铺设当地的管网进行污水集中收集处理。只有生活污水接入时，可采用以土地处理为主的就地污水处理模式。如村庄土地紧张或污水成分复杂，可采用以模块化处理为主的处理模式。若用地紧张又无其他废水进入的村庄，可采用土地处理与模块处理相结合的处理模式。

2. 建立完善的法律法规和标准化技术体系

在美国和日本等发达国家，对于农村污水处理在国家层面都有非常明确的法律，并且建立起一套上下结合、分工细致的制度体系，从污水管理主体分工、管理方式与手段、管理对象与处理工艺标准等方面，都作了详细的规范，为分散式污水系统的规范运行提供了强有力的制度支撑。日本的各种净化槽规范细则、净化槽安装企业的注册登记制度、净化槽清扫企业的许可制度、净化槽从业人员的职业资格制度都大大提升了日本分散式污水处理系统的专业性水平。美国在州层面，分散式污水治理的管理要求通常以涉及相关领域的法令形式出现，就地处理系统的管辖权一般下放至县或其他地方管理部门。EPA 发布了分散污水处理系统手册和管理指南，美国国家卫生基金会/美国国家标准学会为就地处理系统设定了各类标准，包括堆肥厕所、化粪池出水过滤器、泵、消毒设备、沥滤场等就地处理系统和组件的设计标准，分散污水的回用水标准以及场地性能测试标准等，以此将各类分散污水处理设施的设计与验证过程标准化。

国际标准组织于 2018 年已经发布了无下水道卫生系统标准 ISO 30500，而我国缺少专门针对无管网地区的厕所标准。虽然近些年各地纷纷出台了厕所相关建设和管理地方标准，但都不涉及具体的选用标准，缺少对不同气候条件和生活习惯的相关厕所的标准、规范和指南，缺少适用技术支撑。厕所革命的目标是粪污的资源化，而我国还缺少粪污还田的技术标准。相比过去，我国各地已陆续发布针对各省的农村生活污水排放标准，取得了一定进步。我们仍需要借鉴发达国家先进经验，在建设之初就考虑好维护问题，边实践边推进标准化，进而推进立法，不断规范组织流程、完善运营标准、充实专业力量，构建一个完善的分散式污水处理制度体系。

3. 探索灵活的运营机制，调动社会资源

“三分靠建，七分靠管”，厕所后续的管理和维护问题是厕所革命的核心。回顾我国过去多年来的农村改厕工作，普遍存在“重建设、轻管理”的问题，已建成的农村污水处理设施的有效运行率非常低，改厕效用未能得到充分的发挥。

各国实践证明，通过专业机构提供运行、维护，有利于保障设施的正常运行，便于实施监管。日本在农村污水治理的建设与运行中广泛采用第三方服务的模式，由具备资质的公司生产设备和其他配件，由专门的公司和经过培训的人员分别负责系统的安装、维护检修与运行保障工作。EPA 在总结分散污水治理的教训时就提出，业主自觉为主的管理方式无法弥补专业知识和技能的缺乏，不利于系统的稳定运行与维护。此外，美国从 1987 年开始实施的《水治理法案》要求联邦政府用分配给各州的拨款建立水污染控制工程的周转基金，各州提供 20%的匹配基金用于支持污水处理及相关的环保项目。日本尝试在村落排水设施的建设和运营中引进民间资本。美国和日本在不同形式和程度上为农村污水治理提供财政补贴或银行贷款，同时，扩大社会力量与市场机制的作用。

鉴于此，我国当前进行的农村厕所革命应当尽可能吸收借鉴美、日、欧等发达国家的经验教训，既要重视建设数量、质量，更要布局长远，将后续管理和维护工作所需要的资金成本、人力成本放到决策首位，积极引入专业化的社会力量，采用政府购买服务的方式、居民适当分担运营成本，走一条政府主导、专业维护、居民参与的厕所革命之路。

（二）发展中国家农村厕所革命的启示

1. 灵活的补贴机制和融资机制

根据印度 NDTV 电视台报道，印度中央邦为了鼓励在农村推广厕所，推出“女性婚姻计划”。新娘提交新郎在自家厕所自拍照可获奖金。根据该计划，新郎需要在结婚前在家里建厕所，然后与厕所合影后，由新娘将照片发送给政府。在发送之后，这对夫妇就可以向政府申请 51 000 卢比（约合 5 000 元人民币）的补贴。其中，43 000 卢比将直接进入新娘账户，其余的则以家电、婚礼用品等形式发放。这项计划是针对经济落后地区的，申请人需自行向市政机关提交申请表格，包括两份宣誓书和一张新郎在公厕内的自拍照。官员也带头与厕所合影来响应“清洁印度”运动。

南亚、东南亚和拉丁美洲一些国家推广农村卫生的融资方式主要有以下几种：①小额信贷，小额信贷机构为低收入的农村家庭或小型企业提供贷款，在南亚、东南亚以及非洲一些国家有先例。②建设前有针对性的硬件补贴，使卫生设施的建设成为可能。国际或当地非政府组织也可以通过部分或全部补贴来支持家庭厕所建设。③产出导向性援助，这是一种财政退款计划，将捐赠者或政府资金与绩效挂钩，目的是激励家庭、供应商（私营部门）和执行机构能够进行创新和提高效率。

2. 多元化的宣传方式

1992 年，印度社会活动家 Bindeshwar Pathak 博士在新德里建立了厕所博物馆（Sulabh International Museum of Toilets），呼吁人们关注卫生问题。这一举措也得到了印度总理莫迪的支持。这个厕所博物馆展品来自 50 个国家，时间跨度从公元前 3 000 年至今。

为积极推进“女性婚姻计划”，2019 年 10 月 10 日，约 77 对新人在印度中央邦首府博帕尔的中央图书馆举行集体婚礼。当地多名官员到场，并带头与厕所进行自拍。此举是为响应印度总理莫迪于 2014 年推出的“清洁印度”运动的号召。

2017 年，一部以厕所与婚姻为主题的宝莱坞电影《厕所英雄》在印度上映，并于 2018 年在我国上映。该片根据真实事件改编，讲述了新娘出嫁后，发现家中没有厕所而坚持离婚，最终掀起一场女性厕所革命的故事。这部电影着眼于“小厕所，大问题”，在全球引起广泛热议，对开展厕所革命起到很好的宣传效果。

3. 基于社区的行为改变运动

在发展中国家，由于经济水平有限，在建设厕所的硬件方面远不如我国农村厕所革命。他们更注重教育和行为改变。发展中国家的农村卫生运动基本都是围绕社区展开。社区主导的全面卫生（CLTS）最早是在孟加拉国开发的，目的是通过参与性方法在社区一级引发集体变革，以激起人们对露天排便的反感。CLTS 不涉及为个人家庭硬件提供补贴。在 CLTS 中，社区进行自我分析，得出自己的结论，并采取自己的行动。所有人都受益，特别是妇女和儿童。CLTS 目前在 20 多个国家得到推广。许多国家的经验表明，拥护者、高质量的培训和有效的后续行动是成功的关键。

了解人们改善他们的卫生状况的意愿是至关重要的。以菲律宾为例，卫生部开展了行为改变沟通运动。尽管过去的运动关注的是卫生设施对健康的好处，但研究表明，菲律宾人更容易通过社会、情感和身体上的驱动因素，比如安全、体面、便利和进步的理念，成功地激发积极性。该活动旨在消除人们对厕所太贵的看法。它提供了从低端到高端的一系列厕所选择，并鼓励人们购买他们现在买得起的厕所，并在未来对他们理想的厕所进行升级。

类似 CLTS 的活动还有学校主导的全面环境卫生 SLTS、参与式健康和环境卫生改造 PHAST、儿童卫生和环境卫生培训 CHAST、社区健康俱乐部或社区卫生俱乐部等多种形式。

4. 加强卫生领域国际合作

WHO 和 UNICEF 在推动全球卫生和厕所建设方面起到了引领作用。发展中国家，尤其是最不发达国家进行农村厕所革命主要依靠国际援助，一些国际组织如盖茨基金会、法国 ACF 基金会、世界银行、非洲开发银行等都有专门针对环境卫生的援助计划，欧盟、美国、英国、德国、芬兰、奥地利、捷克等国家和地区也有各种支持计划，这也是响应联合国可持续发展目标的要求。

例如，盖茨基金会通过厕所创意大赛活动，在印度、中国、塞内加尔、南非等国推动厕所革命，投资鼓励当地研发、使用最新技术成果来推动人体排泄物就地无害化处理并有额外产出，对新一代创新厕所推广起到良好的示范作用。

目前，世界厕所组织开创了针对改善中国农村中小学校厕所卫生问题的实体项目——“彩虹校厕计划”，UNICEF 也在我国开展了多轮农村环境卫生全覆盖试点项目，协助我国消除露天排便。未来我国应借助“一带一路”倡议的发展契机，将我国创意厕所技术和先进经验推广到其他发展中国家，为人类命运共同体贡献中国智慧。

5. 建立技术成熟度评价体系

技术成熟度（TRL）是指技术相对于某个具体系统或项目而言所处的发展状态，反映了技术对于项目预期目标的满足程度。其概念源于 20 世纪 70 年代的美国航空航天局（NASA），起初分为 7 级，1995 年 NASA 起草并发布《TRL 白皮书》，将其改为 9 个等级。2002 年被美国国防部纳入武器采办条例中，并在 2005 年正式确定为 9 个等级：①基本原理被发现和阐述；②形成技术概念或应用方案阶段；③应用分析与实验室研究，关键功能实验室验证阶段；④实验室原理样机组件或实验板在实验环境中验证；⑤完整的实验室样机，组件或实验板在相关环境中验证；⑥模拟环境下的系统演示；⑦真实环境下的系统演示；⑧定型试验；⑨运行与评估。TRL 评价是确定装备研制的关键技术，并对其成熟程度进行量化评价的一套系统化标准、方法和工具，涉及科学与技术知识成果、实验、模拟与工程化、产品化等问题，一般认为第五个等级以后的成果具备一定的实用性，适合于进一步开发应用与转化。TRL 作为一种先进的技术管理工具，可准确地评价技术发展状态，提高管理决策的科学性，降低新技术在工程中的应用风险。

在全球进行厕所革命创新技术研发过程中，通过盖茨基金会资助并商业化的创新方案都要经过 TRL 评价。经过 TRL 评估和相关认证的厕所创新技术，有助于为不同国家实现厕所创新技术的共享提供便利。我国在厕所研发方面也会不断涌现出新的技术和新的产品。如何将这些成果应用到其他发展中国家，首先需要得到用户的认可。这就需要按照国际规则办事，而 TRL 评价体系和相关认证机构就是“桥梁”。2019 年，农业农村部启动了第一届全国农村改厕技术产品创新大赛。为了使方案“落地”，从创意到产业化也可以进行 TRL 评价，有助于将更好的厕所方案推向市场，从而使我国农村厕所革命获益。

6. 充分利用信息通信技术

信息通信技术（ICT）是技术和编程的结合，通过数字系统传播信息。随着 GPS 的广泛应用和网络覆盖范围的扩大，很多国家利用手机和计算机收集社区层面的卫生数据，监测卫生设施分布和使用情况，卫生覆盖范围的地图绘制和可视化越来越受欢迎。随着ICT工具成本的减低，各国政府现在比以往任何时候都更容易将ICT纳入卫生运动监测和评价框架。越来越多的政府和组织正在利用ICT对CLTS进行更复杂的监测，包括选择使用简单易懂的地图和图表，以直观的方式表达ODF的趋势。例如，安哥拉的Sanitation Mapper和CLTS Mapper是简单的监测工具，它们将GPS数据、Microsoft Excel和Google Earth链接起来，生成村级地图，显示厕所覆盖率、ODF状态和水污染等指标。印度政府也一直在使用在线监测和网络平台。印度中央邦政府和UNICEF用Google Fusion Tables和Google Earth来在线管理CLTS数据；新德里利用Android手机来收集卫生数据，利用短信构建基于网络的卫生监测系统。

将ICT引入到环境卫生领域，为农村厕所革命提供及时、准确的信息，并监测从露天排便到改善环境卫生的进展。通过这些系统收集的信息可以用来准确、清晰地评估现场的决策、规划和预算分配情况。决策者和政府官员可以评估和选择适合本国国情的最合适的制度。

参 考 文 献

[1] WHO，UNICEF. Progress on drinking water，sanitation and hygiene：2017 update and Sustainable Development Goal baselines [M]. Geneva：World Health Organization (WHO) and the United Nations Children' s Fund (UNICEF)；2017.

[2] Hutton G. Global costs and benefits of drinking - water supply and sanitation interventions to reach the MDG target and universal coverage [M]. Geneva：World Health Organization；2012.

[3] 张红培，等. 我国农村改厕的成效及问题研究 [J]. 中国初级卫生保健，2018 (6)：70 - 71.

[4] 沈峥，刘洪波，张亚雷. 中国"厕所革命"的现状、问题及其对策思考 [J]. 中国环境管理，2018 (2)：45 - 48.

[5] 刘振磊，等. 厕所革命——中国农村改厕的胶州模式研究 [M]. 北京：中国社会出版社，2019.

[6] UNGA. Resolution adopted by the General Assembly on 28 July 2010：A/RES/64/292 - the human right to water and sanitation. Agenda item 48，64th session of the United Nations General Assembly (3 Aug 2010) [R]. United Nations General Assembly：New York，2010.

[7] MDWS. Guidelines for Swachh Bharat Mission - Gramin [R]. Delhi：Ministry of Drinking Water and Sanitation (MDWS) Government of India，2017.

[8] Vijeta Rao Bejjanki. State of Knowledge Report on Twin Leach Pit Toilets [R]. 2017. https://www.communityledtotalsanitation.org/sites/communityledtotalsanitation.org/files/TwinLeachPitToilets.pdf.

[9] Tilley E, Günther I. The Impact of Conditional Cash Transfer on Toilet Use in eThekwini, South Africa [J]. Sustainability, 2016 (8): 1070.

[10] 谢卫平，等．关于农村生活污水排放标准的思考 [J]. 环境科学与管理，2013 (4): 12－15.

[11] 黄文飞，等．美国分散式农村污水治理政策、技术及启示 [J]. 环境保护，2016 (7): 63－65.

[12] 范彬．美国乡村污水管理经验与启示 [J]. 中国建设信息（水工业市场），2009 (10): 30－33.

[13] 严岩，等．美国农村污水管理经验及对我国的启示 [J]. 环境保护，2008 (15): 65－67.

[14] 陈颖，于奇，贾小梅．借鉴日本《净化槽法》健全我国农村生活污水治理政策机制 [J]. 中国环境管理，2019 (2): 14－17.

[15] 周隆斌，巩前文，穆向丽．日本农村生活污水治理经验及其对中国的启示 [J]. 农村工作通讯，2019 (9): 61－63.

[16] 杨卫萍，陆天友．日本净化槽技术应用对农村污水处理的启示 [J]. 福建建设科技，2014 (5): 86－88.

[17] Gaulke L S. On－site wastewater treatment and reuses in Japan [J]. Water Management, 2006 (2): 103－109.

[18] 夏玉立，等．国外农村生活污水治理经验及对我国的启示 [J]. 小城镇建设，2016 (10): 20－24.

[19] 范彬，等．美国和日本乡村污水治理的组织管理与启示 [J]. 中国给水排水，2009 (10): 6－10, 14.

[20] 贾小梅，赵芳，董旭辉．日本农村生活污水治理设施行业管理经验对我国的启示——以净化槽为例 [J]. 环境与可持续发展，2019 (6): 90－93.

[21] Hu M, Fan B, Wang H, Qu B, Zhu S. Constructing the ecological sanitation: a review on technology and methods [J]. Journal of Cleaner Production, 2016 (3): 1－21.

[22] Winblad U, Simpson－Hébert M. Ecological sanitation (revised and enlarged edition) [M]. Stockholm: Stockholm Environment Institute, 2004.

[23] McConville JR, Kvarnström E, Jönsson H, Kärrman E, Johansson M. Source separation: Challenges & opportunities for transition in the swedish wastewater sector [J]. Resources, Conservation and Recycling, 2017 (120): 144－156.

[24] Simha P, Zabaniotou A, Ganesapillai M. Continuous urea－nitrogen recycling from human urine: A step towards creating a human excreta based bio－economy [J]. Journal of Cleaner Production, 2018 (172): 4152－4161.

[25] Haq G, Cambridge H. Exploiting the co－benefits of ecological sanitation [J]. Current Opinion in Environmental Sustainability, 2012 (4): 431－435.

[26] Werner C, Panesar A, Rüd SB, Olt CU. Ecological sanitation: Principles, technolo-

gies and project examples for sustainable wastewater and excreta management [J]. Desalination, 2009 (1-3): 392-401.

[27] Langergraber G, Muellegger E. Ecological Sanitation-a way to solve global sanitation problems? [J]. Environment International, 2005 (3): 433-444.

[28] Ingallinella AM, Sanguinetti G, Koottatep T, Montanger A, Strauss M. The challenge of faecal sludge management in urban areas-strategies, regulations and treatment options [J]. Water Sci Technol, 2002 (10): 285-294.

[29] 田泽源,吴德礼,张亚雷.美国分散型生活污水治理的经验与启示 [J].给水排水,2017 (5): 52-57.

[30] 郭旭.传统·博弈·觉醒:《厕所英雄》的社会文化题旨解码 [J].电影评介,2019 (4): 69-72.

[31] Kar K, Chambers R. Handbook on community-led total sanitation [M]. Brighton: Institute of Development Studies, University of Sussex, 2008.

[32] Venkataramanan V, Crocker J, Karon A, Bartram J. Community-led total sanitation: a mixed-methods systematic review of evidence and its quality [J]. Environmental Health Perspectives, 2018 (2).

[33] Steering Committee for National Sanitation Action Department of Water Supply and Sewerage and UNICEF, Nepal 2006. Guidelines on School Led Total Sanitation [R]. Kathmandu, Nepal: Government of Nepal, 2006.

[34] Peal A, Evans B, van der Voorden C. Hygiene and Sanitation Software: An Overview of Approaches [R]. Geneva: Water Supply and Sanitation Collaborative Council, 2010.

[35] Zhou X, Li Z, Zheng T, Yan Y, Li P, Odey EA, Mang H, Uddin S M N. Review of global sanitation development [J]. Environment International, 2018 (120): 246-261.

[36] Cheng S, Li Z, Uddin SMN, Mang H-P, Zhou X, Zhang J, Zheng L, Zhang L. Toilet revolution in China [J]. Journal of Environmental Management. 2018 (216): 347-356.

农村社会事业研究

农村基础设施建设

农村基础设施建设难点、投入机制和模式创新研究*

农村基础设施是推进农业农村发展、实现乡村振兴战略的基础性条件。农村基础设施建设的好坏直接影响到农业生产条件的改善、农村村容村貌的改变和农民生活质量的提高。近年来，我国农村基础设施建设力度不断加大，农村生产生活条件进一步改善，但农村供水、供电、道路、通信和污水垃圾处理等基础设施总体上依然较弱，对标全面建成小康社会加快补齐农村基础设施短板的任务尤为紧迫。本文梳理近年来全国农村基础设施投资和建设情况，通过对部分农村地区实地调研，选取江西、湖北、陕西、江苏、广东等部分农村基础设施项目投融资案例，深入分析农村基础设施建设的重点和难点，并进行农村基础设施建设的投融资模式设计，在此基础上提出相应的政策建议。

一、农村基础设施建设基本情况

（一）农村饮水安全

2010年以来，国务院、国家发展改革委、水利部先后组织编制实施了《乡村振兴战略规划（2018—2022年）》《全国农村饮水提质增效“十三五”规划》和《农村饮水安全巩固提升工程“十三五”规划》等一系列规划。2016—2018年，通过实施农村饮水安全巩固提升工程，各地累计完成投资1 155亿元，其中中央投资143亿元，受益人口达到1.64亿人。2018年，全国农村饮水安全巩固提升受益人口7 800多万人，其中建档立卡贫困人口436万人，黑龙江、安徽、福建、山东、湖北、甘肃6省完成农村饮水安全脱贫攻坚任务，

---

* 课题主持人：赵静，湖北省发展和改革委员会宏观经济研究所。

全年完成投资和受益人口均创下历年之最。农村集中供水率达到 86%，农村自来水普及率达到 81%。2018 年，国家发改委将农村饮水安全巩固提升工程中央补助投资，由原计划的 2020 年目标任务提前至 2019 年安排完成，为 2020 年全面消除建档立卡贫困人口饮水安全问题创造有利条件（图 1、图 2）。

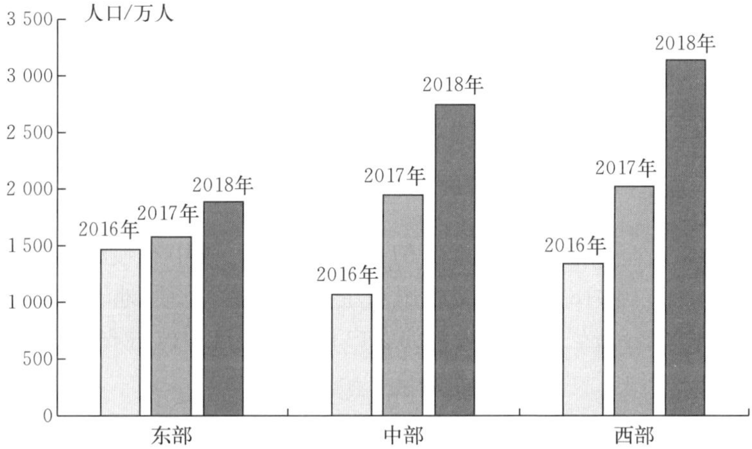

图 1　2016—2018 年不同区域农村饮水安全巩固提升受益人口情况

数据来源：2016 年、2017 年、2018 年水利部统计公报。

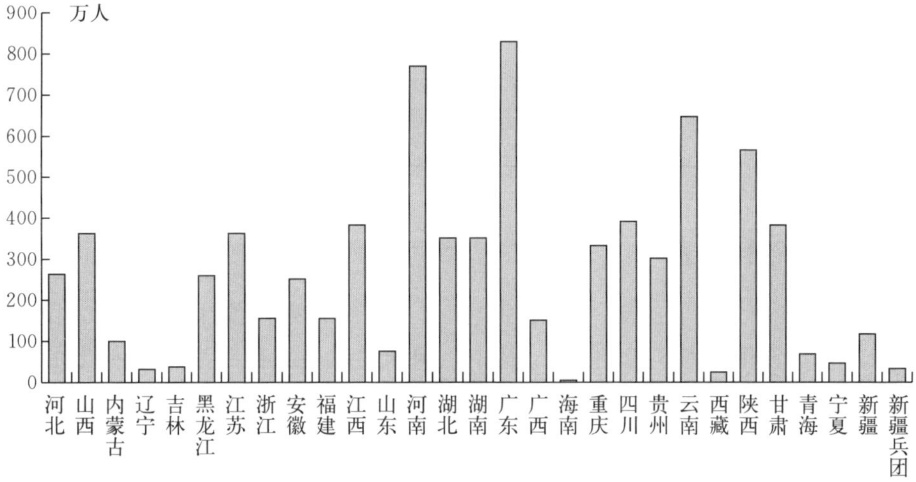

图 2　2018 年农村饮水安全巩固提升受益人口情况

数据来源：2018 年水利部统计公报。

（二）农田水利设施

据中国第三次全国农业普查，2016 年末，全国调查村中能够正常使用的机电井数量 659 万眼，排灌数量 42 万个，能够使用的灌溉用水塘和水库数量 349 万个（表 1）。

表 1　农田水利设施（截至 2016 年末）

单位：万眼、万个

项　　目	全国	东部地区	中部地区	西部地区	东北地区
能正常使用的机电井数量	659	206	208	152	92
排灌站数量	42	18	16	7	1
能灌溉用的水塘和水库	349	43	224	78	4

资料来源：中国第三次全国农业普查。

2016 年末，全国灌溉耕地面积 61 890 千公顷，其中有喷灌、滴灌、渗灌设施的耕地面积 10 018 千顷；灌溉用水主要水源中，使用地下水的农户和农业生产单位占 30.5%，使用地表水的农户和农业生产单位占 69.5%。

表 2　农田灌溉（截至 2016 年末）

单位：千公顷

项　　目	全国	东部地区	中部地区	西部地区	东北地区
灌溉耕地面积	61 890	16 044	20 064	18 633	7 148
#有喷灌、滴灌、渗灌设施的耕地面积	10 018	1 655	1 899	5 079	1 385
灌溉用水主要水源（%）					
地下水	30.5	36.9	35.7	12.1	59.3
地表水	69.5	63.1	64.3	87.9	40.7f

资料来源：中国第三次全国农业普查。

（三）农村电力

自 2016 年启动实施新一轮农村电网改造升级以来，预计近四年农网改造升级的总投资将达到 8 300 亿元。其中，国家发改委安排中央预算内投资 435 亿元，带动企业资金、银行资金以及地方财政资金等投入约 7 870 亿元。投资实施的成效明显，截至 2018 年底，全国农村用电量达到 2.46 万亿千瓦时，比 2015 年增长了 30%，三年平均年增长率 9%，高于同期全社会的用电量增长率 3 个百分点。其中，农村居民生活用电量 5 274 亿千瓦时，户均生活用电量 1 400 千瓦时，分别比 2015 年增长 31.6%和 24.5%。农村用电条件的改善带动了农民家用电器的更新换代。据不完全统计，2016—2017 年实施农网改造升级的农村，农户新增空调 720 万台、冰箱 500 万台、洗衣机 450 万台、电视机 430 万台、电炊具 610 万台，农村居民生活质量明显改善。

(四)农村公路

农村公路包括县道、乡道和村道,是我国公路网的重要组成部分。近年来,国家加大中央预算内(或国债)、以工代赈和车船购置税等中央补助资金对农村公路建设的投入,使我国农村交通条件得到极大改善。据中国第三次全国农业普查,2016 年末,在乡镇地域范围内有火车站的乡镇占全部乡镇的 8.6%,有码头的占 7.7%,有高速公路出入口的占 21.5%。99.3%的村通公路,61.9%的村内主要道路有路灯。村委会到最远自然村、居民定居点距离以 5 千米以内为主。2018 年,全国农村公路建设完成投资 4 986 亿元,增长 5.4%,农村交通保障水平持续提高。截至 2018 年底,全国农村公路总里程达到 396 万千米,99.99%的乡镇和 99.94%的建制村通了公路,99.02%的乡镇和 95.37%的建制村通了客车。据交通运输部统计,我国农村公路等级路率达 89%,硬化路率达 73%,县、乡级农村公路管养机构设置率分别达到 99.9% 和 92.9%,农村公路列养率达到 97.5%。

(五)农村改厕和污水垃圾

据中国第三次全国农业普查,2016 年末,91.3%的乡镇集中或部分集中供水,90.8%的乡镇生活垃圾集中处理或部分集中处理,17.4%的村生活污水集中处理或部分集中处理,53.5%的村完成或部分完成改厕。2018 年,中央农办、农业农村部对学习推广浙江“千村示范、万村整治”工程经验、推进农村厕所革命、农村生活污水治理、村庄清洁行动等进行专项部署,安排 70 亿元中央财政资金实施农村厕所革命整村推进奖补政策,国家发改委安排中央预算内投资 30 亿元支持中西部省份整县开展农村人居环境整治,对农村人居环境整治成效明显的 19 个县给予激励支持。截至 2018 年底,全国完成农村改厕 1 000 多万户,农村改厕率超过一半,其中六成以上改成了无害化卫生厕所。2019 年上半年,全国新开工建设农村生活垃圾处理设施 5 万多座,农村生活污水处理设施 8 万多座,新开工农村户厕改造 1 000 多万户,农村人居环境整治各项重点任务稳步推进。

(六)农村能源和通讯

2016 年末,99.7%的村通电,11.9%的通天然气,99.5%的村通电话,82.8%的村安装了有线电视,89.9%的村通宽带互联网,25.1%的村有电子商务配送站点(表 3)。

表 3 村能源、通讯设施（截至 2016 年末）

项　　目	全国	东部地区	中部地区	西部地区	东北地区
通电的村	99.7	100.0	99.9	99.2	100.0
通天然气的村	11.9	10.3	8.4	18.3	4.7
通电话的村	99.5	100.0	99.7	98.7	100.0
安装了有线电视的村	82.8	94.7	82.9	65.5	95.7
通宽带互联网的村	89.9	97.1	92.7	77.3	96.5
有电子商务配送站点的村	25.1	29.4	22.9	21.9	24.1

资料来源：中国第三次全国农业普查。

二、农村基础设施建设的重点和难点

（一）农村基础设施建设的重点

从目标看，农村基础设施建设重点以保基本、补短板、强弱项为主，解决当地农村“最后一公里”瓶颈，促进农业农村基础设施转型升级。对农村基础设施重点投入基本生产和生活设施，做到水通、路通、电通、气通、垃圾出村和污水治理有效。从分类看，中国第三次全国农业普查资料显示，截至 2016 年末，仅 11.9％的村通天然气，25.1％建有村电子商务配送站点，17.4％的村生活污水集中处理或部分处理，53.5％的村完成或部分完成改厕，农田水利设施的正常使用机电数量 659 万眼、排灌站 42 万个、灌溉用水塘河水库数量 349 万个。因此，应重点加强农村天然气、电子商务配送站物流网点、农村生活污水处理、农村改厕、农田水利设施投入建设。从区域看，西部地区农村基础设施较为薄弱。2016 中国第三次全国农业普查资料显示，两部基础设施整体投入弱于东部、中部、东北部地区。“十四五”期间，应重点加强西部地区农村基础设施投入，补齐基础设施短板，缩小地区之间发展差距。从长效看，农村基础设施建设应重点做到投、建、管相统一，改变重建设轻管护现象，加强项目建设质量监管，建立项目建设质量终身追责制，建管相结合的利益分担机制。

（二）农村基础设施建设的难点

1. 项目投入与基层需求不匹配

近年来，各地加快美丽乡村建设，农村基础设施投入力度不断加大，农村安全饮水、道路交通、通电及垃圾污水治理等不断改善，但个别地区基础设施建设没有充分考虑基层实际，有的搞大拆大建、集中建造盆景，有的注重项目推进而忽略矛盾纠纷，有的缺乏群众参与，监督管控不严，致使基础设施项目投入与基层实际需求不匹配，影响了项目建设的效果。调研发现，在江西赣南，当地一些农村积极推进村庄基础设施建设，村庄环境有所改善，但有限的资金大多投入道路改造等重点项目工程，难以兼顾村庄整体，征地拆迁引发的矛盾纠纷也给农村稳定留下一定隐患，此外还有工期紧、施工不专业、监督不严格等原因造成的路面凹陷、建筑易损等施工质量问题。

2. 农村基础设施建设过于项目化、封闭化运作

当前，政府投资主要以“项目制”方式实施。从资金管理角度看，“项目制”具有一套完备手续和规范流程，便于控制资金的流向，避免资金漏项。从项目投入部门看，项目建设涉及众多领域，难免存在部门条块化、利益化问题，甚至出现项目重复建设现象，不利于项目资金整合，且降低了投资效率。据调查，全国不少县市基本形成依附于政府项目的垄断市场，形成较为固定的分利秩序。如水利、交通等项目一般为长期合作的承包商，承包商通过管理费、承包费等形式转包给有资质的建筑公司和村干部实施，相应增加了项目建设成本。据测算，与村庄自主实施相比，“项目制”方式开展的基础设施建设成本要增加20%左右，且质量难以保障。以农田水利设施为例，某村开挖一条沟渠，通过工程招标，成本上涨20%～30%，加上项目封闭化和层层转包，村干部和村民监管工程质量作用难以发挥，造成大量资金浪费和项目建设质量下降。

3. “一事一议”推进难度大

一事一议财政奖补以农民民主议事为前提，以农民自愿筹资筹劳为基础，政府按照先议后筹、先筹后补的原则，对村庄道路、水利、村容村貌等村级公益事业建设项目给予适当奖补支持。调研发现，现阶段，各地一事一议民主决策环节有所减少，村民参与项目决策和监督的职能弱化，农民筹资筹劳数量下降。我国农村基础设施和公共品投入最初主要由农民承担，后来变成由政府和农民共同承担，目前转变为主要由政府承担，农民参与项目监管的积极性受到影响，农民主体作用发挥不足。数据显示，2013—2015年，农民筹资筹劳数额分别为302.57亿元、162.84亿元、186.74亿元；农民人均分别为31.2元、16.8元、19.2元，与2012年的41.7元相比，下降幅度分别为25.2%、59.7%、54.1%。

4. 村庄项目建设难以有效监管

随着建筑工程建设、勘察、设计、施工、监理五方质量终身责任制的实施，群众对工程质量的投诉逐年减少、房屋垮塌事故逐年下降，但进一步强化项目监管依然是推进农村基础设施建设的重点和难点。调查发现，乡镇一般作为项目建设的主体，通过招投标形式委托具有资质的企业承担村级项目建设，监理方名义上为第三方，但部分地区实际操作不严，监理方往往与承建方相关联，对项目建设缺乏有效监管；一些地方在推进美丽乡村建设过程中，工程监管部门仅对项目性质、数量、材料等方面加以审核，一些重要采购工作没有组织专业技术人员或国有资产、审计部门、村民代表共同参与，个别项目没有充分履行“四议两公开”程序；一些项目在实施过程中由于子项目数量较多，执法人员有限，监管责任容易悬空，项目建设每个环节难以做到全面有效监管。

5. 项目建设与项目管护相脱节

在项目实施过程中，三分在建七分在管。调查显示，大部分地区农村基础设施存在重建设轻管理的现象，根本原因在于缺少科学的管护机制，管护资金缺乏，且项目管理主体模糊、责任不明确。以中部省份某村修路灯为例，据测算，修建每杆路灯花费 5 000 元左右（含灯管、太阳板、电池等），平均使用寿命 3～5 年，而更换电池需 1 000 元左右，考虑到部分乡村村级集体经济较为薄弱，包括路灯在内的众多基础设施后期维修资金基本得不到保障。

6. 基层财权事权不匹配

数据显示，我国地方基层政府拿着大致 55％的收入，但承担着高达 85％的财政支出事项，虽然有中央转移支付做支撑，但基层财权事权不相匹配、资金统筹使用能力有限的问题依然突出。在农村，自税费改革以后，中央各类惠农资金常以项目形式发放，地方难以整合使用。虽然中央早已出台政策要求盘活各领域沉睡的财政资金，把“零钱”化“整钱”，用于发展急需的重点领域和优先保障民生支出，但地方仍有不少法律法规和部门规章没有及时做出相应修订，财政专项转移支付只能按原来的老办法来管理，一些地方出现了简政放权给地方“松了绑”、专款专用对发展“留着绊”的现象，放权不放钱，基层工作责任增加了，可支配财力却没有相应增强，有劲无处使。

三、农村基础设施建设的投融资模式设计

农村基础设施根据项目性质划分，分为纯公益类基础设施、准公益类基础设施和经营基础设施。依据项目的性质应相应设计其投资结构、运作模式、资金来源渠道和权益所属分配。

（一）纯公益类基础设施投融资模式

1. 纯公益类基础设施范围及投融资方式

这类基础设施包含农村道路、大型水利等。其特点是项目规模较大、资金投入多、建设周期长、投资回报低、运营维护成本高。针对其特点，主要由政府直接投资建设，也可探索运用 PPP 项目资产证券化、永续债融资等方式进

行融资模式设计，以缓解农村道路、大型水利设施后期项目资金不足的压力。

2. 纯公益类基础设施投资主体及责任

分中央政府投资和地方政府投资。中央直接投资一般通过财政专项资金、发行基础设施建设国债、转移支付支持农村道路建设，其流程为政府规划、拨付修建、运营维护。地方政府投资主要为省级政府投资建设，投向地方性的大型基础设施项目和地方区域性强的项目，县市地方政府主要承担项目建设。

3. 农村道路设施融资案例

农村道路等级分县道、乡道、村道，由于农村道路为区域性的纯公共产品，缺乏高速公路收费职能，不具有经营性，难以吸引大量私人资本投资，因此，农村道路的建设管护投入以政府为主，适当引进 BOT 模式，县级政府部门作为农村公路建设和管护主体，将其纳入一般公共预算。加大车购税资金支持农村公路建设和养护力度，增加成品油消费税转移支付对农村公路养护的投入。

（二）准公益类基础设施投融资模式

1. 准公益类基础设施范围及投融资方式

这类设施包含农村供水、污水垃圾、电力设施、小型水利设施等，具有投资成本可回收（项目可向设施使用者收取一定费用）、投资风险小、政府给予相应支持、运行成本相对较低等特点。投融资方式可从专项建设资金、发行长期建设债券和财政贴息贷款进行融资设计。

2. 准公益类基础设施投融资主体及责任

建设投入由政府承担，运行管护费用以收益主体承担为主，政府适当给予补助。由于该项目不具备垄断性质，通过经营收费可回收成本及获得经营效益，其融资主体可为民营企业、私人老板、村级组织。其主要责任包括对项目进行可行性分析、取得经营权许权、开展项目融资、负责项目的建设施工和经营管理。

3. 农田小型水利设施融资案例

2013 年 4 月，财政部、水利部联合出台了《关于印发深化小型水利工程管理体制改革的指导意见》，《意见》要求采取“民办公助”方式，对以村为单位的集体自主修建的农田小型水利设施予以适当的财政支持和补助。农田小型水利设施融资主体可为私人企业、村集体或农户个人，可选择 PPP 模式吸引社会资本参与入股。对资金规模适度、收益范围较小的小型水利设施，可鼓励村集体和农户入股为主，资金不足可通过农业贷款和政府补助等方式筹集，其建设和运营维护由村集体或企业承担。可采取村“一事一议”由农户共同出资筹集资金，进行项目建设。

（三）经营性基础设施投融资模式

1. 经营基础设施范围及投融资方式

这类设施范围涵盖农村电网、电信以及中小型节水设备、农户自用的生产和生活设施等。具有融资规模适中、建设周期短、融资风险小、收益较为稳定等特点。项目融资主要采取市场经营方式，鼓励民间资本积极参与，政府要加强政策性引导。

2. 经营性基础设施融资主体和责任

由于此类基础设施属经营性质，其项目建设和运营维护以企业或市场主体投入为主，自主进行投资决策。其资金来源主要为自筹资金，政府根据项目运营情况适当给予补贴。

3. 农村电网设施融资案例

农村电网具有垄断性质，融资主体为国家电网或南方电网，企业资金实力雄厚，融资能力较强。借鉴三峡建设基金做法，可设立农村电网发展基金和农电普遍服务基金，定向服务农村电网建设和管护。对企业投资配套的商业贷款，参照一、二期农网改造工程，出台低息贷款优惠政策。以湖北农村电网改造为例，“十三五”期间，湖北省农网改造升级共投资 615.5 亿元，湖北省农网 B 类供电区共投资 39.97 亿元，占比 6.53%；C 类供电区共投资 158.97 亿元，占比 25.98%；D 类供电区共投资 416.56 亿元，占比 67.49%。资金筹措方面，湖北省发改委（省能源局）积极向国家争取中央预算内资金、专项建设基金等支持湖北省农网改造升级工程。湖北省电力公司负责职责范围内的资金筹措。协调省财政部门合理安排使用省财政用于农网改造升级工程的 10 亿元资金，使资金发挥最大效益。结合售电改革拓宽融资渠道，探索通过政府和社会合作（PPP）等模式，运用市场机制引入社会资本参与农村电网建设改造，稳步推进农村电网投资多元化。

四、相关政策建议

（一）健全政府分级分类投入机制

根据财权、事权相匹配的原则，进一步明确各级政府事权和投入责任，健全中央支持、省级负责、县级统筹的农村基础设施政府投入体系。按照财政投入稳定增长的原则，减少县级以下的配套资金，提高资金使用效益。省级层面进一步建立健全农村基础设施投入增长的长效机制，安排适当的政府土地出让收益、城乡建设用地“增减挂钩”增值收益、新增建设用地土地有偿使用费、公用事业附加、基础设施配套费等向农村基础设施建设倾斜。县级层面以本级农业生产和农村社会发展规划为依据，注重统筹安排性质相同和用途相近的资金，积极解决部门各自为政的资金分散问题，避免项目重复建设和资金浪费。

（二）建立多元化农村基础设施融资机制

一是创新政府投资方式。根据农村基础设施的类型，以财政资金为引导，鼓励采取投资补助、资本金注入、财政贴息、先建后验、以奖代补等方式支持农村基础设施项目建设。可设立农村基础设施建设投资基金，发行县级农村基础设施建设项目集合债，加大对农村供水、电力、电信、污水和垃圾处理等项目支持力度。发挥地方政府融资平台作用，通过地方融资平台担保融资，加强农村基础设施建设。二是健全政府和社会资本合作机制。采取特许经营、股权合作、委托经营等多种方式，引导社会资本投入农村供电、供水、通信及垃圾、污水处理等领域。大力推进政府购买服务，创新 PPP 模式，加强公益性项目与市场化运作的合作方式。鼓励地方政府采取贴息、收益分成等多种方式建立农村基础设施运营补偿机制，对收益较差的公益性项目建设，采取与园区建设、产业发展、乡村三产融合、产权改革等相结合的方式，吸引社会资本开发建设。

（三）完善村民主体参与机制

一是完善村民“一事一议”制度，调动村民在参与农村基础设施决策、投入、建设、管护工作中的积极性。充分发挥村民理事会、村民小组及村务监督委员会的监督职能，建立村内基础设施“村民议村民定、村民建村民管”的参与机制。二是鼓励农户和村集体自主筹资开展小型且有一定收益的基础设施建设，支持在符合相关规划的前提下，采取事前报备、多规合一、先建后验等方式加强村内基础设施建设。加大项目公示制度，引导村民参与项目决策、建管、监督等环节，增强项目的公开透明度。三是加大财政奖补支持力度，逐步扩大奖补范围，按照“先议后筹”的基本原则，不断完善村民一事一议筹资筹劳制度和村级公益事业建设一事一议财政奖补制度。

（四）建立健全农村基础设施建管结合机制

一是制定农村基础设施建管规划。在项目实施前，政府作为规划主体应做好建管前期规划，对项目投融资主体的产权予以界定，项目设计后期留有一定的管护资金。鼓励地方政府通过财政拨款、工程建设造价中提取维护费、委托经营承包资金、村集体经济组织出资等方式筹集资金，设立农村基础设施维修养护基金，促进项目建管相统一。二是创新农村基础设施建管模式。对规模较大的农村集中供水、污水垃圾集中处理等设施建设实行项目代建制和总承包制，鼓励采取政府购买服务、特许或委托经营等方式进行运行管护；对小型且分散的村内道路、污水处理和垃圾收集处理等设施，可设置公益性岗位、村民自建自管、转让部分小型基础设施产权等方式由村集体或农户进行建设和管护。三是建立合理定价和付费机制。合理确定农村供水价格，在建立使用者付费制度、促进节约用水的基础上，完善农村供水水价形成机制，推行“两部制”水价制度；完善农村输配电价机制，落实好“两分钱”农网还贷资金政策，研究出台电力普遍服务补偿机制；推进农村地区宽带网络提速降费，加快农村宽带网络建设，指导和推动基础电信企业简化资费结构，切实提高农村宽带上网等业务的性价比。

参 考 文 献

[1] 国务院办公厅关于创新农村基础设施投融资体制机制的指导意见 [Z]. 国办发〔2017〕17 号.

[2] 中共中央　国务院关于建立健全城乡融合发展体制机制和政策体系的意见 [Z].

[3] 惠恩才，赵军蕊. 我国农村基础设施建设项目投融资模式研究 [J]. 长春大学学报，2014 (5).

[4] 桂华. 村级“财权”与农村公共治理——基于广东清远市农村“资金整合”试点考察 [J]. 求索，2018 (4).

[5] 王海娟. 项目制与农村公共品供给“最后一公里”难题 [J]. 华中农业大学学报（社会科学版），2015 (4).

农村基础设施建设重点、投入机制和典型模式研究*

随着乡村振兴战略的快速推进，深入开展农村基础设施建设，明确农村基础设施建设重点，创新农村基础设施的投入机制和模式，将成为“十四五”乡村振兴战略推进实施的重要抓手。

一、农村基础设施建设的重点

改革开放以来，在各级政府的大力支持下，我国农村基础设施建设取得了举世瞩目的成就，但是由于国家对农业农村的欠账太多，农业农村发展基础薄弱，导致存在的问题依旧很多。随着乡村振兴战略的快速推进，我国农村基础设施建设面对一系列新要求和新挑战。为此，未来农村基础设施建设要努力解决极少数尚未实现“三通”村庄的基础设施建设问题，并重点关注农村生产生活未来需求的发展方向和演变趋势，着重从供给侧提升基础设施满足农村生产生活需求的能力。

（一）农村生产型基础设施建设重点

1. 宜机化农田及生产型基础设施改造

改革开放以来，我国农村农业机械总动力保有量持续增长，从改革开放时的 11 749 万千瓦，增长到 2017 年的 111 728 万千瓦，增长近 9 倍（图 1），目前我国农业机械化的整体水平已经超过 67%，机械化作业已经成为我国农业生产的主要方式，并且随着我国土地流转的不断推进，新型农业经营主体的种植规模逐渐扩大，对大中型机械的需求日益增多。从 2007 年至今，我国农村中大型拖拉机及配套农具保有量开始快速上升，而从 2010 年左右至今，我国小型拖拉机及配套农具总动力保有量则不断下降（图 2）。虽然其中有国家农机补贴的导向作用，但是现实需求的转变是不同农机保有量产生分化的主要动因。

---

* 课题主持人：黄启发，江苏大学管理学院。

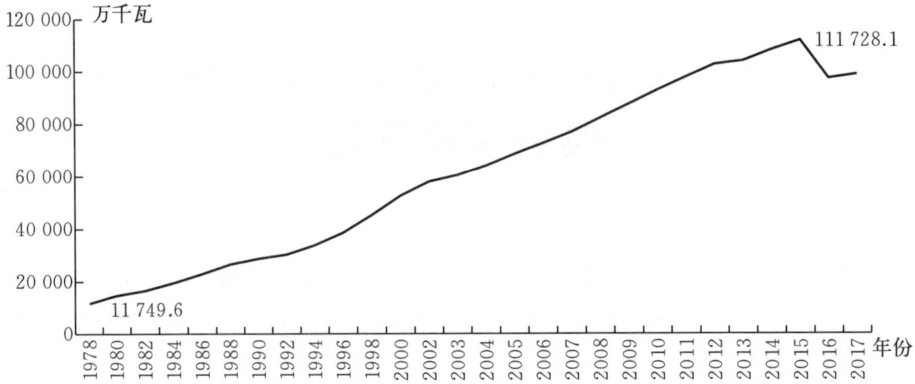

图 1　全国农业机械总动力

农业机械化的不断提升及大中型农机和小型农机的分化，给农村基础设施建设提出了更高要求。首先是在以前主要依靠人工作业而不需要通硬化道路的农田，随着机械化水平的不断提升，硬化道路成为必需品，而且随着作业机械的逐渐大型化、综合化、智能化、信息化，对田间道路宽度、道路质量、电力设施和信息化设备的完备水平等都提出了更高的要求。调研发现，虽然我国农业机械化水平不断提升，但是提升幅度逐渐放缓，宜机的农村地区大部分都推广了机械化作业，而后续再进一步提升农业机械化水平，就需要对现有农田及相关基础设施进行宜机化改造，提升农田及基础设施的建设质量和水平。

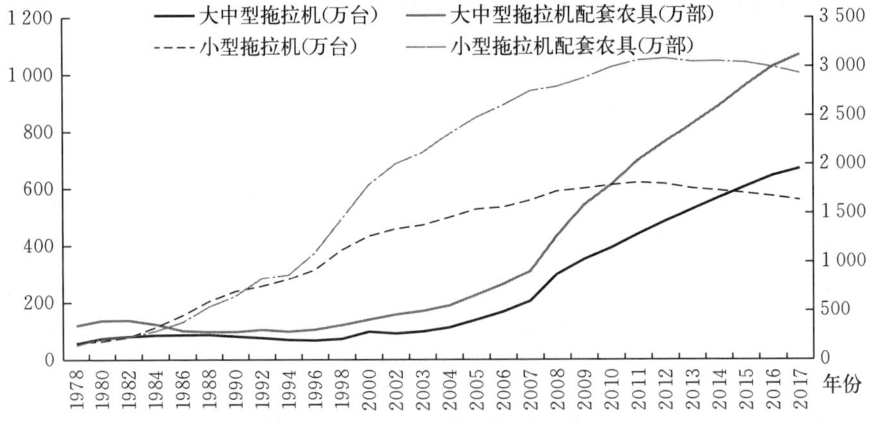

图 2　全国不同类型农业机械总动力

注：左轴为大中型拖拉机、大中型拖拉机配套农具数据；
右轴为小型拖拉机、小型拖拉机配套农具数据。

2. 农田水利设施建设

农田水利设施是保障我国农业产出、实现口粮自给自足的重要条件，农业作为弱质性产业，对自然环境的依赖性比较高，这就需要农田水利设施提高农业生产应对自然环境变化的能力。虽然改革开放以来，我国财政支农资金不断增长，2017 年财政支农资金为 1978 年的约 125 倍，但是我国因为自然灾害造成的农业受灾和成灾面积在 1978—2008 年的近 30 年时间中并没有得到有效控制，整体表现为周期性波动的现象，只有 2009 年以后，全国受灾和成灾面积才呈现逐年下降的趋势（图 3），2016 年达到改革开放以来的最低水平，有力保障了我国农业的丰产增收。

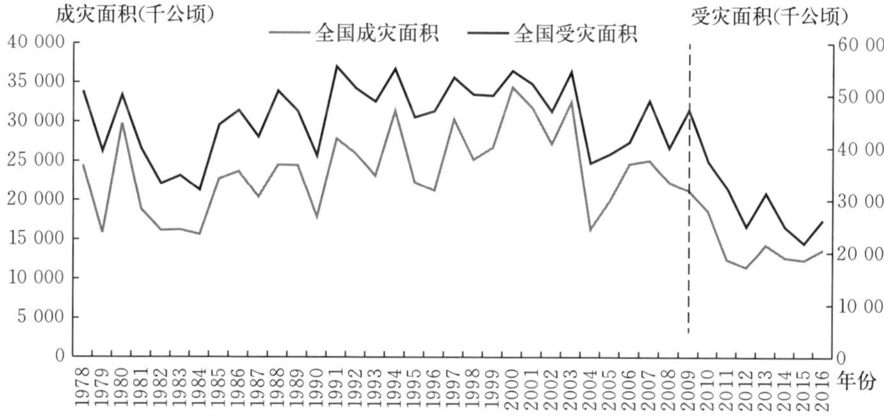

图 3　全国土地受灾和成灾面积（千公顷）

由于土地流转带来我国农业生产主体构成逐渐发生变化，新型农业经营主体得到大力发展，并逐渐成为我国农业生产的重要力量。新型农业主体耕种面积相对较大，大都以农业经营收入为主要收入来源，与小农户相比，新型农业经营主体因自然灾害造成的损失也往往比较大，并且无法有效分摊自然灾害带来的风险，对农业生产经营收入的依赖性更高。因此，未来农田水利设施建设时应围绕新型农业经营主体的需求重点建设一批高标准农田水利设施，以增强他们抵抗自然灾害风险、保障农业经营收入的能力。

同时，根据统计数据，我国自然灾害中因水带来的旱涝灾害占绝大部分，而旱涝灾害具有成灾时间长、灾害影响大、区域分布不平衡等特征，常常在我国不同区域旱灾与涝灾同时发生，而且旱涝灾害波及面积大，跨区域、跨流域等特征明显，单单依靠某一地方政府应对很难起到良好效果，因此应着重在国家层面规划建设一批跨区域、跨流域的农田水利基础设施，能够系统化地应对自然灾害。加之，全世界范围内，因温室气体造成的气候变化呈现逐年加重趋势，恶劣气候的极端程度越来越大，而大型农田水利设施建设往往要使用十几年甚至几十年，因此农田水利设施的冗余能力建设至关重要，对于应对极端气候造成的自然灾害，减少灾害损失具有重要作用。

3. 5G 移动通信设施建设

21 世纪是信息化世纪，随着移动通信技术的迅速迭代和广泛应用，互联网在各行各业的渗透日益普遍。根据商务部电子商务和信息化司《中国电子商务报告 2018》，我国农村网民 2018 年达到 2.22 亿，占全国网民的 26.7%，占农村人口数的 37.76%，互联网已经成为农村生产生活必不可少的重要元素（图 4）。随着近年来互联网服务在农村市场的快速下沉，农村网络销售呈现快速增长态势，2018 年农村网络销售额达 13 679.4 亿元，为 2014 年的 7.6 倍（图 5），农村电子商务已经成为乡村振兴的助推器和加速器，其在农村产业发展和农户收入增长中的重要作用已经被诸多研究结论所肯定。随着我国职业农民的快速增长，信息技术对农村产业发展的重要性会越来越凸显，信息资源也会越来越成为农村产业发展的战略性资源，加大在农村地区的通信设施建设迫在眉睫。同时，根据新供给学派的思想[1]，新供给会创造自己的新需求，互联网和信息技术具有典型的创造新需求的特性，加大农村通信基础设施建设在促进信息技术应用的同时，农村居民不同于城市居民的消费特征，会衍生大批新需求，促进农村产业发展和消费市场的进一步繁荣。

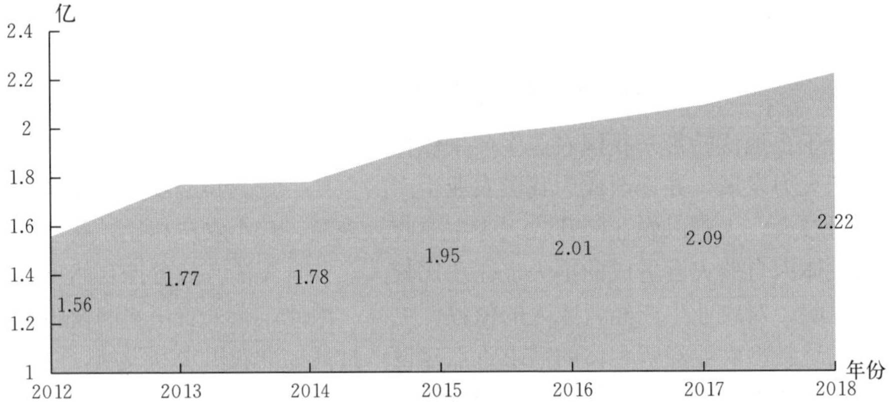

图 4　我国农村网民发展状况

根据图 6 可以看出，我国城乡之间的互联网覆盖率仍有较大差距，从 2013 年至 2018 年，互联网覆盖率的城乡差异由 31.8%扩大到 36.2%，城乡之间的信息鸿沟逐步拉大，其中城乡居民的人口特征差异是一个方面，但基础设施建设水平的差异也是不容忽视的重要因素。很多农村地区仍在使用 2G 网络且网络信号不稳定，甚至少数农村还没有实现移动通信网络覆盖。鉴于 3G、

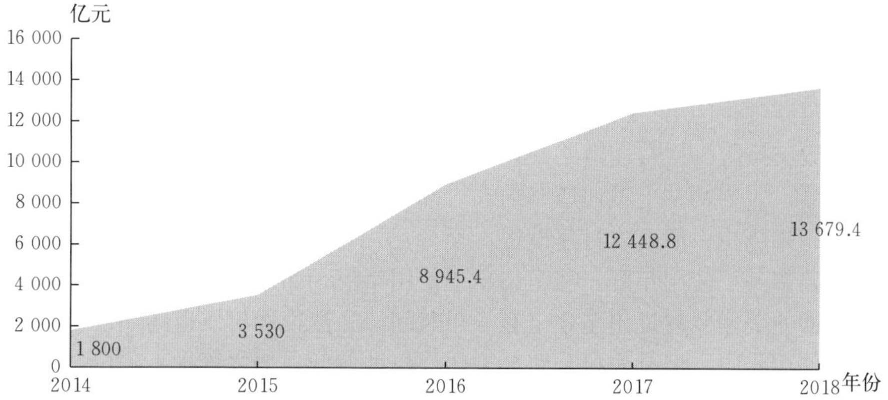

图 5　近五年我国农村网络销售额

4G 与 5G 在技术功能方面的区别，而 5G 对于未来物联网和人工智能的发展及应用具有良好的助推作用，这对于促进农村产业升级和新业态衍生具有重要意义，因此建议在农村地区直接覆盖 5G 网络。

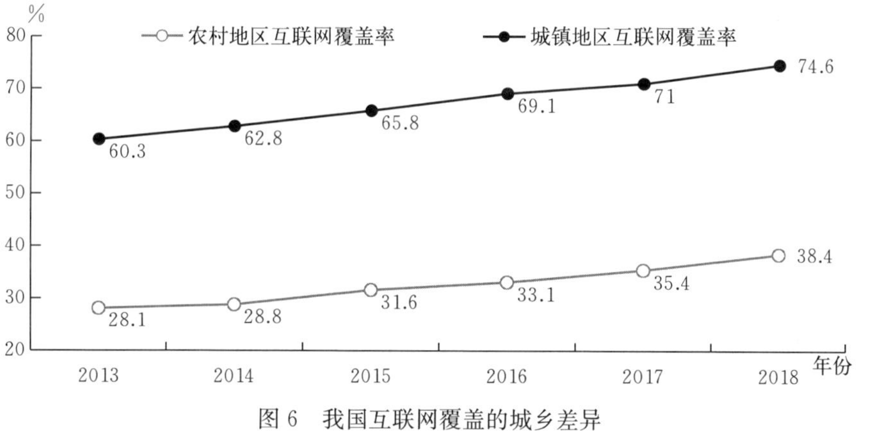

图 6　我国互联网覆盖的城乡差异

（二）农村生活型基础设施建设重点

1. 极少数村庄的“三通”建设

在新中国已经成立 70 年、改革开放已经 40 年的今天，我国极少数村庄还没有实现“三通”，或者仅实现“两通”或“一通”。建议对这些村庄的“三通”问题进行合理科学评估，若能实现整村搬迁，则搬迁至基础设施较好的地区，不能搬迁的，也要尽快解决这部分村庄的“三通”问题。

2. 村庄内硬化道路建设

根据《农村公路工程技术标准》规定，我国一般村级公路设计使用寿命沥青路面公路为 10 年，水泥硬化道路的使用年限仅为 6～8 年，加之农村公路整体上管护不到位，实际使用年限往往达不到设计使用年限。改革开放以后，我国村庄道路硬化的第一次高潮应是 2005 年新农村建设时期，后来 2013 年美丽乡村建设又掀起一次村庄道路硬化的高潮，根据图 7，2015 年以后村道总里程增加缓慢，表明基本上该通道路的农村都已经完成了道路硬化，后续新增道路里程会越来越少。而新农村建设提出至今已经有 14 年时间，当初建设的很多村庄道路都到了使用年限，甚至超出了使用年限，如今已进入重新修建的时间节点。即便美丽乡村提出至今也有 6 年时间，虽然很多村庄道路还没有超出公路设计使用年限，但是农村公路普遍建设标准偏低，加之管护不到位，很少有村庄道路能够达到标准规定的设计施工标准，使用 4～5 年就会损毁严重，将陆续进入重新建设的时间周期。

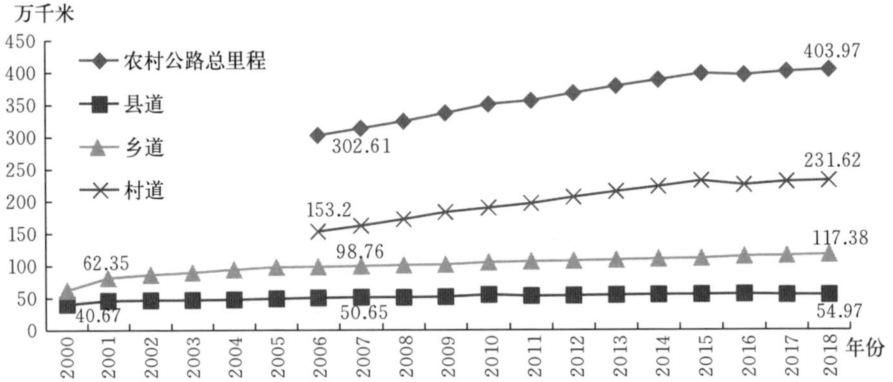

图 7　21 世纪以来的农村公路建设情况

同时，随着农村居民收入的增加，小轿车进入寻常百姓家。根据 2018 年中国城乡居民收入和消费状况数据，2017 年我国农村居民每百户拥有家用汽车 19.3 辆，同时电动汽车、新能源汽车的大力发展，农村居民汽车拥有量会出现一个快速增长期，这对农村道路建设提出了更高的要求，要求村庄道路建设宽度增加、厚度增高，建设施工标准提升等。

3. 互联网及通讯设施

2010—2015 年，我国农村居民每百户计算机拥有量从 13 台增加至 21 台，增幅达 60%，移动电话拥有量从 195 部增加至 252 部，增幅达 29%（图 9）。计算机和移动电话拥有量的增加，使得农村居民对互联网及移动通信基础设施的需求不断增加，对移动通信设施的质量要求也不断提高。

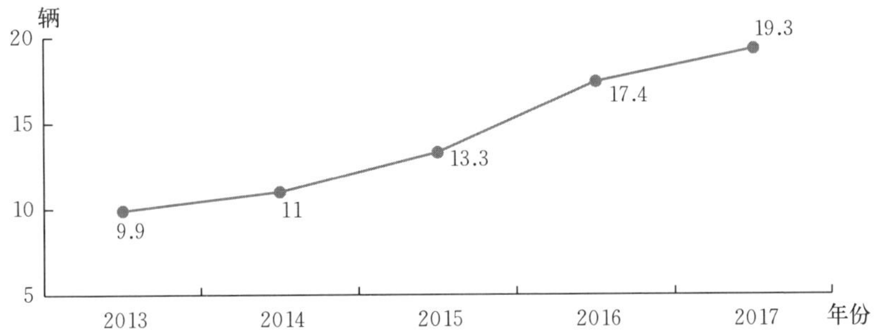

图 8　我国农村居民家用汽车拥有量

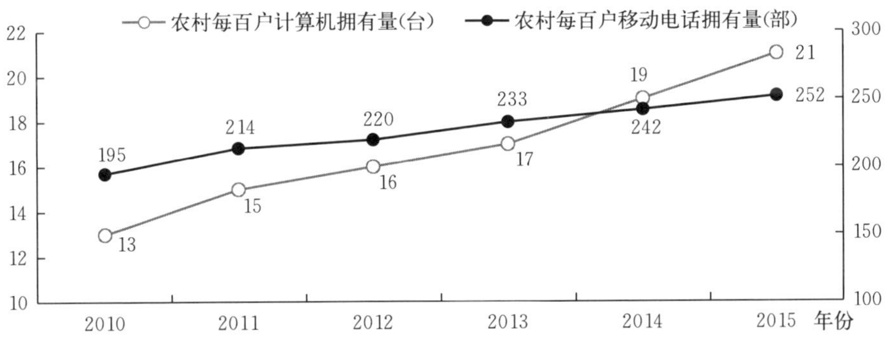

图 9　我国农村居民计算机和移动电话拥有量

4. 农村供暖及天然气供应问题

课题组在实地调研中发现，现在东部部分地区已经开始试点在农村铺设天然气管道，资金全部由政府承担，通过调查来看，铺设一个四五百户村庄的天然气管道，需要资金投入 600 万～700 万元，由于资金由财政提供，所以基本每家每户都通了天然气管道，但是从实际使用情况看，很多村民家里都没有安装煤气灶或者安装后很少使用，需求也不怎么急迫。

同时，根据课题组的调研，在北方及长江以南的部分地区，在冬季对热水供应具有较强的需求，由于农村地区老人、妇女及儿童的比例比较大，在冬季能够 24 小时使用上热水，对于提高他们的生活舒适度、减少各类病痛和慢性疾病具有很大作用。但是目前农村地区很少集中供暖，而供应热水则更难。主要原因在于农村地区相对城市大都有一定距离，集中供暖时沿途的热能损耗比较大，即便有村庄处于城乡结合部，若要供暖，管道的开口费都要上千元，采暖费则更高，成本高成为制约农村供暖的重要因素。

综合多方调研，课题组认为目前在农村铺设天然气管道时机还没成熟。一是农户需求不是很强烈，二是目前由财政资金全额支付的模式不能够持续，三是目前农村居民居住比较分散，不利于成本降低。

（三）农村福利型基础设施建设重点

1. 公共卫生服务设施

根据多方统计数据，课题组认为目前农村教育、医疗、卫生等公共服务的主要短板在于软件建设，即缺乏高质量、高水平的公共服务人员，而硬件建设已经完成得差不多。如 2018 年底，全国 3.16 万个乡镇共设 3.6 万个卫生院，床位 133.4 万张，卫生人员 139.1 万人，与 2017 年比较，卫生院减少 90 个，床位增加 4.2 万张，人员增加 3.1 万人。全国 54.2 万个行政村共设 62.2 万个卫生室，卫生室人员达 144.1 万人，与 2017 年比较，村卫生室数减少 1.0 万个。随着人口向城市集中，农村地区中小学校和教师数量也不断减少，很多校舍处于闲置状态，但农村地区师资力量相对城市还有一定差距。所以，农村公共服务的建设重点是加强软件建设，提高公共服务质量和服务水平（图 10）。

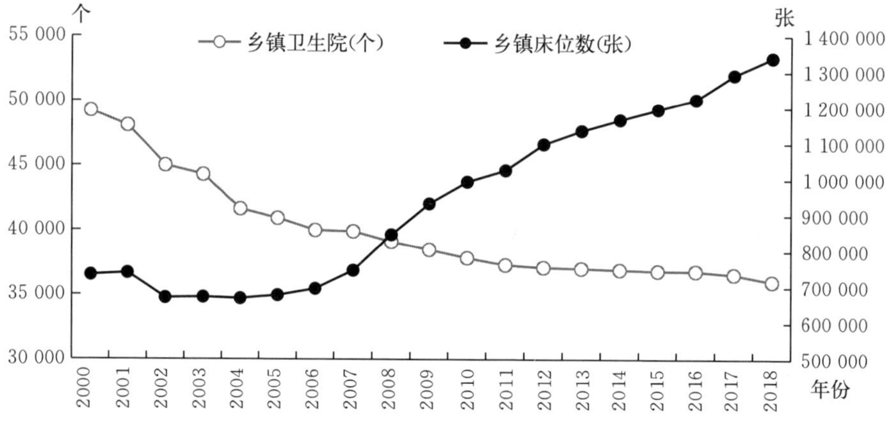

图 10　2000 年以来我国乡镇卫生院和床位数变化趋势

2. 生态环保设施（污水处理设施）

随着我国农村居民人均收入的持续快速增长，农户对生态环境的要求越来越高，而农村地区由于生活垃圾、污水处理设施缺乏，近年生态环境恶化严重、垃圾遍地，甚至臭气熏天，严重影响农村居民的身心健康。虽然近几年，国家已经开始推动农村地区垃圾清运、厕所改造和污水处理，但是通过调查数据看，目前的建设程度还远远无法满足农村居民需求，建设污水处理设施的村庄仅为少数，厕所改造虽然已经大规模推行，但是由于尚未探索形成可以推广的模式和经验，导致村民抵触思想比较重，推行难度很大。虽然很多村庄设置了垃圾箱，但是清运很不及时，导致垃圾堆积严重，没有发挥应有的作用。

二、农村基础设施建设的投入机制

国外特别是发达国家城乡一体化和农村现代化的基本实现，使得他们较少关注农村社区这一特定范围的基础设施供给机制问题，但他们对一般性的公共品供给机制进行了大量研究，这些研究成果同样为探索我国农村基础设施建设投入机制问题提供参考。国外关于基础设施供给机制的研究主要围绕供给机制的有效性、供给机制的选择、需求表达机制和需求显示机制等方面展开的，为此形成了多个的学派，不同学派之间的争鸣让人们开始认识到政府机制的非唯一性，由此激发更多的学者开始致力于探寻农村基础设施供给机制的选择问题。

（一）农村基础设施建设投入机制的组成

1. 农村基础设施建设的筹资机制

筹资机制对于农村基础设施的有效供给至关重要，是解决农村基础设施供给问题的突破口。当前我国的农村基础设施筹资机制存在筹资主体责任不明确、预算外筹资加重、农村筹资能力欠缺、资金筹集缺少保障等困境，难以适应农村经济社会发展的需要（江正平等，2009[2]）。因此，应根据我国农村实际，明确区分各筹资主体及其责任边界，构建以政府为主导、社会参与、市场化运作相结合的多渠道筹资模式，通过多元的筹资途径实现农村基础设施的资金筹措。农村纯公共品或接近纯公共品性质的基础设施，比如农村社会治安、环境保护、大江大河治理、水库道路等，“搭便车”现象比较普遍，一般是由政府作为投入主体。而对于一些具有排他性的基础设施，如农村通讯、有线电视等“俱乐部产品”，价格机制能够较好地发挥作用，从而为私人部门进入提供可能。

2. 农村基础设施建设的决策机制

当前我国农村基础设施供给仍主要采用主体单一、自上而下的决策机制。该机制存在诸多问题，如各级政府的责任划分不合理、难以有效反映农民的需求意愿、供给信息公开披露制度缺失、供给决策缺乏监督等，严重影响了农村基础设施的有效供给。因此，应提升农民利益表达、推进农村基层民主政治建设，构建“自下而上”的农民需求主导型的供给决策机制（邱聪江，2010[3]），同时根据不同性质的农村基础设施选择不同的供给决策方式。

3. 农村基础设施建设的需求表达机制

农村基础设施供给决策机制的有效运行依赖于农民需求的真实表达，追溯我国基础设施供给仍然面临供需失衡、结构不合理的根本原因在于当前我国基础设施需求表达机制不健全。通过完善农村基础设施需求的"一事一议"制度，完善村民自治制度，构建基于民主选举的基础设施需求表达机制，以保证农民需求表达渠道的畅通尤为关键。此外，应建立有效的农民需求显示机制，以克服集体非理性的公共选择困境。

4. 农村基础设施建设的长效机制

农村基础设施投入长效机制主要包括两个层面：一是"能长期供"，即农村基础设施的供给能力具有长期可持续性。这种可持续性一方面来源于供给主体的供给能力，表明供给主体可以满足村庄不同时期的发展需求；另一方面来源于对供给能力的合理配置，即供给主体的供给能力是间歇性或一次性的，但通过某种制度的合理安排，使其可以得到长期持续的释放或输出。二是"能长期用"，即农村基础设施可以长期正常运行并发挥预期的功能。这就要求一方面农村基础设施的供给要与需求相匹配，另一方面供给主体不仅能够供给新型农村基础设施以满足新的需求，还要能够对原有的农村基础设施进行及时完善和维护，以保障其正常运行。

5. 农村基础设施建设的评估反馈机制

农村基础设施建设过程中信息不对称情况表现较为突出，一方面是供需双方信息不对称，另一方面是政府预算公开程度有限。同时，由于基础设施建设过程牵涉主体和环节众多，相关资金筹措、管理、使用等流程繁琐，导致监管难度增大，资金挪用或者配套不到位情况时常发生，导致农村基础设施供给的低效和无序，增加了建设的投入成本。在政府作为投入主体的农村基础设施建设过程中，由于对需求的了解不够充分，决策效率较低，导致对基础设施的科学性、合理性评估往往较为缺乏，尤其是在最近几年乡村振兴快速推进过程中，急于看到效果、树立典型、作出政绩的急功近利心理，导致很多基础设施的建设没有经过科学合理的评估，有时仅凭领导主观判断决定项目投入，带来公共资源的极大浪费。

（二）农村基础设施投入机制的创新

为了实现多方合作，共同投入到农村基础设施建设，本报告建议在全国及地方政府层面设立"农村基础设施建设基金"。政府通过财政注资成为基金的主要发起方，然后借助基金灵活的管理方式，积极吸收国有企业、私营企业、个人、社会团体、慈善组织等多元主体的资源，除政府以外，其他主体不仅可以通过注入资金的方式参与到基金中，也可以通过提供农村基础设施建设必需的机器设备、物质资料、工程服务等参与到基金中，非资金的其他资源由政府指定部门进行公开公平估值。在此基础上成立基金管理委员会，各主体根据出资多少参与基金的管理运营、项目选址和建设等具体事宜。在本研究报告的撰写过程中，全国范围内已经出现两个地方政府开始试行基金制的管理方式，促进农村基础设施建设，简要介绍如下：

1. 包头市美丽乡村产业基金

2019 年 9 月 10 日，包头市政府和中国农业银行联合设立“包头市美丽乡村产业基金”，成为全国第一支专项用于支持农村基础设施建设的产业基金，基金规模为 40 亿元，期限为 10 年，政府和社会资本按照 1∶1 的比例各投资 20 亿元，其中政府投资由包头市财政局作为代表，通过整合 2014 年以来“十个全覆盖”项目资金以及各级预算安排的专项资金进行筹集。社会资本通过政府采购方式公开选择华润深国投信托有限公司作为合作伙伴投资，选择农银前海深圳投资基金有限公司为管理公司。三方成立了“包头市美丽乡村产业基金（有限）合伙企业”。市政府授权委托“项目公司”（包头市交通投资集团有限公司）成立“包头市美丽乡村工程投资有限公司”为项目实施主体。基金主要用于改善牧区群众生产生活条件，缩小城乡差距，全力推进“十个全覆盖”工程，即“修房铺路改水电，广播电视文化院，超市学校卫生室，社保覆盖尽开颜”。

产业基金将全部用于“十个全覆盖”项目建设，资金在政府采购确定的托管银行封闭运行。具体运行程序为：产业基金由政府授权委托“项目公司”统一管理，通过三方成立的“合伙企业”将资金划拨到“项目公司”，由“项目公司”负责与各旗县区对接实施。各旗县区政府投资也主要通过预算安排及整合相关专项资金筹集；社会资本按照谁使用谁偿还的原则，由市财政局和市委农工部与各旗县区签订转借协议，明确偿还时限等要求。

为明确政府与企业的权力、责任和义务，规范基金管理，制定了《包头市“美丽乡村”产业基金管理办法》《包头市美丽乡村产业基金有偿转借协议》《包头市美丽乡村产业基金操作规程》等制度，保障基金依法依规科学合理运行。

2. 浙江省乡村振兴投资基金

2019 年 10 月 31 日，浙江省成立总金额达 100 亿元的“浙江乡村振兴投资基金”，财政厅专门制订《浙江省乡村振兴投资基金管理办法》，规定浙江省乡村振兴投资基金与市县政府、农业龙头企业、投资机构等合作，采用定向基金、非定向基金等子基金和直接投资模式，按市场化方式运作，重点支持重大农业基础设施、战略新兴产业、重大区域特色产业、新型综合服务体系建设、农产品加工和全产业链建设、国土空间综合整治及生态修复工程、数字乡村建设以及省委省政府部署的其他乡村振兴重大任务。基金联动市县政府基金，带动社会资本、金融资本共同投入乡村振兴事业，支持稳定重要农产品供给，打造引领性、标杆性农业农村项目，以点带面促进浙江全省“三农”高质量发展。

基金管理办法规定：定向基金和非定向基金模式适用于农业农村产业升级等竞争性领域，鼓励市县产业基金联动投资，省乡村振兴基金与社会资本合作设立的子基金，省乡村振兴基金出资比例一般不超过子基金的 50%。定向基金出资结构中，与项目方非关联的独立第三方社会资本出资比例原则上不低于定向基金规模的 10%；非定向基金以非特定项目对象为投资标的，与执行事务合伙人及基金管理人非关联的独立第三方社会资本出资，比例原则上不低于基金规模的 10%。浙江省乡村振兴投资基金可对省内重大农业农村产业化项目和基础设施项目等直接投资，鼓励带动银行、保险等金融资本共同投入。省乡村振兴基金对单个直投项目出资额一般不超过 10 亿元，原则上不做第一大股东。

三、农村基础设施建设的典型模式

新中国成立以来，我国农村基础设施的投入经历了不同的阶段，人民公社时期，虽然国家将农业定位为经济发展的基础，但是由于发展中心主要在重工业和城市，因此农业基础设施的建设除了大型水利、道路工程由国家承担以外，大部分由公社（联社）内部供给。随着家庭联产承包责任制的推行，逐渐形成以农业发展基金、劳动积累义务工制度和农业承包上交制度为主体的多渠道供给模式（李燕凌，2016[4]）。改革开放以来，经过 40 年的快速增长，我国民营经济得到快速发展，同时各种非政府、非盈利性、社会化组织也逐渐增多，在农村基础设施建设的实践中，各地经过长期探索，形成了多种较有成效和值得借鉴的典型模式。

（一）农民创业者为主体的投入模式——基金制

浙江省温州市永嘉县龙头村地处永嘉县西南部，距离县城 23 千米，是一个偏僻的小山村。全村近 400 户约 1 700 名村民，仅 400 多人常住，其中约 70%为老人；该村进村道路仅 5 米多宽，仅够一辆汽车行驶；当时村里的产业主要是传统种植业，“村庄凋敝”趋势显现。然而以多位农民为代表的创业者自发联合为家乡长期供给多种基础设施和公共服务，2006 年筹资 4 万元，成立“教育基金”资助大学生，经过十多年的发展，基金会赞助人扩大到 200 多人，资金规模也累积到 30 多万元，共奖励、资助龙头村学子 150 多人；2011 年筹资 400 多万元，建设村文化礼堂，对满足村民集体文娱需求、改善村庄公共设施、弘扬农耕文化起到了良好的宣传促进作用；2015 年筹资 2 000 万元，建立“美丽农村发展基金”，制定《龙头村美丽农村发展规划》，目标是将龙头村打造成为美丽宜居的省级花园新村。

（二）工商资本为主体的投入模式

“三瓜公社”位于安徽省巢湖市，距离巢湖市中心约10千米，以“把农村建设得更像农村”为理念，以“整旧如故、体验其真”为规划理念，保护农村建设肌理，推进示范特色村建设，展示农村自然人文特色。三瓜公社由冬瓜村、西瓜村、南瓜村三个村庄构成，其中冬瓜村依托半汤六千年民俗馆、古巢国遗址和手工作坊群打造民俗文化展示区；西瓜村依托80户风情民俗、60家特色农家乐和10处心动客栈打造美食村；南瓜村依托特色农产品、互联网示范村打造电商特色小镇。三瓜公社由安徽淮商集团与合巢经开区联手打造，项目建设始于2015年，早期规划投资3亿元，历时3年打造，2018年一期建设基本完成并对外开放。公社以文旅、商旅、农旅作为产业支撑。三瓜公社内的所有基础设施、创意设计、产品研发、平台打造、对外宣传等运营管理事项都是由工商资本承担完成，公社内部虽然有创业平台、特色农产品基地、农产品电商等产业形态，但是这些产业的经营管理人员都是公司的员工，政府将当地三个自然村通过土地征收的方式进行整村异地安置。

（三）村企融合的投入模式

辛绪村坐落于山东省滕州市东郭镇东北部，全村约5 000人。为了发展集体经济，辛绪村于1987年创办了辛绪淀粉厂，1993年创办了辛绪泡花碱厂。1996年，23岁村民张建涛从信用社停薪留职担任辛绪淀粉厂厂长，并改名为恒仁淀粉厂。在他的带领下，淀粉厂经过20多年的发展，从一个年产不足3万吨淀粉的小企业，发展成为占地460亩，总资产达3.8亿元，有职工2 100人，年销售收入近30亿元，上交税金近5 000万元的恒仁工贸集团。企业发展过程中，为了帮助企业解决用地和用工问题，当地政府积极推动企业和村庄融合发展，让恒仁工贸集团的法人代表兼任辛绪村书记，按照市场规则，采取村集体控股、村民自愿入股的方式，进行企业股份制改造，整合群众230亩土地入股，鼓励村民到市区买房，将宅基地空出来以后流转给企业。同时，当地政府想尽办法将周边村庄的工业用地指标流转到辛绪村，逐步解决企业发展中的用地问题；企业招工时优先录用本村和周边村庄的村民，周边村民只要是初中文化毕业，基本都能在企业里找到合适的工作岗位。村庄在大力支持企业发展的同时，企业也全力支持村庄建设。基础设施方面，企业出资近1 000万元，先后为村里打深水井7眼，整修硬化道路21条，实现自来水“户户通”，为村里修建了敬老院，给小学安上了暖气和空调，困难群体享受到了各种补贴等，只要村庄发展需要，企业都会支持，形成了良好的村企融合发展模式。

（四）社区组织为主体的投入模式[5]

胜村隶属重庆市渝北区，2003 年由原楼村、胜村、圆村和湾村合并而成，辖 12 个村民小组，共 735 户，2 020 人。2000 年后，在上级政府的号召下，原楼村、园村、胜村和湾村先后开始修路，并采用不同的办法解决了筹资、筹劳和占地问题。其中楼村要求所有在村村民按 370 元/人进行集资，湾村按 50 元/人集资，胜村则采用募捐方式，在村村民自愿捐款，数额不限，主要是向一些经商成功人士募捐。筹劳相对容易，由于修路时劳动力还没有大规模外出，且许多村民由于种种原因不能参与筹资，便通过出工的方式“以工代资”。其中楼村与胜村出工是义务工，园村按照 10 元/天的标准进行补助，湾村修路较晚，补偿标准为男工 25 元/天，女工 20 元/天。经过大量的协调工作，最终 4 个村庄的道路都修建完成，大大改善了村民出行的交通状况。

（五）公私合作的 PPP 模式[6]

睢宁县位于徐州市东南方，总面积 1 769 平方千米，下辖 15 个镇、1 个开发区、3 个街道，总人口 114 万人。由于经济以农业为主，睢宁县是江苏省 12 个扶贫开发重点县之一，是徐州市扶贫任务最重的地区，也是全省低收入人口占比最大的县区之一。2016 年 12 月，睢宁县设立睢河街道，为了加快城镇化建设，街道办提出开发拆迁安置房 PPP 项目。项目中的政府部门是睢宁县睢河街道办事处，社会资本方是江苏中南建筑产业集团有限责任公司，双方在项目中的合作范围主要包括前期准备、投融资、采购、建设、运营、移交等工作，项目合作期为 13 年，其中建设期为 3 年，经营期为 10 年，运作方式为 BOT 模式。政府投资 9 765 万元，社会资本投资 3.9 亿元，分别占项目投资额的 4%和 16%，其余 80%资金由项目公司通过贷款等其他途径筹集。面对项目中可能发生的风险，双方约定为政府主要承担政策风险、项目审批风险等，社会资本方主要承担投融资风险、项目建设和运营风险等，不可抗力风险有双方共同承担。睢宁县借助 PPP 模式开展精准扶贫工作，减轻了政府部门的压力，通过基础设施的改善，激发了经济发展的活力，加快了贫困群众脱贫的脚步，有力带动了全县经济发展。

参 考 文 献

[1] 滕泰. 新供给主义经济学 [M]. 北京：东方出版社，2017.

[2] 江正平，曲春生，赵莹莹. 农村公共产品供给的筹资机制探析 [J]. 郑州大学学报（哲学社会科学版），2009，42 (1)：78-80.

［3］邱聪江．创新农村公共产品供给的决策机制——以浙江省慈溪市的调研为例［J］．国家行政学院学报，2010（4）：91-93.
［4］李燕凌．农村公共产品供给侧结构性改革：模式选择与绩效提升——基于5省93个样本村调查的实证分析［J］．管理世界，2016（11）：81-95.
［5］罗兴佐．农村公共物品供给：模式与效率［M］．上海：学林出版社，2013.
［6］王玉红．PPP模式下江苏睢宁县精准扶贫研究［D］．徐州：中国矿业大学，2019.

村内道路建设与管护机制研究*

“要想富，先修路”。村内道路建设是村镇公路的延伸，是直接服务于农村、造福于农民的基础设施，是一项民心工程、民生工程。2019 年中央 1 号文件指出，“实施村庄基础设施建设工程，加强村内道路建设，健全村庄基础设施建管长效机制。”目前全国 99.6%的乡镇和 99.47%的建制村通了硬化路，但村内道路建设严重滞后，自然村通硬化路比例仅为 40%，“断头路”“卡脖子路”较多，农民“晴天一身土、雨天一身泥”的问题突出，道路缺乏有效管护现象普遍存在。因此，加快构建“多方参与、布局合理、供需衔接、管护高效”的村内道路建管机制具有重要意义。

一、相关理论

（一）公共产品理论

1954 年，萨缪尔森认为纯粹的公共产品是这样的产品，即每个人消费这种物品不会导致别人对该种产品消费的减少。而且公共产品具有与私人产品显著不同的三个特征：效用的不可分割性、消费的非竞争性和受益的非排他性。而凡是可以由个别消费者所占有和享用，具有敌对性、排他性和可分割性的产品就是私人产品。介于二者之间的产品称为准公共产品。对于公共产品的供给来说，增加一个消费者公共产品生产成本为零、公共产品提供服务拥挤成本为零，并不影响已有消费者公共产品的消费数量和质量。

（二）二元经济结构理论

1954 年，刘易斯提出“二元经济结构”指的是在发展中国家并存着由传统的自给自足的农业经济体系和城市现代工业体系两种不同的经济体系。长期以来，由于历史和社会原因，我国形成了城乡二元经济社会结构和体制。我国的城乡二元经济结构和体制指以社会化生产为主要特点的城市经济和以小农生产为主要特点的农村经济并存的经济结构。在城乡二元经济结构和体制下，优先发展城市的倾斜配置公共资源的战略和政策，城市和农村实行两套不同的农

---

* 课题主持人：徐雪高，江苏省农业科学院农业经济与发展研究所。

村公共产品供给制度。即城市的公共基础设施实施的是以政府为主导的公共基础设施供给制度，而农村基础设施则是为村集体和农村筹资为主的“自给自足”的供给制度。

（三）利益相关者理论

利益相关者理论是20世纪60年代在西方国家逐步发展起来的、进入20世纪80年代以后其影响迅速扩大，并开始影响美英等国的公司治理模式的选择，并促进了企业管理方式的转变。1984年，弗里曼出版了《战略管理：利益相关者管理的分析方法》一书，明确提出了利益相关者管理理论。利益相关者管理理论是指企业的经营管理者为综合平衡各个利益相关者的利益要求而进行的管理活动。与传统的股东至上主义相比较，该理论认为任何一个公司的发展都离不开各利益相关者的投入或参与，企业追求的是利益相关者的整体利益，而不仅仅是某些主体的利益。

二、相关文献述评

加快农村道路特别是村内道路建设与管护，对于打赢脱贫攻坚战，促进农业农村现代化、实现乡村振兴具有重要意义。对此，许多学者从各方面开展了深入的研究。

（一）村内道路等农村基础设施建设投入模式

王启荣（2015）对农村道路建设的现状进行分析，发现主要存在道路建设质量意识淡薄、资金来源单一且薄弱、工程技术质量较低等问题。甘娟、朱玉春（2011）分析了我国农村公共基础设施的现状，认为农户具有投资于生活与社会发展型农村公共基础设施的意愿，政府可以尝试建立以农户需求为导向的农村公共基础设施民间资本投资模式。丁毅（2018）等学者将公私合作模式（PPP）引入到农村公共基础设施建设中，并运用实务社群、项目资产证券化等政策工具，提出了有效推行农村公共基础设施治理PPP模式的实施路径。此外，何寿奎（2018）从组织制度、价值取向及利益分配维度探索了农村公共基础设施多元共治的政策引导机制与治理体系等。

（二）村内道路等农村公共基础设施建设动力机制

国内外学者在研究村内道路等农村公共基础设施建设投入动力机制方面发现，无论是基础设施的供给主体还是其服务的需求对象，都存在参与建设的积极性不高和合作意愿缺失等问题。部分发展中国家农村公共基础设施缺乏可持续投资的根本原因在于缺乏投资收益和激励机制、监督约束措施以及相应的政策支持机制。同时，农村经济性基础设施的落后会导致乡村生活性基础设施的落后，因此，他提出通过经济性基础设施带动关联产业集聚，进而由社会资本的累积效应来发展本地区的生活性基础设施。戴炜倬和王栋（2016）认为农村基础设施的投资决策受政治体制、经济需求和社会发展状况等诸多因素影响，然而在中国应重点关注地方政府的治理机制和决策方式，即如何调动县级以下基层政府的农村基建的投资动力是其关键所在。

（三）乡村道路等农村公共基础设施建设国外经验借鉴方面

程冠楠（2013）针对农村基础设施建设，分析了美国、韩国和日本的做法经验，提出要确立农民的主体地位、完善农村资金投入相关立法，建立多元化的投资结构等建议。吴清华等（2015）针对灌溉设施和农村公路，分析了美国和日本的做法，从资金投入、使用监督、产权改革等方面提出了建议。

（四）乡村道路等农村公共基础设施管护机制方面

乡村道路等农村公共基础设施“三分在建、七分在管”现象突出，学界亦从不同视角探索如何结合当地不同情况建立农村公共基础设施运行管理的长效机制。例如，吴清华（2015）借鉴了发达国家和地区的先进经验，提出了管护机制多元化、改革产权体制、完善预算与社会资本投入机制、建立责任明确的管护体系等具体措施；何凌霄等（2017）研究发现，制度规则和干群关系能够影响集体行动中的信任与合作，进而破解农村公共基础设施管护行动的困境。

综上，国内外学者关于农村公共基础设施建设和管护已经开展了诸多研究，为本研究开展奠定了较好基础。但当前研究还存在一定不足：①针对乡村道路特别是村内道路建设与管护的研究不足。目前研究大多对农村基础设施进行研究，很少有专门针对农村道路特别是村内道路的研究。在原因分析上，谈问题较多，但公共物品理论和制度经济学角度深层剖析其产生的原因较少。②研究同样存在“重建轻管”倾向。相对于村内道路建设，管护问题尚未得到足够重视，农民参与机制、管护实现机制等还需要进一步研究和阐释。③村内道路的建设问题和管护问题研究相对割裂。无论是“建管一体”还是“建管分离”，村内道路建设模式无疑会影响管护机制的选择，基于现实条件的管护机制也必然影响到建设模式的选择，两者必须协同研究。本研究以“村内道路”为研究对象，运用公共物品理论和制度经济学理论，通过典型村庄调研，重点分析村内道路建设模式与管护机制，借鉴国外好做法好经验，提出我国村内道路建管机制的有效路径。

三、村内道路概念界定与主要特征

（一）概念界定

村内道路是指在农村范围内，用于自然村间、田间道路交通运输，并在国家公路网络体系之外，以服务于农村农业生产为主要用途的道路（含机耕道）。根据2017年国土资源部组织修订的国家标准《土地利用现状分类》（GB/T 21010—2017），南方宽度大于1.0米、小于8米，北方宽度大于2.0米、小于8米。各地结合实际，根据地理条件、社会经济发展水平建立了不同的村内道路建设标准。如湖南省交通厅规定，村内主干道按照3.5米宽、15～20厘米厚；河南省交通厅要求村级道路按照四级公路要求，宽4.5米、厚18厘米；江苏省徐州市规定，村内主干道的路面宽度一般不低于4米，水泥混凝土路面面层厚度不低于18厘米，沥青混凝土路面面层厚度不低于4厘米。

（二）主要特征

根据村内道路的功能与作用，可以总结出如下特征：一是系统协调性。村内道路建设结合农户、道路和配套设施三个基本要素，根据农户的地理信息（如住宅位置）、道路功能、主干路和辅路之间层次分明和整体统一，与配套设施同步规划和建设，构成便利的村内交通网络系统。村内道路与乡村公路有效衔接，构成相互联系的农村交通网络系统，形成“1＋1＞2”的系统优势，大幅提升农户出行服务质量。二是资产专用性。村内道路的专项资产性质主要表现为使用功能的单一性，即村内道路的主要功能是为农户提供便利的交通服务，难以转化为其他用途。一旦发生投资行为，如果道路设施失去服务功能，投资就成为沉没成本。三是非排他性。农户出行不仅依赖其住宅周围的道路设施，而且依赖其他农户住宅周围的道路，不可能限制其他农户使用其投资的道路，否则自己也将无法出行。同时，如果安排专门人员监督道路的使用状况，其成本非常高，完全界定排他行为非常困难。四是部分共享性。村内道路不同于农村公路，其仅为道路沿线或连续点上农户提供便利的交通服务。因此，农户数量、分散程度及利益相似性影响村内道路的供给制度安排。农户数量较少、居住集中、利益相近等会减少协调谈判成本，容易形成稳定一致的集体行动，村内道路建设与管护容易达成。

四、村内道路建管的制度变迁

新中国成立以来，村内道路建设与管护大致经过了四个阶段。

一是新中国成立初期的村集体自我供给阶段（1949—1957 年）。新中国成立初期，我国首要任务是恢复和发展农业生产。我国首先是进行土地改革，实现“耕者有其田”。由于小农经济基础十分薄弱，生产工具落后，我国开始对农业进行社会主义改造，相继成立农业生产互助组、初级社和高级社。同时，我国实行工业化强国战略，从农业和农村提取资源为重工业发展积累资本。这一时期，村内道路停留在局部、小范围、自发式建设阶段，主要是靠农民自我供给，通过将农民在较大范围内积极地动员和组织起来，走用劳动力最大限度替代资金的道路。

二是人民公社时期的公社统一供给阶段（1958—1978 年）。1958 年，我国对原有的农业合作经济进行改造，建立了人民公社体制。人民公社既是中国政权的基层组织，也是经济组织，是“政社合一”的组织形式，承担着政治与经济两方面的建设任务。人民公社用“财政包干”的财政管理办法取代了原来的乡镇人民政府财政体制，因此，该时期村内道路建设与管护没有进入国家公共财政收入系统，仍以人民公社为主体。但人民公社具有统一管理劳动力、大规模调动劳动力的权力，因而可以组织大量劳动力参与村内道路建设。同时，在高度集权的严格计划经济体制条件下，村内道路建设与管护实行的是自上而下的供给决策机制，农民没有需求表达权。

三是改革开放后村集体自我供给阶段（1979—2005 年）。改革开放后，随着家庭联产承包责任制的兴起，乡镇政权机构建立。乡镇政府只行使农村基层政权机构的政权职能，远不能像人民公社那样组织调动农村劳动力，而且分税制改革后乡镇财力明显下降。农民已经成为独立的生产经营主体，村集体也无法有效调动农村劳动力。为扩大财税来源，国家也允许镇村征收一些税费。如村级组织可以对农民收取“三提五统”（“三提”包括公积金、公益金和管理费，“五统”包括乡村两级办学、计划生育、优抚、民兵训练、修建乡村道路等民办公助事业）。这一阶段，虽然村内道路建设由镇村组织实施，但“羊毛出在羊身上”，建设资金归根还是来自农民。村内道路建设仍然承袭了以往时代的自上而下的决策机制，但对于一些经济发达地区的村集体，村干部在村内道路建设中有了一定的决策权。同时，随着农民变成独立的生产经营主体后，农民逐渐有了自己对村内道路建设与管护的需求意识。

四是农村税费改革后中央政府资助、多元供给阶段（2006 年至今）。为切实减轻农民负担，2006 年我国全面取消农业税，取消“三提五统”。为破解村内道路建设资金缺乏问题，2008 年，我国推行村级公益事业建设“一事一议”财政奖补试点工作，对农村基础设施建设进行财政补助。由于村民“一事一议”自筹资金常常不足以应付，村内道路建设往往需要政府项目资金的辅助或者通过其他途径支撑（如乡贤捐款、企业捐款等），投资主体实现多元化。通过“一事一议”的方式，村民表达需求偏好的渠道更加畅通、机制更加规范，一定程度上实现了村内道路建设决策的自主性。

五、村内道路建设与管护的现状与问题分析

（一）村内道路建管的典型模式

各地结合自身实际，积极探索村内道路建管模式，主要可以分为以下几种类型。

1. 专项资金为主建设模式

该模式在贫困村较为典型。村内道路建设的资金主要来自政府财政专项资金，其他渠道资金为辅。如江苏徐州 A 村是省级贫困村，2018 年村集体经济收入约 20 万元左右。2018 年该村筹资 60 万元，其中 50 万元是“一事一议”财政奖补省考核奖励资金，10 万元为省级对口支援单位支持、“一事一议”筹资筹劳（贫困户）和村民捐款。村内道路建设都是由镇政府相关部门到农村产权交易市场平台上进行立项、招标、双方签合同（村集体与施工方），县审计部门审计后算正式完成。2018 年共修村内水泥路 800 米，路宽 3.5 米。

2. 财政全兜底模式

该模式在拆迁改造村较为典型。2018 年开始，江苏省大力推进“苏北农村集中居住”工程，每年投入约 100 亿元财政资金建设新型村社区，涵盖村内道路建设等。苏南地区政府自掏腰包，自主推进“农村住房条件改善”工程，包括村内道路改造提升等。2017 年，无锡市出台《关于加强和改进农村住房建设管理的意见（试行）》，要求各区县全面加强和改进农村住房建设工作。无锡市锡山区将在 2020 年前完成对全区 1 000 个左右的自然村进行改造，落实水、电、路、气建设，每个村基础设施建设补助标准为 20 万元/户。这些村的村内道路建设决策、投融资、建设等由政府全包。

3. 社会资本分摊建设成本模式

该模式在旅游村等资源型村庄较为普遍，一般由村集体具体负责村内道路建设与管护，通过改善基础设施吸引社会资本，进而实现建设成本向社会分摊。如无锡市锡山区东港镇山联村，是首批全国乡村旅游重点村，通过发展旅游特色产业，做好村内道路建设，吸引社会资本进入村内投资。该村村书记在 20 世纪 90 年代筹资 200 万元修建村内道路，有力带动当地菊花产业发展，并吸引多家农家乐进驻，取得显著的投资收益，每年光房屋租金就达到 300 多万元，有效分摊了村庄基础设施建设成本。2018 年，该村又将农户闲置宅基地

使用权统一流转给工商资本建民宿经营，农民每年可稳定获得 2 万元租金，20 年租期结束后宅基地使用权和民宿所有权归农民。

（二）村内道路建设与管护存在的问题

1. 缺乏科学规划，未能形成路网协同效应

村内道路规划设计应与当地的时空信息紧密结合。一些地区村内道路建设与乡村公路建设不匹配，无法相互衔接形成健全的农村公路网络，没有形成良好的协同效应，没有将各自优势充分发挥形成规模效应。一些地区村内公路建设与配套设施在资金分配、施工工期安排等存在不合理的现象，如在资金不够丰裕的情况下，排水沟等配套设施没有与村内道路建设同步完成，阻碍了村内道路服务功能的充分发挥。此外，自然村之间的村内道路建设条块分割，无法形成系统化、规模化，难以实现资源配置的规模效应。

2. 建设资金缺口大，村内道路建设项目难落实

2018 年，江苏省“一事一议”省级财政资金奖补额度为 13 亿元，平均每县奖补资金近 2 000 万元，项目内容近 80%是村内道路。县（市）按“一次规划、分年实施”的要求建立项目库，每年覆盖 1/3 行政村。虽然政府财政投入力度非常大，但是对老百姓的道路需求而言，资金缺口仍然非常大。据相关村书记介绍，政府的奖补资金每三年才能享受一次，享受当年也只能修 500～800 米，难以满足村民出行需求。虽然村内道路建设的决策村民一致认同，也愿意参与“一事一议”筹资筹劳，但是在具体落实先修哪条路时，村民之间往往存在较大分歧，协调难度大。总体而言，村内道路是“好决策、难落实”“好出资、难协调”。

3. 重建轻管现象普遍，村内道路建设的长期效益弱化

健全的管护机制是促进村内道路可持续利用的关键。从调研情况看，目前农村对村内道路建设普遍存在重建轻管的现象，大部分村庄没有专人或专门的资金用于管护。村干部对村内道路管护的意识也不强，被问及村内道路的管护问题时，大多只能想到道路保洁。此外，缺乏可持续的道路管护资金投入是造成道路无人管护的重要原因。除了在苏南等发达地区村集体收入较好的村以外，其他绝大部分村庄没有集体收入，村内道路建设后期管护受资金约束，影响使用期限，弱化项目效益。

4. 农民参与度不够，主人翁意识没有充分发挥

长期以来，我国农村居民一直扮演着“被动接受”的角色。虽然，近年来随着农村基础设施建设“一事一议”财政奖补项目的实施推广，村民参政议政的话语权和积极性得到了明显的提高。但是，由于优秀人才和青壮年农村劳动力的外流，以及自身文化程度和综合素质的限制，大多数农民在参与决策时，一般都是从短期收益和自身利益出发。此外，村民的重心更多在自身的家庭和事业发展，主动关心村庄发展、参与建设决策的积极性还不够高，很少表达自己的需求偏好。

5. 监督管理不够，缺少“事前”“事后”的科学评价

村内道路建设“一事一议”项目虽然通过了召开村民代表会、公开公示等必要的程序，但因缺乏专业团队的事前评价，难以保证建设规划、施工方案等的规范化和科学性，容易造成项目实施的随意性和主观性。同时，村内道路建设资金来源渠道多、项目总体规模较小，工程概算、预决算及监理程序比较弱化，多数工程缺乏工程量的详细核算，难以用统一标准对项目建设质量进行现场勘验，也给工程造价审核造成较大困难，项目工程质量和资金投入的合理性难以客观地事后评价。

六、国外的经验做法

目前，国外还没有专门针对村内道路建设与管护的做法经验，但是在其他领域如农田水利、农村公路等基础设施建设方面的做法经验仍然值得借鉴。

（一）重视立法，强化投入的法律保障

美国1902年通过《开垦法》授权成立专门基金，用于建设水库、水坝及灌溉需要的水渠系统；1933年通过《农业信贷法》成立了合作银行，进行有力的资金支持。日本通过制定《农业投入法》，在中央财政预算中设立“农业现代化资金”项目，强化财政对农业的投入，加强农田水利、农村道路、农村电力的建设。韩国2003年修改的《农村振兴法》规定了政府对于实施乡村振兴事业的地方自治团体、学校、民间团体或者个人，在认为有必要时可在预算范围内支付资助金或补助金。

（二）多元投入，以政府财政投入为主

美国政府在农村公路建设中负责建设连接农村与城市覆盖全国的公路网，地方政府是投资兴建农村公路的主体，其资金来源于政府财政拨款和税收，通常情况下是征收公路税。美国政府对农业投资实行税收优惠，鼓励农场主投资农业基础设施。美国的农业投资税收减免可达到应税收入的48%，农业投资被认为是农场主合法的“避税所”。日本政府的农村基本建设预算占农业预算的比重基本在50%以上。在农田水利等基础建设方面，农业财政制度上有“公共事业”补助制度，其工程费用的70%～80%由各级政府以补助费的形式

承担。韩国在“新村运动”中，政府资助基础设施建设的比例很高，基本在20%以上，最高达到60%。

（三）民主决策，让农民参与设施建设

韩国政府始终注意让农民自己办事、自己管事，发挥农民的主动性和积极性。韩国各级政府为了得到合理的规划，广泛征求农民意见，以农民的建议作为制定规划的依据，来确定关于水利灌溉、道路交通、电力网络等基础设施建设的方案。农民通过兴建会馆来进行村民间、村民与政府间的沟通与交流。政府确定若干项目，包括道路硬化、农田水利设施建设等，由村民讨论选择最急需的项目，并选举一个项目建设指导者。日本农协是由单独农户自愿联合的群众经济组织，是代表农民利益的组织，日本 3 000 多个村都建立了农协基层组织，代表农民积极参与农村基础设施建设。

七、我国村内道路建管机制的有效路径

加快推进村内道路建设，建立符合国情农情的管护体制机制是改善农村人居环境、推进乡村振兴的重大任务。为此，提出以下对策建议：

（一）规划先行，提高村内道路供给效率

村内道路规划设计必须与当地时空信息有机结合。一方面，村内道路建设规划应与村庄规划相协调，使其成为乡村总体规划的有机组成部分；另一方面，村内道路建设应注重农村公路网络协调性，充分考虑村庄内外部道路网络的系统性，使农村公路建设连成片、结成网，形成规模化、系统化。村内道路建设可采取政府补助、合同承包等多样化的供给服务方式，有效降低政府运营成本。完善村内道路建设的民主决策机制，突出农民主体地位，充分保障农民决策权、知情权、参与权和监督权，建立自下而上的需求传达机制。

（二）多元投入，积极引入社会投资建设主体

加快形成以中央和地方政府的公共财政为主、市场力量供给为辅、当地农民适当参与的多元化投资格局，保障村内道路建设资金来源。继续加大中央和地方财政投入，每年在农村基础设施建设资金中划出一定比例用于村内道路建设，并与财政收入同步增长。地方政府要强化整合来自上级不同部门的项目资金，统筹规划，充分发挥财政资金的聚集效应和规模效益。此外，积极引导社会资本参与到村内道路建设，研究制定相关优惠政策，创新融资主体，丰富融

资模式，拓展融资渠道，充分利用工商资本、银行贷款、社会捐赠等资金投入村内道路建设。

（三）建管并重，加快建立健全道路管护制度

在加大村内道路建设的同时，加快建立健全“有路必管、有路必养”的管护制度，明确管护主体、管护责任、管护范围等。通过宣传、培训等方式增强农民对村内道路管护的意识，设计合理的渠道和机制，让农民有积极性参与管护，利用社区道德规范引导农户自愿合作，爱护村内道路。探索建立村内道路“路长制”，在镇村两级中逐层签订维护与管理的目标责任制，分解具体任务，保证任务明确、奖惩分明、保障有力。因地制宜发展多种形式的管护组织，将村内道路的管护纳入专业的管护组织之下，提高管护水平。强化村内道路管护资金的落实，以县乡两级地方政府为主，每年根据村内道路建设里程，在农村基础设施建设资金中划出一定比例支撑。

（四）强化监督，确保村内道路建得好质量高

政府和村两委要充分发挥自身的管理优势，切实为农村基础设施建设把好“质量关”“资金关”。加强村内道路建设的事前评价。要充分发挥财政、农业、住建等部门职能作用，引入社会第三方专业团队积极参与，探索建立必要的事前论证和评价工作机制。针对项目规模小、施工环境差异大、资金来源多元化的情况，要依托镇级政府探索建立必要的工程监理机制，并完善工程造价手续与结算制度，必要时可聘请商业性的第三方审计机构，为提高村内道路建设质量和资金使用效果创造更好的条件。此外，还可以组织当地具有一定社会影响力、热心公共事业的农民参与村内道路建设工程资金使用和质量监督等。

参 考 文 献

[1] 刘建水，毛世平．村内道路建设与管护情况调查［J］．当代农村财经，2019（2）：13－16.

[2] 王启荣．关于农村道路建设和管护的探讨［J］．农业开发与装备，2015（7）：99.

[3] 甘娟，朱玉春．民间资本介入农村基础设施研究——基于晋陕蒙资源富集区31个乡镇的调查［J］．经济问题探索，2011（11）：153－158.

[4] 丁毅．农村基础设施PPP项目资产证券化的实施路径、主要问题与政策建议［J］．农业经济问题，2018（10）：94－101.

[5] 何寿奎．农村环境多元共治主体行为逻辑与政策引导机制研究［J］．现代经济探讨，2018（8）：119－126.

[6] 戴炜倬，王栋．政府对农村公共基础设施建设投资的作用机制：短期激励与长期合作——基于地方政府之间晋升博弈视角的分析［J］．农业经济问题，2016（12）：

55-62.
[7] 吴清华，冯中朝，李谷成．农村基础设施供给与管护的国际经验及其启示——以灌溉设施、农村公路为例 [J]．中国农业大学学报，2015 (4)：248-255.
[8] 程冠楠．农村基础设施建设的国际经验 [J]．世界农业，2013 (7)：4-7.
[9] 何凌霄，等．制度规则与干群关系：破解农村基础设施管护行动的困境——基于 IAD 框架的农户管护意愿研究 [J]．农业经济问题，2017 (1)：9-21，110.

乡村文化传承

乡村振兴战略背景下乡村优秀文化功能传承研究[*]

习近平总书记明确指出：乡村文化是中华民族文明史的主体，村庄是这种文明的载体，耕读文明是我们的软实力。新时代乡村文化事业需要重点强化乡村优秀文化传承功能，依托乡村这一重要载体，在乡村生产和生活实践中实现传统文化和农耕文明的涵养与发展。然而快速推进的工业化、城镇化进程，给乡村优秀传统文化的稳定性、完整性、延续性带来前所未有的冲击，乡村文化功能传承出现式微危机。随着乡村文化振兴的加速推进，做好乡村文化和农耕文明的发掘传承和保护利用，不断发展完善乡村优秀传统文化功能传承刻不容缓。

一、新时期乡村优秀文化的功能与载体

文化具有教化、控制、调节、凝聚和审美的社会功能，且作为认识的基础、中介和多样化的原因具有深刻的历史社会性。乡村优秀文化功能丰富，比如，传统文化中家训能提高教化对象的独立生存能力、促进家族共同利益的实现；农耕文化可以为现代化进程中农业可持续发展提供理念启示，民族文化可以凝聚族群、丰富文化多样性。在时间维度上具有传承、演变和创新功能，空间维度上具有地域文化存储与横向支撑功能，结构维度上具有对村落成员的规范、村落共同体的整合与国家相互支撑功能。从文化治理出发，乡村优秀文化还具有治理的功能，是国家治理体系现代化必不可缺的一部分。

乡村优秀文化与乡村振兴战略具有目标耦合的特征。当中国进入到城市反

---

* 课题主持人：袁方成，华中师范大学政治与国际关系学院。

哺农村的新阶段，乡村振兴战略的适时提出不仅给乡村优秀文化提供了新的发展机遇，也为乡村文化赋予新的时代功能内涵。从文化治理的视角审视乡村文化建设，乡村文化发展具有经济、社会、政治和生态的多重面孔和价值，以此为标准可以从乡村文化体系中离析出乡村文化产业、伦理文化、自治文化、农耕文化四个子系统，并分别对应“产业兴旺、乡风文明、治理有效、生态宜居”的振兴目标。

乡村是优秀传统文化的重要载体，乡村优秀传统文化功能的实现和体现及传承体系需要构造更为具象的途径和方式，即文化场域、文化景观、艺术形式等物质资料与文化活动。这些乡村优秀文化功能的具象要素给予文化传承以现存的条件。文化载体类型可划分如下：一类是文化景观、文化场域等具象性的物质实体，如古村落布局、古建筑（戏台、祠堂、礼堂）及宣传栏、村学、文化体育广场和集镇中心等物质资料载体；一类是文化产品类等精神文化创造品，如书籍、石刻、石雕、木雕等文化产品；另一类则是带有鲜明文化印记和标志的文化习惯、习俗和衍生品，如特色菜系、特色风俗、地方语言及文字等。当前还需要格外重视所谓“具象”背后文化层面的理念、知识及制度等元素，如家风、家规、家训等传统乡村社会中的村规民约、生活习俗、行为方式、思想觉悟、生活风尚等，作为乡民精神信仰、价值观念、思维方式的集中体现，是乡村社会的“隐性文化”。

二、乡村优秀文化的传承困境

乡村优秀文化作为中国优秀传承文化的载体，对国家和社会的发展变迁起着重要的形塑作用。改革开放后，伴随市场经济的发展，乡村社会的发展与巨变同时带来了乡土文化的价值冲突和认同缺失，乡村优秀文化随之呈现出式微趋势，这种状态造成了乡村文化功能的传承困境。

（一）“破坏有余”和“重建不够”

“破坏有余”是指工业化、城镇化带来的过度开发以及对传统乡村秩序的打破，一些传统村落在大拆大建中失去原有风貌，一些乡村“人去屋空”导致乡村文化传承断层。而“重建不够”则是指乡村文化在现代化的建设中存在着价值迷失和认同危机，具有时代特点和地域特色的乡村文化价值培育不足。

（二）乡村优秀文化边缘化明显

随着工业化、城镇化的快速推进，乡村文化式微也体现在转型发展的乡村社会中乡村文化的边缘化。一方面是乡村空心化导致乡村文化传承断层。出现这种情况的根源是乡村社会人口单向流出所致。人是文化基因的载体，村民如果都离开了原有的生存环境，又何谈乡村文化的保护传承？另一方面是乡村边缘化导致乡村优秀文化话语权缺失。在现有的文化体系中人为地将乡村文化与城市文化放在不平等的天平上，从而导致乡村文化话语权逐渐消解。乡村原有的生产方式、思维方式、人际关系悄然发生变化，长期下去可能导致乡村文化传承体系解体。

（三）乡村优秀文化脱域化严重

脱域化是指在对乡村文化的保护传承、开发利用中脱离了其赖以生存的文化环境（文化空间），或者在对乡土文化的外来“植入”中忽略了乡村社会原有的文化环境，以至于文化意义发生了根本性的变化。其一体现为乡土文化在开发利用中的脱域化。当乡民因能力、资本等条件约束不能对当地文化资源进行创造性转化，地方政府通过招商引资的方式对民族文化资源进行开发利用，那些实力强大的金融集团“另起炉灶”“异地重构”乡村文化。脱域的乡村文化资源开发使得原生文化空间遭受破坏，其文化遗产的形态发生改变。其二体现为文化植入与乡土原生环境的脱域化。在新的文化“植入”过程中应当充分考虑该文化要素对乡土文化环境的适应性，但行为主体（比如开发商）在乡村文化的“嫁接”中具有很大的随意性，破坏了乡村文化系统的生态环境。

（四）乡土文化碎片化突出

一方面是文化发展过程出现“自为”的碎片化。乡村文化并非一成不变，而是随着社会发展变化按照自身的运行逻辑进行有序的文化演化，可以说文化的新旧更替与推陈出新是文化发展的客观规律。在乡村社会发展中，部分文化要素的功能已经发生根本性的变化，不再构成乡民生产生活需要，例如侗族的火塘和鼓楼、苗族的婚恋习俗、土家族传统编织工艺等文化要素都出现不同程度地衰退，“自为”地散落在乡村中。另一方面则是人为的因素导致乡村优秀文化的碎片化。首先，部分文化要素因人的选择在新的文化环境中失去了生存土壤，文化要素的功能处于停滞状态。其次，人为的选择性保护也会导致文化碎片化。如在保护中往往只注重保护某一文化事项或过分重视文化的经济功能，忽略了对该文化事项密切关联的文化基因及文化空间的保护。

三、乡村优秀文化传承困境的成因分析

在当前城镇化进程中，乡村产业的空心化、农村居民思想观念的转变与乡村开发方式过于粗放使得乡村优秀传统文化传承无法应对城市文化的大量涌

入。与此类似，当前优秀传统文化效用的困境在于市场经济的引入和对传统乡村文化的挤压，这导致了传统乡村文化的削弱。

（一）农村产业“空心化”是首要原因

改革开放以来，城市发展速度大大快于农村，使得更多农村青壮年劳动力借助打工、读书等形式流入城市，而流回几率很小，原有农村居民年纪渐长，传统文化手艺无人继承，导致乡村产业传承难以为继。历经千百年形成的地方特色手艺与文化，正是乡村文化的重要内核，如果得不到有效传承，乡村产业发展就如同无源之水、无本之木。

（二）农村居民思想观念的转变是内在原因

在农村传统文化与经济发展不平衡的大环境之下，村民的传统文化价值、思想观念受到冲击，传统文化传承意识比较淡薄。再加上个别地方基层只顾埋头搞经济建设，缺乏文化引导和资金投入，致使农民群体容易受到不良思想影响。传统文化无法继续依靠原本乡土社会的文化得到传承，如此一来，乡村传统文化的保护与传承就难以持续进行，加之近年来乡村高素质劳动力大量外出，乡村文化传承日渐式微。

（三）乡村开发方式过于粗放是关键原因

个别地方在推进乡村产业发展以及城镇化过程中，过于盲目照搬其他地方的经验，导致发展理念与当地实际不相适宜，外来文化不能落地，当地文化受到冲击，最终形成了产业布局“四不像”的局面。以旅游业为例，部分地区多沉迷于采摘、农家乐等单一发展形式，使得乡村旅游业发展模式比较单一。

（四）内外文化冲突是重要原因

从传统走向现代、从农业国家走向工业国家是中国当代治理的主题，传统文化面临着重要的演变机遇。在现代化过程中，乡土文化与西方文化必然面临冲突。改革开放后，市场经济推动了村庄社会的变革，村庄文化直接面对外部文化的冲击。外部文化的冲击并不可怕，可怕的是冲击力量远远大于传统文化自我形塑力量。现代文化、城市文化没有内化为村庄文化，反而逐步渗透和取代乡村传统文化。传统文化自我演化的环境在外部文化的冲击下失去平衡甚至消解。

（五）农民主体地位重视不够是直接原因

长期以来，不少地方政府扮演文化治理的决策者和执行者角色，政府文化职能的错位削弱了基层群众的主体性和能动性，加之对乡民乡土文化自觉培育的忽视，使得乡村地区公共文化治理与文化传承对政府依赖性强，基层文化活力不足。政府“送文化”的制度职能习惯，不仅忽视了农耕文化、民俗文化、地域文化、传统文化、少数民族文化的活力和自觉性，而且存在对群众文化选择能力重视不够，将乡村农民群体单纯地视为公共文化的受惠者，忽略了其在公共文化治理中的主体性和传承发展自身文化的自觉力。“只输入、不培育”式的文化供给方式，使群众过度依赖政府。

四、乡村振兴背景下优秀文化功能传承的政策建议

在新时代乡村振兴和国家治理现代化的时代背景和社会主要矛盾转型的现实社会背景下，国内各地区创造性地开展了传承乡村优秀传统文化的实践。如湖北省京山市先树立了“四位一体”的均等化理念，整体提升乡村农耕文化区公共文化设施和水平，随后针对农耕文化活力弱化、公共文化空间凝聚力不强的问题，通过“广场+”的传承方式重塑农村公共文化空间；利川市通过建立“平台自建、人才内生、资源内生、产品自足、机制内生”的市、乡镇、村三级阶梯“种文化”制度体系来传承少数民族优秀文化；安徽省绩溪县则通过全面实施“文旅强县”战略来加强传统文化、文物的保护、传承和弘扬。各地的实践表明，在乡村振兴战略的新场景下，传承乡村优秀文化、有效发挥文化功能、全面振兴乡村文化需要多维创新，乡村文化的传承与弘扬需要多元主体参与，多种方式推进，多样内容发展，以真正实现乡村文化的复兴。

（一）优化乡村公共文化服务体系

一是健全乡村公共文化服务设施网络。公共文化服务基础设施网络是提供公共文化服务与文化传承的重要载体和平台，而乡村公共文化服务设施网络一直是我国现代公共文化服务体系建设的短板。在乡村振兴的背景和要求下需要加快推进乡村公共文化服务标准化建设、乡村公共文化服务数字化建设、城乡公共文化服务均等化建设，进而实现乡村现代公共文化服务体系的跨越式发展。

二是优化乡村公共文化服务供给体系。为了满足人民群众日益增长的多样化的文化需求，向不同群体以多样化的方式提供不同层次的文化产品和服务，需要不断优化乡村公共文化服务供给体系，积极构建供给主体多元化、供给内容多元化和供给方式多元化的乡村公共文化服务多元供给体系。通过激发多元主体活力，融合多元文化内容，创新多种服务方式，进而推动乡村公共文化服务的精准化、均等化、高效化发展，使乡村居民有更多的文化获得感和文化幸福感。

三是统筹城乡公共文化服务融合发展机制。乡村振兴中的公共文化服务体系建设需要以市县为统筹，建立城乡文化人才的保障和交流机制、城乡文化内容的学习和互动机制、城乡文化场馆的支持和指导机制，不断推进城乡公共文化服务均等与融合发展，以促进城乡文化资源互通，优势互补。

（二）完善乡村优秀文化传承体系

一是活态化保护。对乡村优秀文化遗产的保护最有效的保护是活态化保护，让文化生态在流传中继承，在展示中保护，在利用中发展。要大力保护乡村传统文化赖以生存的文化生态空间，积极推进乡村农耕文化遗产的活态传承，继承性发展是活态遗产保护中最重要的原则，要健全职业学校培育，传习基地，确保农耕文化后继有人。充分挖掘文化遗产的现代价值，保证地域文化遗产地的农民能够不断从地域文化遗产保护中获得经济、生态和社会效益，确保在地农民不断参与到地域文化遗产的保护工作中。

二是开发式传承。通过产业化开发，不仅可以让更多人体验乡村优秀文化的魅力，也为乡村文化的传承带来了活水之源。建立一套科学的乡村优秀文化资源评估指标体系，为区域文化产业化开发提供科学的资源数据和开发模式。积极把现代信息科技技术融入到乡村优秀文化产品开发中去，确立区域乡村优秀文化主导产业，打造区域文化品牌，乡村优秀文化具有较强的地域性和区域特征，每个地区都具自己独特的文化资源和文化特色。

三是整合式创新。要实现乡村优秀文化的可持续创新，首先要加强文化的内容整合创新，形成有竞争力的文化产品，实现优秀功能的可持续传承；其次要促进文化与科技的整合创新，以科技赋予乡村优秀传统文化现代产品形式，以提升乡村文化对青年一代的吸引力；最后，要强化对乡村优秀文化的价值整合创新，乡村优秀文化具有政治、经济、社会和生态价值，只有对这些价值进行整合创新，融入到地域文化产品的开发和保护之中，才能真正实现文化价值和文化功能效用的最大化。

（三）建构乡村现代文化产业体系

一是健全文化产业发展政策。应加快完善与乡村振兴战略相配套的乡村文化产业发展专项政策，包括税收优惠政策、人才培养政策、试点创新政策等，以专项政策推动落实；加快建立乡村文化产业政策的资金（包括乡村文化产业引导基金、乡村文化产业双创基金）支持平台，以专项资金进行扶持；把乡村文化产业政策实施状况纳入县、乡政府考核指标，并建立相应的激励机制。

二是创新文化产业发展机制。应进一步创新乡村文化产业发展的主体培育机制，通过内部孵化和外部引入，培育多元文化产业发展主体；创新乡村文化产业的政府引导机制，构建合理收益的回报机制和风险规避机制，创新宣传引导和示范引导机制，引导多元资金和人才进入乡村文化产业；创新乡村文化资源整合机制，通过创意整合、技术整合，形成地方文化产业品牌。

三是优化文化产业发展路径。实现由文化资源驱动向文化创新驱动的路径转变，抛弃文化资源粗放式开发模式。实现由单一型发展向融合型发展的路径转变，打开思路把乡村文化资源融入现代农业发展、乡村振兴之中。实现由依靠内生文化资源发展向吸收多元文化资源发展的路径转变，以地域为特色，兼收并用。注重现代技术的引用，把乡村文化产业和数字技术、互联网技术相结合。

（四）创新乡村现代文化治理体系

一是促进乡村优秀文化治理多元主体合作。政府部门、企事业单位、文化自治组织、专家、公民之间在平等合作的关系框架下，社会各方共同参与乡村文化事务管理和服务。尤其是要在乡村文化治理中，进一步完善党委领导、政府负责、社会协同、公众参与、法治保障的文化治理体制。同时借鉴传统的文化组织方式和文化理事会等治理机制和平台，构建适应乡村社会发展的文化治理平台。

二是优化乡村优秀文化治理技术。需要加快乡村文化空间的建设，在乡村文化空间的日常运作中赋予文化治理的内涵；优化乡村文化组织孵化技术，加快孵化更加多样化的乡村文化组织；优化乡村文化内容展示技术，以更易于群众接受的方式展示文化内容；优化乡村文化传习技术，让优秀的乡村文化得以传承和发扬。

三是提升乡村优秀文化治理能力。乡村文化治理的发展意在乡村社会构建一种稳定持久的文化治理能力，文化治理能力作为文化治理主体通过文化治理机制和文化治理技术所生产出的文化力，它连接着文化主体与文化客体，贯穿于文化形式与文化内容。因此需要不断提高乡村文化价值的先进性以提升文化引领能力，不断提高乡村文化意象的凝聚力以提升文化认同能力，不断提高乡村文化治理的包容性以提升文化共治能力。

（五）文化要素抢救性保护与传承

一是对村落古建筑等进行抢救性保护。古村落的保护应立足于古村落历史的悠久性，要对古村落的完整性、建筑的乡土性、环境的协调性和典型文化的传承等方面进行全面的保护。文化传承和保护应注意对村落历史、自然环境、人物和建筑背后的故事和记忆进行抢救挖掘。古村落不但保持古建筑完整如初，而且要保持村落文化的完整性，特别是村落的宗法观念、民俗活动、乡土节日、行为礼仪等，更需要去关注和记载，大力展示古村落文化。

二是对古村落的保护要坚持政府主导。古村落的保护是一项系统工程，涉及多方的利益，需要各类专业人才和资金投入，需坚持政府主导。首先要制定全面的规划，如建立村落名录或网站、设立古村落保护的专项资金等。其次，要有科学具体的保护方法，可根据不同的村落情况去建立不同的保护方法，有的实施政府和村落居住者共同“托管”，要给村落建立保护“缓冲区”，要寻找和实施村落整体保护和科学保护。此外，还要建立专业的村落和村落文化保护队伍。

三是对古村落的保护与开发要适应民生。要从实际出发改善村落人居环境，提升基础设施和公共服务设施标准。对古村落的保护和文化传承不能片面地理解为一成不变。完善的农村基础设施是农村经济社会持续发展、农民生产生活改善、传统文化保持活力的重要物质基础，同时，开展古村落基础设施改造应该以保护古村的整体风貌为前提，进而不断改善居住环境。

参 考 文 献

[1] 胡彬彬，李向军，王晓波．中国传统村落保护调查报告［M］．北京：社会科学文献出版社，2017．

[2] 郭长华．传统家训的文化功能论略［J］．河南社会科学，2008（4）：180－182．

[3] 吴理财．文化治理的三张面孔［J］．华中师范大学学报（人文社会科学版），2014（1）：58－68．

[4] 叶志坚．文化功能论［J］．中共福建省委党校学报，2003（10）：33－37．

[5] 黎帅．民办博物馆：中华优秀传统文化传承重要场域［J］．中南民族大学学报（人文社会科学版），2018（4）：48－51．

[6] 吴理财，解胜利．文化治理视角下的乡村文化振兴：价值耦合与体系建构［J］．华中农业大学学报（社会科学版），2019（1）：16－23，162－163．

[7] 赵霞．传统乡村文化的秩序危机与价值重建［J］．中国农村观察，2011（3）：80－86．

[8] 赵旭东，孙笑非．中国乡村文化的再生产——基于一种文化转型观念的再思考［J］．南京农业大学学报（社会科学版），2017（1）：119－127，148．

[9] 吕宾．乡村振兴视域下乡村文化重塑的必要性、困境与路径［J］．求实，2019（2）：97－108，112．

[10] 高静，王志章．改革开放 40 年：中国乡村文化的变迁逻辑、振兴路径与制度构建［J］．农业经济问题，2019（3）：49－60．

[11] 李佳．乡土社会变局与乡村文化再生产［J］．中国农村观察，2012（4）：70－75，91，95．

[12] 赵建军，胡春立．美丽中国视野下的乡村文化重塑［J］．中国特色社会主义研究，2016（6）：49－53．

乡村特色民间歌舞传承问题研究*

在“乡村振兴”国家战略的指引下，充分重视与保护传承乡村特色民间歌舞，不仅可以积极传承中华农业文明，而且可以以此为抓手，推动乡村文化的有效传承、乡风文明的积极改善、农民经济收入的显著增加，推进乡村振兴战略落地生根，稳步向前。

一、乡村特色民间歌舞的内涵特征

乡村特色民间歌舞普遍具有朴实自然、形式丰富、表演生动等诸多外在特点，与乡村文化之间有着深厚的渊源和千丝万缕的联系，具有一些典型的内涵特征。

（一）起源于农业生产，是农耕文化的组成

乡村特色民间歌舞起源于人类的劳作。民歌起源于田间地头的劳动号子，是劳动人民在劳作过程和劳作间隙的娱乐休憩方式，包含了劳动经验和劳动情感的总结。民间歌舞则常常诞生于劳作的肢体动作，具有象征性。以民间歌舞为代表的乡村文化正是支撑农业生产体系的重要部分，与农业文化遗产紧密相连。传承农业文化遗产，就是传承农耕文化，其中必然包括传承乡村特色民间歌舞。

（二）植根于农业社会，是乡村文化的表征

乡村特色民间歌舞在乡村文化土壤里孕育、成长，其特征正逐步融入乡村文化甚至地域文化的特征之中，如山东鼓子秧歌，将儒学精神展现得淋漓尽致，充分体现了齐鲁文化的精髓。乡村特色歌舞受主流思潮的变化和其他文化的影响往往会发生变化，导致民间歌舞的内涵和外在形式产生变化，进而促进了乡村文化的变化与发展。与此同时，民间歌舞随着乡村文化的发展变化而不断变化、丰富，它能够极大地反映乡村民众在不同时期、不同的生产生活模式下的精神状态，并使得乡村文化的外在属性有了自己的特点。

---

* 课题主持人：唐勇，湖南农业大学体育艺术学院。

（三）繁荣于农村活动，是民俗活动的典型

民俗，即民间风俗，指一个国家或民族中广大民众创造、享用和传承的生活文化。民间歌舞常常是民俗活动不可或缺的部分，其创作过程都以民俗为依托，与民俗活动息息相关，往往具有多重的精神寄托。在民俗活动的开展过程中，民间歌舞得到了极大的推广和繁荣，并保证了民间歌舞的继承，乡村特色民间歌舞与民俗活动紧密相连，并表现出了与民俗活动非常相似的内涵特征。

（四）依附于农村民众，是集体情感的表达

民间歌舞是人民群众共同创造、共同演绎、共同发扬和共同继承的，在这一过程中，民间歌舞使得乡村民众的情绪得到了极大的释放，娱乐性得到了充分展示。民间歌舞离不开乡村民众集体，它在一定程度上依附于民众的文化自觉，是一定时期民众集体情感的直接表达。

二、乡村特色民间歌舞传承的时代价值

（一）保障传统文化继承的需要

乡村特色民间歌舞早已成为民族、民间和民俗文化中的重要类别，成为中华传统文化传承的重要载体。乡村特色民间歌舞中包含的中华礼仪文化、中国传统哲学思想、中国美学思想已经成为中华传统文化中闪亮且不可磨灭的重要组成，同时也与社会主义核心价值观一脉相承。对乡村特色民间歌舞进行发掘、整理、传承和开发，就能确保中华传统文化在农村的有效继承。

（二）确保乡村文化繁荣的需要

加快农村文化建设意义重大，只有乡村文化繁荣了，才能真正实现全国文化大繁荣。满足农民基本文化需求是社会主义乡村文化建设的基本任务。在农村开展丰富多彩的民间歌舞演出活动，通过民间歌舞输出社会主义核心价值观、主流正能量思想，巩固乡村优秀传统文化阵地，才能满足农民基本文化的需要，缩小城乡文化活动上的差距，让农民真实享受基本的、均等的公共文化艺术服务，确保乡村文化繁荣。

（三）满足农民精神需求的需要

《2019 年国务院政府工作报告》明确提出要“丰富人民群众精神文化生活”，“培育和践行社会主义核心价值观，广泛开展群众性精神文明创建活动”。

现如今，农民的流动性大大增强，农村群体的孤寂感尤为严重，信仰迷茫、精神空虚、道德滑坡逐渐显现。因此，民间特色歌舞活动的传承，是向农民提供乐观向上的文化产品的有效途径，能够充分尊重农民的意愿、满足农民的精神需求，引导农民树立正确的价值观和人生观，重塑正直善良、互助友爱、诚实守信的道德操守。

（四）促进文明乡风形成的需要

随着社会经济的快速发展，常住乡村人口急剧减少，邻里关系不断疏远，一些旧习俗有所抬头，信仰、道德有所滑坡。比如，婚丧嫁娶互相攀比、大操大办，聚众赌博又死灰复燃，迷信陋习屡禁不止等，这些不良社会风气严重影响了乡风文明。通过乡村特色民间歌舞相关活动的开展，能够把从乡村走出的村民、分散的村民在某些民俗节日重新组织起来，在观看歌舞的同时，接受传统文化熏陶，并以此为契机，在轻松愉悦的氛围之中进行思想沟通和感情交流，拉近彼此的距离，进而能修复友善融洽的村民关系，形成良好的文明乡风。

（五）助力文化自信建立的需要

习近平总书记提出，中国共产党人要坚持“四个自信”，即“中国特色社会主义道路自信、理论自信、制度自信、文化自信”。其中文化自信是更基础、更广泛、更深厚的自信。党的十九大报告提出“要坚定文化自信，推动社会主义文化繁荣兴盛”。乡村特色民间歌舞饱含了传统文化和民族精神，许多乡村特色民间歌舞不仅表现当地居民生产生活和娱乐精神，同时还记载和见证了当地先民战天斗地精神的历史，是对先民们顽强拼搏、团结一致、奋发作为的精神传承。对特色民间歌舞进行挖掘与弘扬，能让民众深刻学习和了解本地的、本民族的特色歌舞，能够清晰、深入了解和再认识本地、本民族文化，加深文化认同，助力农民文化自觉和文化自信。

（六）助推农村经济发展的需要

乡村特色民间歌舞中蕴含浓郁的民族习俗与地域特色，是本地区本民族一辈一辈流传下来的珍贵财富，其个性的旋律和表演、丰富的内涵与外延、独特的禀赋和价值等与我国当下实施乡村振兴战略的社会需求不谋而合、紧密契合。对乡村特色民间歌舞的价值进行挖掘，依靠民间歌舞进行相关创新创业，拓展与之相关的各类产业，如开展文化农业、休闲农业等诸多项目，能扩大民间歌舞的影响力，提升农产品附加值，助推经济、生态与文化协调发展，助推农民就业增收，从而真正推进实施乡村振兴战略。

三、乡村特色民间歌舞传承面临的问题

我国乡村文化建设特别是乡村特色民间歌舞的传承发展还相对滞后，传承体系、传承运行机制、产学研协作、产业创新等方面还存在着诸多问题。

（一）保护传承意识淡薄

许多乡村民众对本地区民间歌舞传承的重要性了解不够，往往将民间歌舞作为普通的娱乐方式对待，甚至轻视乡村民间歌舞，认为乡村民间歌舞就是“土文化”，不值得学习和传承。其次对本地区乡土文化了解不够，没有能将民间歌舞放在区域环境的大背景下来看，忽视了特色民间歌舞自身自然的艺术魅力，不懂得传承民间歌舞就是传承本民族本地区的特色文化艺术。在乡村文化旅游产业开发中，存在着重物质、轻文化，重开发、轻保护的功利主义，许多乡村特色民间歌舞长期处于被忽视、被轻视的地位，或者被其他艺术形式影响，导致艺术形式趋同，而不能原汁原味地传承。另外，全社会保护传承民间歌舞的共识尚未形成，一些民间歌舞演出的机会缺乏，保护和传承的观念没能得到有效普及。

（二）内涵研究深度有限

我国乡村文化人才缺乏，县级以下从事文化工作的干部，在深入进行民间歌舞的调研、搜集、整理和保护工作中，缺乏专业知识，很容易出现常识性的问题。在进行乡村特色民间歌舞的研究时，往往局限于小范围、小地域、个别民族地区，而忽略了乡村特色民间歌舞的流动性，不能从更广阔的视野来进行研究，不能从大的地域和全民族的角度去探讨乡村特色民间歌舞的内涵、传承、发展等。其次，在研究乡村特色民间歌舞传承时，往往只重视表演的元素，而忽略了动作内涵、音乐特质的形成、与物质条件的结合等，缺乏区域与区域之间、民族与民族之间的对比研究。

（三）传承载体面临危机

城市的扩张和部分新农村建设的变异，吞噬了部分乡村，再加上许多原生村落消减，一些以村落为载体的特色民间歌舞正在逐渐走向衰亡。一是民间歌舞演出的服饰、道具、布景等缺乏妥善的管理和保存而逐渐丢弃；二是农村群众性公共文化活动场所、文化活动设施年久失修，民间歌舞的演出场所逐渐被破坏，乡村特色民间歌舞正逐步失去传承空间。三是传承人群缺乏。民间歌舞本质是活态的，口传心授往往是其最主要的延续方式，传承人在其中占有重要

的分量。但目前民间歌舞艺人大多在60岁以上，这些老人是农耕时代的典型经历者，是民间歌舞的原生态传承人，但因为改革开放后的大多数年轻人都远离了乡村，农村空心化、空巢化、空壳化现象突出，他们找不到传承人。近些年，虽然返乡农民逐渐增多，但年轻一代普遍缺乏继承本地区、本民族传统文化的意识和兴趣，没有经济效益刺激，民间歌舞传承内生动力不足，仍然后继乏人。

（四）产业开发舍本逐末

民间歌舞的创造性传承不够。民间歌舞的产业化重视产业经济利益，轻视特色民间歌舞的保护，过多地关注舞台艺术表现形式，不能找准民间歌舞与现代生活的融合点进行创新，为吸引“眼球”生搬硬造歌词和肢体动作，在产业上为迎合观众，随意创作改变民间歌舞的原生态风貌，将流行的歌舞元素渗透其中，极大地伤害了民间歌舞的本体，使得部分民间歌舞失去了原本的特色，随产业化而面目全非或者名存实亡。

（五）传承机制亟待完善

特色民间歌舞传承以村民自发组织为主，路径和方式较单一，而参与者流动性强，组织较涣散，村民的行为往往受到经济利益驱使，主动实施常常变成了被动驱使，部分村组干部的素质和能力决定了当地特色民间歌舞的保护传承态度，村组织的自发投入明显不足。除村民组织外，各级政府参与较少，部分政府组织乐于将民间歌舞作为地方特色申报各类项目争取支持，但自身在资金、精力投入上明显缺乏，且相关单位的联动机制未建立，没有形成有效的传承体制。

四、开创乡村特色民间歌舞传承新局面

要紧紧围绕实施乡村振兴战略，聚焦“十四五”农业农村现代化形势与任务，以乡村特色民间歌舞为载体弘扬优秀农耕文明，重视民间歌舞的原生性，保护传承与适度开发并举，开展形式多样的特色民间歌舞活动，丰富农民群众精神生活，推动乡村文化繁荣和经济发展。

（一）更新观念，深入挖掘乡村特色民间歌舞传承内涵

一是要树立活态保护理念。乡村振兴中文化振兴必不可少，而文化振兴的最佳方式是要将文化融入乡村生产生活的各个方面。只有活态的文化才有强大的生命力。因此，要以传承“活化石”的理念，开展民间歌舞的演出活动，活

态保护与传承，展示和传承民间歌舞的活态精神内核。将民间歌舞融入“一县一品”、“一乡一品”、“一村一品”的创立和发展之中，保持民间歌舞的原汁原味，保持文化形态的恒定性和原生性，为文化传承注入活力，并最终让乡土文化真正渗入人心，引导人们的自觉行为。

二是要提高传承保护意识。面对乡土文化传承危机，要通过教育、宣传等多种形式来提高对乡土文化的重视程度和传承保护意识。在举办的民间歌舞活动中，鼓励乡村民众参与，让乡村民众在活动中参与，在参与中享受，并以此为契机，提升乡土文化品质，培养村民对乡土文化的认同感，扭转民间歌舞“土文化”的固有成见，增强责任意识和保护传承意识。

三是要挖掘本质内涵。要组织专家、学者站到民间歌舞研究的第一线，重新审视研究，对乡村特色民间歌舞的历史、内涵进行挖掘并发扬光大。让民间歌舞的传承者不仅掌握其中的表演技术和技巧，而且能认识到演出的历史、民俗、地域、审美等价值；让广大的村民扩大社会认知能力，能从历史的高度认识乡村民间歌舞的内涵和时代价值。

（二）筑牢根基，着力建设乡村特色民间歌舞传承队伍

人是文化活动的主体，人才对于保持乡村特色民间歌舞活性、丰富和发展民间歌舞的文化内涵具有至关重要的作用。充实民间歌舞传承人才力量，应该从五个方面入手。

一是建设传承人队伍。建立并完善乡村特色民间歌舞传承人制度和传承人才抢救机制，将乡村特色民间歌舞纳入相关部门的管理之中，加强考核；提高民间歌舞传承人的经济生活水平、社会地位保障、社会认同感；明确传承人的权利和义务，规范加入和退出制度；注重传承人的进修深造和学习交流，提高时代适应能力，让民间歌舞永葆活力。

二是建设村民参与队伍。扩大民间歌舞的参与队伍，充分利用“新乡贤”和返乡民众，积极引导他们增加对民间歌舞的关注度，增加对民间歌舞传承的认同感和使命感，鼓励全体民众成为乡村特色民间歌舞传承队伍中的一员。要激发村民主观创造动力，让广大的乡村民众能够真正地从各自的立场与兴趣出发，成为本地特色民间歌舞的拥有者、参与者、传承者、创造者、经营者，并通过他们对民间歌舞的根脉继承、习惯延续、爱好保持、广泛参与和利益共享，唤醒文化自觉、确立文化自信、追求文化自强。

三是建设文化志愿者队伍。各级政府部门应该召集学者、专家组成农村民间歌舞志愿者队伍，并鼓励和引导社会各界人士参与志愿服务，培育一批优秀文化志愿服务项目、团队，也可以采取“县聘、乡管、村用”的方式为农村配备负责文化建设的工作人员，指导、培训和组织乡村特色民间歌舞的文化创

作、生产及活动。

四是建设后备力量。充分发挥师承、祖传、自学、学校教育、政府培育等各种方式，切实从多渠道增强后备力量。将民间歌舞与基础教育、乡土教育课程结合起来，让乡村青少年在课堂之中就能接触和学习到本地的民间歌舞，培养潜在的传承人；建立民间歌舞后备人才推荐制度，聚拢吸收社会分散人才，吸收传承人队伍之外的行家里手，培养一大批热爱民间歌舞、具有奉献精神的后备力量。

五是建设乡村特色歌舞团队。着力打造“农民艺术团”等乡村特色歌舞团队，培育和建立具有乡土特色、素质较好、文化业务知识较为全面的演出队伍，做到保护乡村文化、传承乡村文化、推崇乡村文化，将特色民间歌舞这一古老而新鲜的艺术推上舞台，推向市场。

（三）完善渠道，着力建设乡村特色民间歌舞传承载体

乡村特色民间歌舞的传承离不开乡村的自然和人文环境，离不开诸多传承载体。注重承载体的建设，能够使民众在轻松、喜爱、丰富的环境中自觉地传承这一文化，受到熏陶，提升文化素养和审美趣味，形成良好的乡风，促进乡村文明。

一是要注重空间载体。建设一批乡村特色民间歌舞传习基地（传习所）、展示馆、“乡村舞台”、农村文化礼堂等，进一步整合资源，采取共建、共用、共享的方式，改造和新建乡村文化场所，为广大农民群众开展民间歌舞等各种文体活动提供基本的阵地，同时努力将这些文化场所打造成为乡村特色民间歌舞传承的象征。

二是注重作品载体。民间歌舞既要保留传统节目原汁原味的风格，又要在原有的旋律、舞步、技巧等基础上创造新的作品，进行新的编排，以通俗易懂、喜闻乐见的艺术形式，广泛宣传社会主义核心价值观，将社会公德、家庭美德、个人品德建设融入民间歌舞的创作中去，不断提升农民精神风貌，提高乡村文明程度，并产生“回头客”，让村民自愿自觉观看学习。

三是要注重物质载体。乡村特色民间歌舞表演中所使用的服饰、道具、个性装扮等无疑是其特色展示的重要部分。这些演出所用物件往往都是由农民自己手工制作，朴实而精细，富含农耕内容、节庆文化、审美情趣。注重这些物质载体的修复、保存、制作，能够让民间歌舞散发独特的艺术风格魅力，吸引更多的年轻人关注和继承这些传统，让沉淀的乡村文化再现光彩。

四是要注重平台载体。要充分利用节庆和农闲时间，组织村民开展生动活泼、格调健康的民间歌舞展示、比赛等系列活动，以优秀、优质的民俗活动和丰富多彩的展演、竞赛活动作为载体，搭建平台，充分展示特色民间歌舞，并

将优秀民俗内容与民间歌舞展演内容相结合，在文化上共同传承，在发展中凝聚和互相认同，引导农民群众在文化活动中“自我表现、自我教育、自我服务”，努力营造健康向上、文明和谐、乡土气息浓郁的文化氛围。

五是注重教育载体。乡村特色民间歌舞传承的重中之重是进行教育。举办乡村民间歌舞研习班，以师傅带徒弟的方式，让乡村年轻人跟随传承人等进行学习与实践；在村级小学开设特色歌舞学习课程，让小学生从小学会本地特色民间歌舞表演，接受本地乡土文化；在相关的高校、中学开设选修课程，供感兴趣的学生选修学习，可以特聘一批本地民间歌舞的代表性传承人担任专业导师，特别是在艺术类的声乐、舞蹈等相关专业可以尝试将本地特色歌舞融入教学内容，让特色民间歌舞的传承以教育为载体走出乡村，让更多人感受到各地乡村文化的魅力。

六是注重传播载体。首先要利用语言和文字这一最为简单直接的载体，对当地已知的特色民间歌舞追根溯源，在走访调查的基础上总结完善，形成文字性资料，整理成文化札记或书籍，方便后人了解学习特色民间歌舞，并能补充和拓展，续写乡村特色民间歌舞精彩纷呈的地方文化艺术；其次要充分利用媒体及互联网传播载体，推进乡村特色歌舞的视频记录，特别是乡村濒危民间歌舞项目和代表性传承人要完整、全面、真实、系统地记录下来，建立档案，并充分利用互联网平台作为载体，让“拜师学艺”不再千里迢迢，而是近在咫尺，让乡村特色民间歌舞走入大众视野，让更多的民众接受和喜爱上特色乡土文化。

（四）稳步发展，做大做强乡村特色民间歌舞系列产业

民间歌舞的产业化与传统传承方式在一定程度上存在矛盾，因此在进行产业化的同时要做到平衡矛盾，民间歌舞产业化赋予传承人自我造血的能力，产业化产生社会效益，才能促进特色民间歌舞的传承。跨界协作、拆除壁垒，做大做强乡村特色民间歌舞的系列产业，开辟特色民间歌舞产业化发展新道路，需要从两方面入手。

一是寻找乡村特色民间歌舞的利用和现代经济发展的最佳结合点。一方面使乡村特色民间歌舞遵循自身的发展规律世代传承，实行“群众文化群众自己办”，让乡土文化得到群众的普遍认同和广泛参与，使民间歌舞活动保持旺盛的生命力；另一方面按照经济的发展规律，强化创新，充分发挥乡村特色民间歌舞的资源优势，立足乡村，面向群众，努力探索，走出一条发展繁荣产业的新路子，让群众在“文化共享”上各得其所，在“文化参与”上各显其能，让传统文化、经济社会发展相互促进，形成双赢的最佳结果。

二是大力发展与特色民间歌舞有关的各类文化产业。鼓励和扶持在乡村特色民间歌舞资源富集、交通相对便利，特别是靠近相关旅游景区的村落，通过政策引导、资金扶持和信息服务，鼓励当地农民大力发展有地域特色、民族风情的文化产业。以此实现农民不离土离乡，就能就近从事文化产业，开辟新的就业渠道和稳定的收入来源。发展民间歌舞相关产业，可以在以下几个方面做文章：发展“民间歌舞＋旅游”，将民间特色歌舞与民宿、研学等相结合，开发旅游产业，民间歌舞与民宿、研学的结合既增强了入住旅客的文化体验，也为民间歌舞传承开辟了活化路径；发展“民间歌舞＋文创”，可通过文创的方式传播民间歌舞中的各种典型的农耕场景、服饰、道具、人物角色、标志性场所等，将特色民间歌舞的“过时”“土气”转变为“流行”“时髦”；发展“民间歌舞＋演艺”，充分利用节庆，将乡村特色民间歌舞与民俗相融合，诞生出乡村特色实景演出、文旅演艺等，吸引游客“打卡”，也可以将乡村特色民间歌舞与旅游结合，提供丰富的驻地演出，也是对民间歌舞中的舞蹈、音乐、服饰、节庆、习俗等文化的再开发；发展“互联网＋民间歌舞”，通过以微信、微博、抖音、小红书等为代表的自媒体，更为自主、灵活地记录与传播乡村特色民间歌舞，通过融媒体进行行之有效的多维度传播，这不仅有利于民间歌舞的保护，更利于深入挖掘民间歌舞资源的开发，促进中国传统文化的复兴。除此之外，在系列“民间歌舞＋”的探索模式下，“民间歌舞＋扶贫”“民间歌舞＋特色小镇”“民间歌舞＋景点”“民间歌舞＋会展”“民间歌舞＋博物馆”“民间歌舞＋特色乡村”“民间歌舞＋养生”等许多种方式正在显现效力。

（五）营造环境，合力探索乡村特色民间歌舞传承体制

国家文化建设的重点、难点在乡村，特色民间歌舞则是乡村文化建设的突破口。需要各级党委政府和相关部门，相互配合、合力探索，为乡村特色民间歌舞传承营造环境，从而推动乡村特色民间歌舞传承体制的建立，进一步实现社会主义乡村文化大发展大繁荣的伟大目标。

一是普查并建立传承名录。首先应当组织专家和相关人员，对各地区乡村民间歌舞的保有现状进行全面普查，了解和掌握各地民间歌舞资源的种类、数量、分布状况、生存环境、保护现状及存在问题，并运用文字、录音、录像、数字化多媒体等现代科技手段，对珍贵、濒危并具有历史价值和艺术价值的民间歌舞进行真实、系统和全面的记录。其次应当建立名录。在普查登记的基础上，加强特色性的研究、认定，并建立乡村特色民间歌舞保护传承名录，并加快数字化保护进程，建立特色民间歌舞档案和数据库。

二是提供必要的资金支持。设置合理有效的乡村特色民间歌舞传承专项资金，保证各项工作顺利进行。中央、省、市三级从农村文化建设专项资金中按

照一定的比例设置一定数量资金，或设立专项资金用于乡村特色民间歌舞传承。重点放在乡村特色民间歌舞的历史、内涵展示及传承设施建设、文化产品采购、文化活动开展、文化产业开发的扶持，确保建设的项目和开展的活动有基本、稳定的财力保障。

三是保护文化标识。对于已有民间歌舞文化标识的村落，应采取相关手段介入维修保护和完善；未建立民间歌舞文化标识的，可以探寻发掘一些具有传承文化价值的地点，收集有历史意义和传承价值的器物，建立乡村特色民间歌舞的文化标识，并及时跟进修缮、维护。通过生活实物、地方文物、历史活动场所多方面多角度地记录乡村特色民间歌舞的发展历程，反映厚重的民间歌舞历史传统文化。

四是建设保护传承示范村。通过加强顶层设计，制定相关条文法规，编制完成示范村总体规划，打造一批乡村特色民间歌舞保护传承示范村，突出地域性、民族性、独特性，实现差异化发展。通过示范村的建设，促进良性发展竞争。适时表彰嘉奖传承典型个人和村落，扩大影响力和受众范围，打造乡村特色民间歌舞文化名片。

五是探索共生性保护模式。将乡村特色民间歌舞整体性保护与传统生态保护、农业文化遗产保护、美丽宜居村庄建设、古村落保护、非物质文化遗产保护等结合起来，通过整体性保护，实现乡村特色民间歌舞与其他乡村文化建设相得益彰、共生共长。

参 考 文 献

[1] 国务院．2019 年国务院政府工作报告 [Z]. 2019.

[2] 习近平．在庆祝中国共产党成立 95 周年大会上的讲话 [Z]. 2016.

[3] 习近平．决胜全面建成小康社会　夺取新时代中国特色社会主义伟大胜利——党的十八届中央委员会向中国共产党第十九次全国代表大会的报告 [Z]. 2017.

[4] 张桃林：让绿色发展引领新时代“三农”工作 [EB/OL]. http://www.sohu.com/a/207440085_764974，2017-12-02.

[5] 龙文军．用文化振兴保证乡村繁荣中不失本色 [J]. 农村工作通讯，2018 (15)：33.

农村社会事业评价

我国农村社会事业内涵与发展状况评价研究*

农村社会事业是衡量农村社会发展的重要指标，是农村经济发展的出发点和落脚点。2019 年，《中共中央　国务院关于建立健全城乡融合发展体制机制和政策体系的意见》提出，要推动公共服务向农村延伸、社会事业向农村覆盖，健全全民覆盖、普惠共享、城乡一体的基本公共服务体系，推进城乡基本公共服务标准统一、制度并轨。在我国农村经济发展的快速转型期，厘清农村社会事业的内涵和范畴，弄清哪些农村社会基础设施和公共服务是百姓最需要、最薄弱的，对实现乡村振兴战略、全面建成小康社会具有重要意义。基于此，本课题组以 2016 年“中国劳动力动态调查（CLDS)”、第三次农业普查数据为例，对全国农村社会事业的发展水平进行评估，并选取 4 个省 11 个县 20 个行政村样本作为典型案例，分析了农村居民对农村各项社会事业发展的满意度。本报告的研究结果表明：在新农村建设时期，我国农村发展建设的重点由以农村经济发展为主逐步向农村社会全面发展的思路转变，农村社会事业是新农村建设的侧重点；2006 年以来全国各地对农村社会事业投入逐步加大，各项农村社会事业取得较大发展。根据打分评价法按百分制测算，2016 年全国农村社会事业总分为 68.9 分，但地区间发展并不平衡；全国 20 个行政村的随机调查显示，村民对农村社会事业总体满意度为 80 分。针对我国农村各项社会事业建设存在的短板和不足，建议统筹布局，多部门联动，通过加强财政投入与人才建设，动员社会各界力量，共同推动农村社会事业健康发展。

---

* 课题主持人：黄惠春，南京农业大学金融学院。

一、农村社会事业内涵与范畴

（一）农村社会事业的概念

我国是个农业大国，在中国的社会思想和实践中都孕育着现代农村社会事业的雏形。20 世纪上半叶，面对乡村衰败的现象，晏阳初、梁漱溟等知识分子主导的平民教育、文艺教育、卫生教育等乡村建设运动，在推动乡村社会发展方面进行了试验与探索。新中国成立后，以国家为主体开展了自上而下的乡村社会改造，与土地革命相伴的水利基础设施建设和农业现代化成为农村社会事业的重点。改革开放后，伴随着农村劳动力转移所带来的农村空心化、农村留守儿童、留守老人等问题的出现，以消除城乡壁垒，统筹城乡发展为目标的农村教育、卫生和保障等社会事业得到长足发展。新世纪以来，随着农民群众对美好生活需求不断升级，我国农村社会事业上升到新的高度，逐渐向人居环境改善、建设美丽乡村延伸。

作为社会事业当中一个具有一定地域性范畴的概念，农村社会事业可以定义为农村社会生活及全面发展所提供的各种公益性支持与服务活动的总和。

（二）农村社会事业的特征

在社会事业发展过程中，农村社会事业不断孕育发展，并呈现出鲜明的特征。一方面它具有社会事业公共品的特征，另一方面也因其地域和社会意识形态等因素具有与一般社会事业不同的特征。

（1）农村社会事业具有一定的非排他性。村民个体对农村社会事业提供的服务不妨碍其他村民的享用，即村民对社会事业提供服务的使用不会减少其他村民使用的数量或质量。

（2）农村社会事业具有服务性和公益性。农村社会事业是为村民无偿提供公共服务，不以盈利为目的的公益性事业。

（3）农村社会事业具有强制性。农村社会事业举办与管理具有一定的强制性。

（4）农村社会事业具有地域性和分散性。农村是分散的，村民对社会事业的需求及消费也是分散的。农村社会事业绝大多数是面向一定地域范围的村民举办的，其受益对象仅限于有限的地理范围。

（5）农村社会事业具有意识形态特征。农村社会事业发展的公共政策目标除了受经济条件、政治因素的影响外，还受到各地的历史、文化和传统的影响。

（三）农村社会事业的范畴

国内学者从教育事业、医疗卫生、劳动就业、社会保障、科技事业、文化事业、体育事业、社区建设、旅游事业、人口与计划生育等多个方面对农村社会事业的范畴进行界定。有学者将农村社会事业的内容划分为三个层次：一是农村道路、能源、居住环境等生产生活设施建设；二是农村教育、科技、医疗、卫生、文化、体育等；三是收入、就业、养老等社会保障体系。还有学者将农村社会工作的实践领域进行了更详细的划分，分为家庭服务、农村青少年服务、农村老年人服务、农村保健服务、农村社区发展工作、农村社区建设六大模块。

纵观我国新农村建设的历程与农村社会发展的特征，可以看出我国农村发展思路经历了从最初的加快农村建设到社会主义新农村建设，再到开展美丽宜居乡村建设的转变。通过比较国家一系列农村建设纲领性政策文件的主旨内容也可以发现，在新农村建设时期我国农村发展建设的重点由以农村经济发展为主逐步向农村社会全面发展的思路转变，农村社会事业成为新农村建设的侧重点。根据我国新农村建设的政策逻辑以及农村社会事业发展的内在规律，农村社会事业可以划分为农村基础设施、农村公共服务、农村生态环境与公共安全三个层次的内容。

农村社会事业的第一个层次为农村基础设施建设，其主要功能是满足农民的基本生活保障，具体包括农村道路、能源、水电、交通等基础设施工程和项目；第二个层次为农村公共服务，其主要功能是满足农民美好生活的需要，具体包括农村教育、农业科技、农村医疗与卫生、农村文化、养老保障等；第三个层次是农村生态环境及公共安全，其核心功能是实现宜居美丽乡村建设，具体包括农村空气污染治理、垃圾环卫设施建设以及治安维护等。

二、我国农村社会事业发展现状分析

本部分的数据源于中国农村统计年鉴、第三次农业普查以及中国劳动力动态调查（CLDS）[①]。

（一）全国农村社会事业发展状况

1. 农村基础设施建设

（1）农村道路、路灯安装与公共交通。表1显示了全国农村道路、路灯安装与通公交情况。从表中数据可见，99.3%的样本村庄修建了公路，其中，76.4%的村庄通村道路是水泥路，80.9%的村内道路为水泥路。61.9%的村庄

① 中国农村统计年鉴、第三次农业普查数据和中国劳动力动态调查数据代表层次多样、抽样设计科学，覆盖反映农村社会事业发展状况的详细指标，为我们梳理全国农村社会事业发展现状提供了真实、准确、全面、高质量的数据支撑。

道路安装了路灯。在公交车站建设方面，仅 31.5%的村庄实现了公交通勤，68.5%的村庄仍未通公交。调查显示，浙江、山西、江苏、广东、山东等省份农村公交普及率较高。

表 1　2016 年农村通水泥路、路灯安装与通公交情况

单位：%

	通公路	通村主要道路	村内主要道路	是否有路灯	是否通公交
是	99.30	76.40	80.90	61.90	31.50
否	0.70	23.60	19.10	38.10	68.50
合计	100	100	100	100	100

数据来源：第三次农业普查数据，2016 年 CLDS 数据。

（2）农村饮水安全工程建设。2016 年全国农村饮用水建设情况如表 2 所示。从表 2 可知，47.7%的村庄的饮用水经过净化处理，仍有超过半数的村庄饮用水未经过净化处理。

表 2　2016 年农村饮用水情况

单位：%

饮用水是否经过净化处理的自来水	占比
是	47.70
否	52.3
合计	100

数据来源：第三次农业普查数据。

（3）农村灌溉设施建设和维护。样本村庄水利/集体灌溉设施建设情况如表 3 所示。从表中数据可见，2016 年全国 70.9%的村庄需要灌溉设备。其中，26.12%的村庄已经建设了水利/集体灌溉设施。数据显示，集体灌溉设施覆盖率较高的村庄主要集中在山西、广西、四川等省份。

表 3　2016 年农村水利设施建设情况

单位：%

	是否需要灌溉	水利/集体所有灌溉设施
有	70.90	26.12
无	29.10	73.88
合计	100	100

数据来源：2016 年 CLDS 数据。

农村集体灌溉设施使用情况和维护情况如表 4 所示。由表 4 可知，大部分村庄的灌溉设备可以正常使用，但只有不到 40%村庄的灌溉设备可以得到定期维护。

表4　2016年农村灌溉设施使用与维护情况

单位：%

	正常使用率	定期维护率
全部有	75.86	37.93
大部分有	18.97	22.41
小部分有	1.72	18.97
全部无	3.44	20.6
合计	100	100

数据来源：2016年CLDS数据。

（4）农村通电、有线电视、互联网及电子商务配送设施建设。全国行政村通电、安装有线电视、通宽带、配置电子商务配送点情况如表5所示。

表5　2016年农村通电、有线电视、宽带互联网、电子商务配送点建设情况

单位：%

	通电	安装有线电视	通宽带互联网	有电子商务配送站点
是	99.7	82.8	89.9	25.1
否	0.3	17.2	10.1	74.9
合计	100	100	100	100

数据来源：第三次农业普查数据。

从表中数据可见，2016年全国99.7%的村庄实现通电，82.8%的村庄安装了有线电视。在宽带中国战略的推进下，89.9%的村庄通了宽带，表明我国农村宽带发展战略取得较好的成绩，25.1%的村庄设置了电子商务配送点。

（5）农村基础设施建设情况总结。由上述数据分析可见，近年来随着农村社会事业扶持政策陆续出台，在国家和各地区各部门的共同努力下，农村社会事业投入逐步加大，农村基础设施建设取得了显著成效。首先，在“村村通公路”政策的推动下，农村道路建设进展良好，绝大部分村庄已修建了公路，基本实现了“村村通路”的目标，方便了农民出行；其次，村庄自来水和集体灌溉设施安装率较高，确保了农民饮水安全，满足了村民的基本生产生活需要；第三，全国农村基本实现全部通电，有线电视、宽带安装率较高，大大提升了农村信息化水平。

农村基础设施建设仍存在以下不足之处：一是村庄公交车站建设不足，三分之二的村庄未通公交，影响了农民出行；二是我国农村水利设施建设过程中存在“重建设、轻维护”的现象，大部分地区对已建灌溉设施缺少定期维护，影响了设备的正常使用，急需建立灌溉工程长效管护机制；三是农村电子商务配送站点普及率较低，仅达四分之一。随着互联网经济的迅猛发展，大力发展电子商务是促进农村产业兴旺的重要途径，因此，农村电子商务配送点建设亟待加强。

2. 农村公共服务设施建设

（1）农村教育。2016 年，全国行政村幼儿园、小学、初中建设情况如表 6 所示。全国农村幼儿园覆盖率为 32.3%，67.7%的村庄没有开办幼儿园。此外，调查数据显示，样本村庄距离最近的幼儿园平均距离为 4.57 千米，不利于农村儿童就近入学。

表 6　2016 年农村幼儿园、小学、初中建设情况

单位：%

	幼儿园	小学	初中
有	32.3	59.81	12.44
无	67.7	40.19	87.56
合计	100	100	100

数据来源：第三次农业普查数据，2016 年 CLDS 数据。

2016 年我国农村小学的覆盖率为 59.81%。调查数据显示，样本村庄距离最近小学的平均距离为 3.98 千米，约 50%的村庄认为农村小学教学质量一般。中小学生师比约为 15∶1，略低于 2014 年财政部制定的小学教职工编制标准。

在被调查的村庄中，初中学校的覆盖率为 12.44%，村庄与最近初中的平均距离为 5.67 千米。在教学资源方面，被调查样本中，农村初中学校的生师比约为 19∶1，高于 2014 年财政部颁布的中学教职工编制标准（13.5∶1）。

（2）农业生产技术培训。全国 189 个行政村组织农业生产技术培训情况如表 7 所示。2016 年，65.61%的样本村庄开展了农业生产技术培训，表明我国农业科技培训事业总体发展较好，但是中部农村人口大省仍有待普及。

表 7　2016 农村农业生产技术培训情况

组织生产技术培训	数量（个）	占比（%）
有	124	65.61
无	65	34.39
合计	189	100

数据来源：2016 年 CLDS 数据。

（3）农村医疗卫生。2016 年，全国行政村卫生室建设情况如表 8 所示。2016 年我国农村卫生室的覆盖率达到 81.9%，农村卫生设施整体建设良好。根据《中国农村统计年鉴》的统计，截至 2017 年，全国设立卫生室的村庄占行政村比例达到 92.8%，我国农村卫生事业发展成效显著。

表 8　2016 年村卫生室建设情况

单位：%

村卫生室	占比
是	81.9
否	18.1
合计	100

数据来源：第三次农业普查数据。

（4）体育服务设施及文化服务设施。2016 年，全国行政村体育与文化服务设施如表 9 所示。

表 9　2016 年农村体育与文化服务设施建设情况

单位：%

	体育健身场所	老年活动室	图书馆/阅览室	社区广场/公园	儿童游乐园
有	59.2	44.98	76.08	31.58	7.66
无	40.8	55.02	23.92	68.42	92.34
合计	100	100	100	100	100

数据来源：第三次农业普查数据，2016 年 CLDS 数据。

由表 9 数据可见，2016 年我国农村体育健身场所的覆盖率约为 59%，没有体育健身场所的村庄占比为 41%，主要分布在中、西部地区。调查发现，经济较为发达的东部地区的体育设施使用频率更高。

我国农村老年活动室的覆盖率不到 50%，老年活动室覆盖率较高的省份主要为浙江、江苏、河北、广东等东部地区省份。据调查，东部地区老年活动室使用频率高于中部和西部地区。

我国农村公共图书馆/阅览室的覆盖率约为 76%，未开设农村公共图书馆/阅览室的村庄主要位于中西部地区。调查显示，农村公共图书馆/阅览室的使用频率较高。

我国农村社区广场/公园的覆盖率仅为 31.58%，社区广场/公园覆盖率较高的省份主要为浙江、福建、山东等东部地区省份。据调查，我国农村广场/公园的使用频率较高，村民对农村社区广场/公园需求较大。

我国农村儿童游乐园的覆盖率不到 10%，绝大多数的村庄没有建设儿童游乐园。

第三次农业普查数据显示，2016 年全国 41.3%的村庄成立了农村业余文化组织。作为农村业余文化生活的重要载体之一，农村业余文化组织有助于增强农村基层组织和广大基层民众的凝聚力，促进现代科技文明和现代社会文明的普及，推动乡村文化繁荣，实现乡村文化振兴。

（5）农村养老与社工服务。CLDS 调查数据显示，2016 年全国 189 个村庄样本中近 90%的村庄没有专职社工，8.5%的村庄有 1～5 名专职社工，专职社工超过 5 人的村庄仅占 2.7%，表明我国农村专职社工十分匮乏，在农村从事社会福利、社会慈善等社会事业的工作人员严重不足。

第三次农业普查数据显示，我国农村有社会福利收养性单位的乡镇为 67%，有本级政府创办的敬老院的乡镇达到 56%。农村社会养老机构有助于改善和提高村民的物质生活和精神生活，有利于维护地区稳定并实现农村老人老有所养，我国农村社会福利机构的建设仍有待加强。

（6）劳动力就业指导情况。2016 年，仅有 14%的样本村庄开展了组织村民外出务工的服务。从总体上看，农村开展的农民就业服务不足，农村劳动力缺乏就业指导。根据 CLDS 的调查，50%的就业指导服务由政府提供，45%是由志愿者组织提供的，剩余 5%由企业提供。

（7）农村财政支出投入情况。根据 2016 年 CLDS 数据统计，2015 年 8.5%的样本村庄财政支出为零，近 68%的村庄的财政支出在 50 万元以内，5%村庄的财政支出在 50 万～100 万元，18%村庄的财政支出大于 100 万元。

在村级财政投入分配方面，40%的村庄的财政支出主要用于基础设施建设，将财政支出主要投入教育的村庄仅占总样本的 1%，其余村庄主要将财政支出用于村干部工资和补贴、其他行政管理等方面。由此可见，村级财政主要用于基础设施建设，投入农村公共服务设施建设的资金明显不足。

（8）农村公共服务设施建设情况总结。近年来，中央到地方各级政府对农村教育、卫生、文化等公共服务日益重视，对农村公共服务设施建设投入不断加大，极大地提升了农村教育、医疗和文化服务水平。从总体上来看，大部分村庄修建了小学、卫生室、图书馆和体育健身场所，部分村庄成立了农村业余文化组织、开办了敬老院，农村公共服务设施功能较为齐全。

随着农村经济水平不断提高，农村居民对于生活配套设施的要求也随之提高，在农村公共服务设施建设方面，还存在以下不足之处：一是在农村教育方面，学龄前儿童的教育仍然十分匮乏，幼儿园建设不足，农村初中师资力量薄弱，教学质量有待提高；二是在农村文化生活设施建设方面，老年活动室、儿童游乐场、农村社区广场/公园等设施建设不足，农村业余文化组织建设也有待进一步加强；三是在农村社会服务方面缺乏专职人员，全国绝大多数的农村没有专职社工，对外出务工农民的就业指导不足。

3. 农村生态环境与公共安全

（1）农村环境。CLDS 调查数据显示，2015 年 43%村庄的绿化覆盖率在 0～50%之间，57%的绿化覆盖率大于 50%，说明我国农村绿化情况整体较好。全国建有厂矿的村庄为 4%，建设化工厂的村庄为 3%。

2016 年，我国农村公共垃圾卫生设施覆盖率达到 66%，缺乏公共环卫设施的村庄主要集中在中西部地区。在农村厕所革命的大力推进下，2016 年末，53.5%的村庄完成或部分完成厕所改造。截至 2017 年末，我国农村地区卫生厕所的普及率已达到 81.7%[①]。

根据 200 个村庄的村民对农村环境整洁程度（1～10）的打分情况，评分为 10 分的村庄占比 5%，评分在 7 分及以上的村庄占比为 73%，表明村民对农村的生活环境较为满意。评分在 5 分以下的村庄主要集中在中西部地区。

CLDS 调查数据表明，2015 年，24%的村庄受到环境污染。污染来源主要是空气、土壤、水和噪音，其占比分别为 53%、38.78%和 20%。水污染是农村面临的最主要污染之一，为了提高产量，农民施用的化肥与农药、在养殖业饲料中添加的化学物质、禽畜粪便、生活废水等均加剧了农村水体污染。调查数据显示，由于缺少公共排水设施，56%的村庄生活污水随便倾倒。

（2）农村公共安全情况。全国 200 个行政村治安情况如表 10 所示。39.5%的村庄对治安状况非常满意，49%的村庄对治安状况评价较好，11.5%的村庄对治安状况评价一般。从全国范围来看，农村治安状况整体较好。

表 10　2016 年农村治安评价

治安情况	数量（个）	占比（%）
很好	79	39.50
较好	98	49.00
一般	23	11.50

数据来源：2016 年 CLDS 数据。

（3）农村生态环境与公共安全情况总结。总体来看，在农村的生态环境和居住环境方面，农村地区的绿化情况整体较好，农村整洁程度较高。但由于农

① 中国农村统计年鉴 2018。

村污水排放设施不足，部分农村地区水污染较为严重。在农村公共安全方面，全国农村治安整体较好。

（二）农村社会事业发展水平评估

本报告使用全国第三次农业普查数据及 2016 年中山大学中国劳动力动态调查（CLDS）的数据，构建了农村社会事业评价指标体系，采用打分评价法，对我国农村社会事业发展总体水平进行测度，并对不同经济发展水平地区的农村社会事业发展情况进行比较。三个一级指标及包含的二级指标①如表 11 所示。打分步骤如下：

首先，根据二级指标进行赋值，计算二级指标得分；

其次，加总二级指标，计算一级指标得分，并转换成百分制分数；

最后，根据专家打分法，确定三个一级指标如基础设施、公共服务设施、环境与公共安全的权重，计算总得分。

表 11　一级指标和二级指标

一级指标名称	权重	二级指标名称
基础设施	40	道路（通公路、道路硬化比例、村内通水泥路、村间通水泥路）、路灯安装、公交站建设、通电话、水利设施建设、自来水经过净化处理、通电、安装有线电视、通宽带、配置电子商务配送点
公共服务设施	30	幼儿园开设、组织生产技术培训、卫生室建设、老年活动室建设、图书馆建设、体育健身场所建设、农村业余文化组织成立、有社会福利收养性单位的乡镇
环境与公共安全	30	垃圾环卫设施建设、厕所改造、环境污染、生活污水处理方式、生活垃圾处理方式、空气污染、土壤污染、水污染、粪便处理情况（鸡鸭鹅、猪、牛羊马）、村内整洁程度、治安状况

东、中、西、东北四个地区②的农村社会事业总体得分如表 12 所示。

① 在基础设施部分，公交站、水利设施、道路硬化比例指标来源于 CLDS 数据，其他数据源自第三次农业普查数据；在公共服务设施部分，老年活动室、图书馆及生产技术培训指标来源于 CLDS 数据，其他指标数据源自第三次农业普查数据；在环境与公共安全部分，厕所改造、生活污水处理及生活垃圾处理源于第三次农业普查数据，其余源自 CLDS 数据。

② 四个地区：东部地区包括北京、天津、上海、江苏、浙江、福建、山东、广东等省市；中部地区包括山西、安徽、江西、河南、湖北及湖南等省；西部地区包括内蒙古、广西、重庆、四川、贵州、云南、陕西、甘肃、宁夏及新疆等省（区、市）；东北地区包括辽宁、吉林及黑龙江等省。

表 12　农村社会事业得分情况

地区	社会事业总得分（100分）	基础设施（40分）	公共服务设施（30分）	环境与公共安全（30分）
东部	73.8	31.1	18.6	24.0
中部	68.7	28.5	18.0	22.2
西部	64.5	24.8	16.4	23.3
东北	63.7	25.5	16.2	22.0
全国	68.9	28.1	17.5	23.2

由表12可见，我国农村社会事业整体发展良好，全国社会事业总分为68.9分，东、中、西、东北部地区的农村社会事业总体得分均达到60分以上。但是，由于东、中、西、东北部地区自然环境以及经济、社会发展水平方面的内在差异，我国农村社会事业发展不均衡，具体表现为东部地区的农村社会事业发展水平整体优于中、西及东北部地区。

从三个层次农村社会事业评分情况比较可见，东部农村地区的基础设施建设情况远高于中西部地区。其中，中西部在宽带信息网络、电子商务站点等现代化通信设施建设方面较为滞后。在公共服务设施、环境与公共安全设施建设方面，东部地区的覆盖率略高于中西部地区。与东部地区相比，中西部地区的图书馆、运动场所、老年活动室等公共服务设施建设不足，公共环卫设施比较缺乏。

三、我国农村社会事业发展满意度调查

为了深入了解农村居民对农村社会事业发展的满意情况，准确把握当前农村社会事业发展亟待解决的现实问题，本课题组于2019年7月在全国选取江苏、山西、陕西以及河南4个省11个县20个行政村进行实地调研。调查的对象为各行政村熟悉本村情况的村干部，调查内容主要包括该村的基本信息、各项社会事业建设情况以及村民对本村各项农村社会事业发展的评价。

（一）行政村样本基本信息

20个行政村在籍农户平均618户，常住户数为514户；在籍村民2 334人，常住人口为1 960人。样本行政村平均面积约为6平方千米，自然村个数为12个。距离县城最近的约18千米，离最近乡镇政府或街道的距离为3千米。行政村的经济状况平均处于中等水平。近三年，20个行政村在社会事业方面投入的资金平均为449万元，获得政府扶持资金的平均额度为414万元，且各

行政村之间差异较大。大部分村庄在 2012 年后才开始发展农村社会事业。

（二）样本村社会事业满意度

20 个样本村的社会事业发展满意度调查结果显示，村民对农村社会事业总体满意度为 80 分。其中，东部地区为 83 分，中部地区为 82 分，西部地区为 73 分。东部和中部地区村民对农村社会事业发展的满意度较高，西部地区满意度较低。

为了进一步评价样本村村民对农村各项社会事业的满意程度，同时了解不同地区村民最关心的社会事业项目，我们分别统计了样本村村民最满意、第二满意、第三满意、最不满意、第二不满意、第三不满意的社会公共事业，采用频数比较分析法进行评估①。样本村农村社会事业满意情况如表 13 所示。

表 13　各项农村社会事业满意、不满意情况统计

	最满意	第二满意	第三满意	最不满意	第二不满意	第三不满意	满意/不满意
基础设施							
用电	2	1	2	1			5/1
用水	1	1	4	1			6/1
道路	3	1	2	1	2	4	6/7
公共交通			1	1	1		1/2
水利灌溉				4			0/4
公共服务设施							
幼儿园		1		2	1	1	1/4
小学	2		1	1		1	3/2
初中					1		0/1
运动场所	1	1	2	1	1		4/2
老年活动室	1			1	2	2	1/5
公共图书馆	1	2	1			1	4/1
社区广场	2	1		1		1	3/2
儿童游乐场					1	1	0/2
卫生室	3	6	3		1	1	12/2
商业设施	1			1			1/1

① 某项社会事业满意/不满意的村庄数比例越大，说明村民对该项社会事业满意度越高；某项社会事业满意/不满意的村庄数比例越小，说明村民该项社会事业满意度越低；比例接近 1，说明该项社会事业发展不均衡，不同地区村民满意度差异较大。

（续）

	最满意	第二满意	第三满意	最不满意	第二不满意	第三不满意	满意/不满意
环境与公共安全							
空气污染				1	3		0/4
土壤污染						2	0/2
水污染		1	1		1	1	2/2
垃圾环卫		1	1	4	2	2	2/8
治安状况	1	3			2		4/2
危旧房改造	2	1	2		1		5/1

在农村基础设施方面，样本村居民总体满意度较高，满意/不满意村庄总比例为18/10。其中，样本村庄对用电、用水情况普遍比较满意，满意/不满意村庄的比例分别为5/1和6/1；在道路建设方面，满意/不满意村庄的比例为6/7，不满意的村庄样本主要是中西部地区；村庄样本对公共交通、水利灌溉普遍不满意，满意/不满意村庄的比例为1/2和0/4。

在农村公共服务设施方面，样本村居民总体满意度存在较大差异，满意/不满意村庄总比例为29/27。其中，样本村庄对卫生室和图书馆建设普遍满意，满意/不满意的比例达到12/2和4/1；对老年活动室、儿童游乐场、幼儿园建设普遍不满意，满意/不满意的比例分别为1/5、0/2、1/4；对社区广场、小学教育的评价在不同地区之间存在较大差别，不满意的村庄主要集中在东部和中部地区。

在农村环境保护与公共安全满意度方面，样本村居民总体满意度较低，满意/不满意村庄总比例为13/19。其中，样本村庄对治安和危旧房改造普遍满意，满意/不满意的比例达到4/2和5/1；对空气、土壤状况和垃圾环卫设施建设普遍不满意，满意/不满意的比例分别为0/4、0/2和2/8；对水污染治理情况满意与不满意的地区间存在较大差别，不满意的村庄主要集中在中西部地区。

根据各项公共事业被提及的频率计算可知，农村基础设施建设中，道路建设最受样本村村民重视，被13个村庄提及；在公共服务设施中，卫生室建设最受重视，被14个村庄提及；在环境和公共安全中，垃圾环卫设施建设最受关注，被10个村庄提及。

（三）农村社会事业发展经验与障碍

通过询问样本村村民最满意的社会事业发展良好的成功经验，我们发现资金充足、上级部门重视、政策保障是各项农村社会事业发展良好的重要条件。

在基础设施方面，如水电、道路建设等，充足的资金投入是使其良好发展的最主要因素；在公共服务设施建设方面，如公共图书馆、卫生室等发展较好的项目，上级领导重视是其发展良好的最重要保障；在环境与治安方面，如治安、危旧房改造，村民支持和政策保障是确保其良好发展的重要原因。

通过村民最不满意的社会事业项目调查，我们发现缺乏上级部门的重视、政策的保障和资金的投入是农村社会事业发展面临的主要障碍。在基础设施方面，缺乏资金是阻碍农村道路建设的最主要因素；在公共服务设施方面，缺乏上级部门的重视和资金投入是影响其发展的主要困难；在环境与治安方面，上级部门不重视是阻碍其发展的最主要原因。

四、农村社会事业发展政策建议

根据我国当前农村社会事业的发展现状，为促进农村社会事业全面协调发展，我们提出如下建议：

（一）统筹布局，因地制宜实施“十四五”期间农村社会事业发展重点项目

（1）在前期建设成果的基础上，查漏补缺，研究谋划“十四五”阶段农村社会事业建设的重点项目。例如，在全国范围内大力推进已建公路、水利、灌溉等基础设施的维护、提高农村学前教育水平、加大老年活动室等公共服务设施建设，加强农村地区的空气污染和水污染等全国农村社会事业中薄弱环节的治理力度。

（2）根据不同地区农村社会事业的发展和建设情况，以当地农民的实际需求为导向，研究谋划各地区的重点建设项目，避免“一刀切”和资源浪费。东部地区应重点关注农村公共服务设施提档升级，建设美丽乡村，打造生态宜居的新农村；在中西部内陆地区应加强道路交通、灌溉设施、饮用水工程、信息网络等基础设施建设，大力发展农业生产技术培训等公共服务，切实提高农民生活质量和农业生产水平。

（二）继续加大财政对农村公共事业发展的投入力度

（1）各级财政要调整分配格局和投资结构，按照基本公共服务均等化的要求，把建设重点转向农村，确保用于农村社会事业的公共财政资金逐年增长，重点支持农村义务教育、公共文化体育、公共安全等基本服务，形成农村社会事业建设长期稳定的资金来源。对于经济发展程度较落后的农村地区，采取中央财政主导的统一供给模式，抓住影响农民生产生活的关键问题，专项资金投

入，集中补助社会事业的“短板”。

（2）加强政府支农资金的整合，做到统一规划，统筹安排，统一补助标准，解决各部门因利益条块分割导致的财政投资效率低下的问题。以县一级政府为单位，将中央、省、市下拨的财政资金与县一级政府安排的相关资金进行“捆绑”使用，进一步加强资金的监管、监控，提高资金使用效率。

（3）构建科学规范的农村社会事业资金绩效评价体系。一是加强资金绩效评价的制度体系建设。逐步建立覆盖全面、科学合理的财政资金管理制度体系，使财政支农绩效评价有科学、规范、统一的参照标准。二是构建科学的资金绩效评价指标体系。三是确定合理的财政支农绩效评价结果的应用机制。

（三）加强中央各部门联系，促进多部门联动，推进农村社会事业建设与发展

（1）加强中央各部委的协调，合理分工。农村社会事业内容宽泛，面广量大。在现有的体制下，各项事业建设资源部门分割，缺乏有机衔接和沟通，由此可能形成多头管理或出现建设盲区。建议成立农村社会事业发展总协调部门，统一制定规划指导，形成有效的协调机制和分工机制，共同促进各项农村社会事业协调有序发展。

（2）加强中央和地方的协调，提高农村公共服务的质量和效率。规范中央和地方政府的利益分配结构、责任和义务。根据国家的政策导向，制定符合各地情况的农村社会事业发展中长期规划，强化有关管理和协调机构专司社会事业的建设。

（3）加强制度化建设，加大监管力度。建立量化的农村社会事业发展评价机制，从投入、产出、效果等三个层面设立评价指标，将农村各项社会事业发展作为参考因素，纳入地方领导评价考核指标体系，保证真正为民办事，为民办实事。

（四）动员社会各界力量，通过模式创新引入社会资本，促进农村社会事业快速发展

（1）推进农村社会事业供给主体多元化、社会化和市场化，形成以政府公共财政为主体，社会组织、民间协会、志愿团体等多方参与的资金供给机制。

（2）通过创新模式引入社会资本。一是扩大财政信用功能，以财政信用为基础进行市场化融资，如发行支农金融债等；二是建立农村社会事业投资基金，通过向社会发行基金股份，为具有产业属性的社会事业提供资本支持；三是发展多种形式的融资方式，在农业基地、农村供水、农村通信等基础设施建设方面积极推广 PPP 等融资模式。

（五）加强人才队伍建设，为农村社会事业提供智力和人力支持

（1）制定合理的大学生“村官”选聘规则，参照公务员招录方式，根据农村实际需要，设立专业要求，选拔适合农村发展的优秀大学毕业生担任村官，培养专业的文化、医疗等农村社会事业建设人才。

（2）设立专项资金，通过技能培训、创业培训等，帮助返乡农民工自主创业、自谋生路，留住返乡农民工参与农村社会事业建设。

（3）增加财政支持，普及农村义务教育，建立有助于乡村人才成长的专门职业学校、夜校等加强乡村人才培训，积极引导农民参与农村社会事业建设。

参 考 文 献

[1] O'grady J, Introduction to Social Work, Thomas Y. Crowell Co [M]. New York, 1930.

[2] 崔运武．公共事业管理概论 [M]. 北京：高等教育出版社，2002.

[3] 赖作莲．陕北农村社会事业发展现状、问题与对策——基于对村级文化、体育和卫生公共设施的调查 [J]. 西北工业大学学报（社会科学版），2008（2）：26－29.

[4] 李培志．论我国社会事业的理论内涵、现实意义与发展策略 [J]. 天津社会科学，2013，5（5）：87－90.

[5] 李艳丽．社会事业和社会产业协调发展问题研究 [M]. 北京：经济科学出版社，2009.

[6] 言心哲．现代社会事业 [M]. 北京：商务印书馆，1994.

[7] 杨之兴，赖路成．发展农村社会事业推进新农村建设全面和谐发展 [J]. 求实，2007（9）：84－87.

[8] 叶文辉，姚永秀．西部农村社会事业的发展状况与地区差距：基于 2000～2007 年数据的解析 [J]. 云南行政学院学报，2011，13（3）：152－156.

[9] 赵立波．公益事业、社会事业、公共事业辨析 [J]. 山东社会科学，2017（1）：77－85.

[10] 钟涨宝．新时期我国农村社会工作的典型实践、经验与挑战 [J]. 华东理工大学学报（社会科学版），2016（9）.

[11] 周义程．公共利益、公共事务和公共事业的概念界说 [J]. 南京社会科学，2007（1）：77－82.

农村社会事业监测评价指标体系研究*

在理论研究的基础上，本研究结合实际系统性地构建了农村社会事业发展水平评价指标体系。体系分为目标层和准则层两大类。目标层测度农村社会事业发展水平，准则层分为测度农村社会事业发展的一级指标和二级指标体系。一级指标体系设八组指标，分别是农村教育事业发展、农村文化事业发展、农村生态环境事业、农村卫生事业、农村体育事业、农村社会保障事业、农村残疾人事业、农村妇女儿童事业。二级指标体系 45 项，两级指标组成了一个分层次多指标综合评价系统。该体系将为科学地监测和评价农村社会事业社会的进程，预测未来发展趋势，为科学制定促进农村社会事业发展的国家政策提供依据。

一、农村社会事业理论研究

（一）基本概念

民政部对于农村社会工作的定义为：农村社会工作是我国社会工作的一个重要组成部分，也是现阶段真正具有中国特色的社会工作的体现。它是在党和政府的领导下，广泛发动各种社会力量在农村所开展的社会服务；农村社会工作的目的在于预防和解决社会问题，增进农村的社会福利，推动农村的社会发展。

《中共中央国务院关于推进社会主义新农村建设的若干意见》中明确提出“要加快发展农村社会事业”，并将农村社会事业概括为农村义务教育、农村劳动力技能培训、农村卫生事业、农村文化事业、农村社会保障制度五项内容。

农业部农村社会事业发展中心认为社会事业的范围包括了教育事业、科技事业、公共卫生、社会保障事业、体育事业、旅游事业、社区建设以及人口规划等一系列范畴，囊括了民生的各方面。

---

* 课题主持人：黄德林，中国农业科学院农业经济与发展研究所；崔永伟，农业农村部规划设计研究院。

（二）国内外的相关理论与测度指标

国内外的相关理论与研究体系，主要体现在 1976 年在日内瓦召开的世界就业大会和 1983 年佩鲁（Francois Perroux）的社会发展观、联合国社会发展研究所提出的社会指标体系、经济合作与发展组织的社会指标体系、印度社会指标体系、美国社会指标体系、德国社会指标体系、英国新经济基金会提出的国内发展指数指标体系（MDP）、欧洲社会质量研究基金会社会质量指标体系、中国社会统计指标体系。在社会发展综合评价指数方面，则有物质生活质量指数、社会进步指数、人类发展指数（HDI）、可持续经济福利指数（ISEW）、真实发展指数（GPI）、ASHA 指数等。

（三）我国的发展实践

党的十一届三中全会以来，在改革开放政策的推动下，城乡发展政策发生了重大变化，形成了对外开放和对内改革的基本发展理念。农村发展政策也随之进行了战略改变，先后对农村发展，提出了小康社会、社会主义新农村建设、城乡统筹、乡村振兴战略等发展目标。

针对农村经济社会发展，农业经济学家、政府工作人员齐心协力，在每次重大农村改革之际，采用综合指数方法测度政策导向及其意涵，成为政策分析的主要方法。研究每一时期农村发展的测度指标，对于全面精准研究我国农村社会事业监测指标体系具有重要的理论和现实意义。

二、农村社会事业发展水平及监测评价指标体系研究

（一）小康社会评价指标体系的监测与评价

1992 年，国家统计局联合其他部门制定的《全国农村小康生活水平的基本标准》中，在收入分配、物质生活、精神生活、人口素质的小康社会主基调条件下，加入了生活环境、社会保障与社会安全、社会事业相关的指标体系。特别是安全卫生水普及率，开创农村社会事业涵盖内容的先河。浙江大学卡特中心课题组设置的农村全面小康评价指标体系考虑了社会进步的农村社会事业内容，如农村居民养老保险覆盖率、农村合作医疗覆盖率。与当时社会经济发展水平而言，这已经是在农村小康社会中考虑到社会公平因素了。由中国农业科学院农业经济与发展研究所和四川农业大学四川省农村发展研究中心组成的中国农村全面小康社会评价课题组，2005 年 11 月在综合上述研究成果后，认

为全面建设小康不仅仅局限在经济领域，还包括政治、文化等方面，是社会的全面进步。

（二）社会主义新农村建设评价指标体系的监测与评价

李立清和李明贤建立的指标体系强调了已通公路行政村比重、村级道路硬化率、村民使用自来水比重、义务教育普及率、新型合作医疗保险参保率、养老保险覆盖率、享受社会五保人口比重、贫困人口脱贫人数、村民文化活动室建设达标率、农村健康文化艺术团队建设个数、村级垃圾站建设、农民家庭卫生厕所普及率、村内公共厕所建设、建设规划率等指标。张磊构建的社会主义新农村建设指标体系提出了农村社会保障覆盖率的概念，并设立二级指标体系为农村合作医疗覆盖率、农村养老覆盖率、农民最低生活保障率。高明秀建立的社会主义新新村指标评价体系，出现了卫生自来水普及率、新型农村合作医疗覆盖率、农村养老保险覆盖率、村内道路硬化率、排水设施覆盖率、卫生厕所比例、清洁能源普及率、垃圾集中处理率、交通路网密度、通村公路硬化率等农村社会事业指标体系。

（三）城乡统筹评价指标体系的监测与评价

张宏宇认为城乡统筹应该考虑到农村公共品的供给、资源的有效利用、工业化农业化和城市现代化之间的关系，以及劳动力流动与产业转移之间的关系，站在政策性高度对城乡统筹进行理论性的分析，农村社会事业成为农村发展的重要方面。陈鸿彬提出城乡统筹发展定量评价指标体系，城乡社会统筹发展、城乡人民生活统筹发展、城乡环境设施统筹发展对研究农村社会事业具有指导意义。邓玲和王彬彬构建了 5 个一级指标 36 个二级指标组成的评价指标体系，对成都市温江区统筹城乡发展进行初步评价，其中，除统筹城乡社会事业、统筹城乡生活品质、统筹城乡人口资源环境外，还有一个推进“三个集中”建设，彰显农村社会事业的地方特色。

（四）乡村振兴评价指标体系的监测与评价

2017 年 10 月 18 日，习近平总书记在十九大报告中指出，实施乡村振兴战略。2018 年 9 月 26 日，中共中央、国务院印发了《乡村振兴战略规划（2018—2022 年）》，乡村振兴规划重点落实“生态宜居、乡风文明、治理有效、生活富裕”24 字方针，涵盖农村社会事业的基本内容。

（五）农村社会事业发展及其监测评价指标体系研究

李彬与田皓根据我国社会事业的基本情况和发展现状，建立了社会事业发展评价指标体系，强调要以人为本，从人口状况、教育科技状况、生活水平和质量状况、医疗卫生状况、生态环境质量状况和社会稳定状况等六个方面建立评价体系。王海萍在区域社会发展质量评价与时空分异特征研究中，阐述了社会发展质量问题，并构建了一套测度指标体系，提出了区域社会发展质量评价首先是“人”的发展，其次是“物”的建设，以及政府投入与制度保障，扩展了社会事业涵盖的领域。刘贵芬从教育、医疗卫生、就业和社会保障四个方面构建了基于协同视角下我国区域内社会事业发展差异的指标体系。彭国甫从地方政府公共事业管理的业绩、成本及其内部管理三个维度，构建地方政府公共事业管理绩效评价指标体系。

三、农村社会事业评价及监测指标体系构建

（一）建立评价指标体系的原则

（1）必须能够反映农村社会事业发展水平的典型特征。

（2）选取具有代表性的关键指标。反映某个典型特征的指标可能有多个，应该尽量选择有代表性的关键指标。

（3）指标之间具有相对独立性，避免指标相互重叠和重复评价。

（4）指标之间具有较强相关性，避免指标评价结果相互抵消。

（5）可以获得连续的官方统计数据，避免随机波动。

（6）具有可比性，能够反映发展水平。

（7）注意指标体系的系统性和开放性。不同指标的敏感性（弹性）不同，有些指标是相对惰性的，有些指标是相对活跃的，指标体系要注意它们的平衡。

（8）指标数量不宜过多或过少。指标过多，评价难度大；指标过少，评价不稳定。

（二）农村社会事业发展水平评价指标体系

农村社会事业评价及监测指标体系分为目标层和准则层两大类。目标层测度农村社会事业发展水平，准则层分为测度农村社会事业发展的一级指标和二级指标体系。

一级指标体系设八组指标，分别是农村教育事业发展、农村文化事业发展、农村生态环境事业、农村卫生事业、农村体育事业、农村社会保障事业、农村残疾人事业和农村妇女儿童事业。

二级指标体系 45 项，如表 1。

表 1　农村社会事业评价及监测标体系

目标层	准则层	指标层
农村社会事业监测评价指标体系	农村教育事业发展	农村学前教育覆盖率
		特殊教育覆盖率
		农村义务教育覆盖率
		农村高中教育覆盖率
		高等教育覆盖率
		农村成人教育覆盖率
	农村文化事业发展	农村文化事业费用占 GDP 的比重
		文教娱乐支出占农村居民总消费
		农村网络及广播电视普及率
		乡（镇）文化馆的数量占比
		农村文化市场规模营业总收入（万元）占比
		乡（镇）组织文化活动占全国的比重
	农村生态环境事业	森林覆盖率
		生态文明指数（ECI2014）
		绿色生态文明指数（GECI2014）
		农村改水累计收益率
		亩均化肥使用量
		废旧农膜的回收率
		污水处理率
		卫生厕所普及率
		全国农村节能环保支出占比
		乡镇企业占全国“三废”排放总量的比重
	农村卫生事业	农村医院病床使用率
		农村居民参加城乡居民基本医疗保险比例
		参加城乡居民基本医疗保险农户补偿收益比例
		卫生厕所普及率（%）
		无害化卫生厕所普及率（%）
	农村体育事业	教育文化娱乐消费支出占农村居民生活消费支出的比重
		乡（镇）村的体育场占全国体育场地总数的比重
		全国新增农民体育健身工程面积（万平方米）占全国新增场地面积比重

（续）

目标层	准则层	指标层
农村社会事业监测评价指标体系	农村社会保障事业	城镇基本养老保险的基金支出与新型农村合作医疗的基金支出之比
		农村每月最低保障支出水平与城市每月最低保障支出水平之比
		农民工参与保险人数所占比重
		贫困发生率（%）
	农村残疾人事业	农村残疾人人均收入
		至少接受过一项康复服务服务比例
		残疾人文盲率
		农村残疾人就业率
		社会救助总人口比重
		残疾人社会福利比重
		农村残疾人扶贫发生率
	农村妇女儿童事业	农村妇女受教育程度
		农村妇女就业率
		5 岁以下儿童死亡率（%）
		孕产妇死亡率（1/10 万）

资料来源：中国农科院农业经济与发展研究所，2019。

（三）指标体系的内涵

1. 农村学前教育覆盖率

指标定义：农村学前三年入园儿童占当年应入园全部儿童的比重。

计算公式：学前三年入园儿童/当年应入园全部儿童×100%

该项指标值设定：基本值设为 85%，目标值设为 100%。

2. 特殊教育覆盖率

指标定义：接受九年义务教育的残疾人儿童占当年应入学全部儿童的比重。

计算公式：15 岁以上残疾人文盲人数/15 岁以上残疾人口数×100%

该项指标值设定：基本值设为 60%，目标值设为 100%。

3. 农村义务教育覆盖率

指标定义：农村接受义务教育人数占当年农村应接受义务教育人数的比重。

计算公式：农村接受义务教育人口/当年农村应接受义务教育人口×100%

该项指标值设定：基本值设为 99.8%，目标值设为 100%。

4. 农村高中教育覆盖率

指标定义：农村高中阶段毛入学率指高中阶段（包括普通高中、成人高中、中等职业学校）在校学生总数占15～17岁学龄组人口数的比重。

计算公式：农村高中阶段在校生人数/15～17岁学龄组人口数×100%

该项指标值设定：基本值设为91%，目标值设为100%。

5. 高等教育覆盖率

指标定义：高等教育毛入学率指高等教育在学人数与18～22岁适龄人口之比。适龄人口是指在这个年龄段的人口数。

计算公式：农村高等教育在学人数/农村适龄人口×100%

该项指标值设定：基本值设为50%，目标值设为75%。

6. 农村成人教育覆盖率

指标定义：农村居民接受成人教育的人数占农村总人数的比重。

计算公式：农村居民接受成人教育的人数/农村总人数×100%

该项指标值设定：基本值设为30%，目标值设为65%。

7. 农村文化事业费用占GDP的比重

指标定义：农村文化事业费占当年GDP的比重。

计算公式：农村文化事业费/ GDP×100%

该项指标值设定：基本值设为2%，目标值设为5%。

8. 文教娱乐支出占农村居民总消费

指标定义：在农村居民文教娱乐支出占当年消费总支出的比重。

计算公式：农村居民文教娱乐支出/当年消费总支出×100%

该项指标值设定：基本值设为15%，目标值设为20.6%。

9. 农村网络及广播电视普及率

基本考虑：2013年农村宽带人口普及率仅为6.3%，低于城市12.6个百分点，预计到2020年行政村通宽带比例超过98%。

指标定义：学前三年入园儿童占当年应入园全部儿童的比重。

计算公式：学前三年入园儿童/当年应入园全部儿童×100%

该项指标值设定：基本值设为85%，目标值设为100%。

10. 乡（镇）文化馆的数量占比

指标定义：拥有文化馆的乡（镇）数占全部乡（镇）数的比重。

计算公式：拥有文化馆的乡（镇）数/全部乡（镇）数×100%

该项指标值设定：基本值设为95%，目标值设为100%。

11. 农村文化市场规模营业总收入（万元）占比

指标定义：县以下文化市场规模营业收入占当年全国文化市场规模营业总收入的比重。

计算公式：县以下文化市场规模营业总收入/当年全国文化市场规模营业总收入×100%

该项指标值设定：基本值设为 30%，目标值设为 50%。

12. 乡（镇）组织文化活动占全国的比重

指标定义：乡（镇）组织文化活动占全国组织文化活动的比重。

计算公式：乡（镇）组织文化活动/全国组织文化活动×100%

该项指标值设定：基本值设为 55%，目标值设为 60%。

13. 森林覆盖率

指标定义：森林面积占土地总面积的比率。

计算公式：森林面积/土地总面积×100%

该项指标值设定：基本值设为 23%，目标值设为 30%。

14. 生态文明指数（ECI2014）

指标定义：以全国地级市及以上城市为单元，采用综合加权指数法评估市生态文明指数，以各市生态文明指数平均值计算省和国家生态文明指数。

计算公式：新的生态文明指数包括两部分：生态效率指数（Ecological Efficiency Index，EEI）和环境质量指数（EQI）。将标准化后的 EEI 和 EQI 加权合并，便得到修正后的生态文明指数（ECI）。

该项指标值设定：基本值设为 90%，目标值设为 100%。

15. 绿色生态文明指数（GECI2014）

指标定义：测算全国及分地区绿色发展指数和资源利用指数、环境治理指数、环境质量指数、生态保护指数、增长质量指数、绿色生活指数 6 个分类指数。绿色发展指数由除“公众满意程度”之外的 55 个指标个体指数加权平均计算而成。计算公式：

$$Z = \sum_{i=1}^{N} W_i Y_i (N = 1, 2, \cdots, n)$$

其中，Z 为绿色发展指数，Y_i 为指标的个体指数，N 为指标个数，W_i 为指标 Y_i 的权数。

该项指标值设定：基本值设为 85，目标值设为 100。

16. 农村改水累计收益率

指标定义：政府针对农村由吃不卫生的地下水、河水改为自来水，在缺水的田地上打深水井或引用河水灌溉受益人数占农村总人口数。

计算公式：农村改水受益人数/农村总人口数×100%

该项指标值设定：基本值设为 98%，目标值设为 100%。

17. 亩均化肥使用量

指标定义：平均每亩化肥使用量。

计算公式：化肥使用数量/耕地面积

该项指标值设定：基本值设为4，目标值设为8。

18. 废旧农膜回收率

指标定义：从田间回收的废弃农膜量与农膜用量的比例。

计算公式：从田间回收的废弃农膜量/农膜用量×100%

该项指标值设定：基本值设为50%，目标值设为100%。

19. 污水处理率

计算公式：农村生活污水、工业废水处理量/农村污水排放总量×100%

该项指标值设定：基本值设为50%，目标值设为100%。

20. 卫生厕所普及率

指标定义：建有卫生厕所的农户在全部农户中所占的比重。

计算公式：建有卫生厕所的农户户数/农户总数×100%

该项指标值设定：基本值设为85%左右，目标值设为100%。

21. 全国农村节能环保支出占比

指标定义：农村节能环保支出占当年全国节能环保支出的比重。

计算公式：农村节能环保支出/当年全国节能环保支出×100%

该项指标值设定：基本值设为5%，目标值设为15%。

22. 乡镇企业占全国“三废”排放总量的比重

指标定义：乡镇企业占全国“三废”排放总量的比重。

计算公式：乡镇企业“三废”排放量/当年全国“三废”排放总量×100%

该项指标值设定：基本值设为7.2%，目标值设为10%。

23. 农村医院病床使用率

指标定义：实际占用总床日数占实际开放总床日数的比重。

计算公式：实际占用总床日数/实际开放总床日数×100%

该项指标值设定：基本值设为80%，目标值设为100%。

24. 农村居民参加城乡居民基本医疗保险比例

指标定义：农村居民参加城乡居民基本医疗保险人口数占农村人口总数的比重。

计算公式：农村居民参加城乡居民基本医疗保险人口数/农村人口总数×100%

该项指标值设定：基本值设为99%，目标值设为100%。

25. 参加城乡居民基本医疗保险农户补偿收益比重

指标定义：参加城乡居民基本医疗保险的农村居民获得的医疗补偿占医疗

支出总额的比重。

计算公式：补偿受益人次（亿人次）/参加新型农村合作医疗人数（亿人）×100%

该项指标值设定：基本值设为15%，目标值设为60%。

26. 卫生厕所普及率（%）

指标定义：修建有卫生厕所的农户占当年全部农户的比重。

计算公式：修建有卫生厕所的农户数量/当年农户总数×100%

该项指标值设定：基本值设为85%左右，目标值设为100%。

27. 无害化卫生厕所普及率（%）

指标定义：符合卫生厕所的基本要求，具有粪便无害化处理设施、按规范进行使用管理的厕所的农户数占当年农户总数的比重。

计算公式：符合卫生厕所的农户数/当年农户总数×100%

该项指标值设定：基本值设为70%，目标值设为100%。

28. 教育文化娱乐消费支出占农村居民生活消费支出的比重

指标定义：用于衡量农户日常生活中教育文化娱乐等方面的消费支出。

计算公式：农村居民人均教育文化娱乐支出/农村居民人均支出×100%

该项指标值设定：基本值设为15%，目标值设为20%。

29. 乡（镇）村的体育场占全国体育场地总数的比重

指标定义：乡（镇）村体育场数量占当年全国体育场地总数的比重。

计算公式：乡（镇）村体育场数量/当年全国体育场地总数×100%

该项指标值设定：基本值设为30%，目标值设为50%。

30. 全国新增农民体育健身工程面积（万平方米）占全国新增场地面积比重

指标定义：新增农民体育健身工程面积占全国新增场地面积的比重。

计算公式：新增农民体育健身工程面积/当年全国新增场地面积×100%

该项指标值设定：基本值设为32%，目标值设为50%。

31. 城镇基本养老保险的基金支出与新型农村合作医疗的基金支出之比

指标定义：城镇基本养老保险的基金支出与当年新型农村合作医疗的基金支出的比例。

计算公式：城镇基本养老保险基金支出/当年新型农村合作医疗基金支出×100%

该项指标值设定：基本值设为30%，目标值设为50%。

32. 农村每月最低保障支出水平与城市每月最低保障支出水平之比

指标定义：农村每月最低保障支出占当年城市每月最低保障支出的比重。

计算公式：农村每月最低保障支出/当年城市每月最低保障支出×100%

该项指标值设定：基本值设为15，目标值设为50。

33. 农民工参与保险人数所占比重

指标定义：农民工人数中参与养老保险、工伤保险、医疗保险、失业保险、生育保险总人数占当年农民工总人数的比重。

计算公式：农民工人数中参与养老保险、工伤保险、医疗保险、失业保险、生育保险总人数/当年农民工总人数×100%

该项指标值设定：基本值设为50%，目标值设为100%。

34. 贫困发生率（%）

指标定义：农村贫困人口数占当年农村人口数的比重。

计算公式：农村贫困人数/当年农村统计人数×100%

该项指标值设定：基本值设为0.1%，目标值设为0。

35. 农村残疾人人均收入

指标定义：按农村残疾人口平均的纯收入。

计算公式：农民残疾人均纯收入＝农村残疾人家庭总收入—家庭经营费用支出—生产性固定资产折旧—税金和上交承包费用—调查补贴

该项指标值设定：基本值设为13 432元，目标值设为14 617元。

36. 至少接受过一项康复服务比重

指标定义：至少接受过一项康复服务的农村残疾人数占农村残疾人口总数。

计算公式：至少接受过一项康复服务的农村残疾人数/农村残疾人口总数×100%

该项指标值设定：基本值设为85%，目标值设为100%。

37. 残疾人文盲率

指标定义：农村残疾人文盲人口数占当年残疾人口总数的比重。

计算公式：农村残疾人文盲人口数/当年农村残疾人口总数×100%

该项指标值设定：基本值设为10%，目标值设为3%。

38. 农村残疾人就业率

指标定义：农村残疾人就业人数占当年农村残疾人总数的比重。

计算公式：农村残疾人就业人数/当年农村残疾人总数×100%

该项指标值设定：基本值设为85%，目标值设为100%。

39. 社会救助总人口比重

指标定义：农村获得社会救助人数占当年农村总人口数的比重。

计算公式：农村获得社会救助人数/当年农村总人口数×100%

该项指标值设定：基本值设为10%，目标值设为15%。

40. 残疾人社会福利比重

指标定义：获得困难残疾人生活补贴制度和重度残疾人护理补贴的残疾人

在目标人群中的覆盖率。

计算公式：困难残疾人/目标人数×100%

该项指标值设定：基本值设为 95%，目标值设为 100%。

41. 农村残疾人扶贫发生率

指标定义：农村残疾贫困人口占当年农村残疾贫困总人口的比重。

计算公式：农村残疾贫困人口/当年农村残疾贫困总人口×100%

该项指标值设定：基本值设为 4%，目标值设为 1%。

42. 农村妇女受教育程度

指标定义：农村妇女每个人受教育的年限之和与农村妇女人口总数之比。

计算公式：农村妇女每个人受教育的年限之和/农村妇女人口总数

该项指标值设定：基本值设为 11%，目标值设为 12%。

43. 农村妇女就业率

指标定义：农村妇女就业人数占当年农村妇女总人数的比重。

计算公式：农村妇女就业人数/当年农村妇女总人数×100%

该项指标值设定：基本值设为 70%，目标值设为 100%。

44. 5 岁以下儿童死亡率

指标定义：5 岁以下儿童死亡人数占当年 5 岁以下儿童总数的比重。

计算公式：5 岁以下儿童死亡人数/当年 5 岁以下儿童总数×100%

该项指标值设定：基本值设为 1.3%，目标值设为 0.58%。

45. 孕产妇死亡率（1/10 万）

指标定义：孕产妇死亡人数占当年孕产妇总人数的比重。

计算公式：孕产妇死亡人数/当年孕产妇总人数×100%

该项指标值设定：基本值设为 10/10 万，目标值设为 5/10 万。

基于对上述指标值的描述，设置了农村社会事业监测评价指标体系的当年值、基本值和标准值。见表 2。

表 2　农村社会事业监测评价指标体系

目标层	一级指标	二级指标	单位	当年值	基本值	标准值
农村社会事业监测评价指标体系	农村教育事业发展	农村学前教育覆盖率	%	75	85	100
		特殊教育覆盖率	%	13.25	60	100
		农村义务教育覆盖率	%	99.5	99.8	100
		农村高中教育覆盖率	%	88.85	91	100
		高等教育覆盖率	%	48.1	50	75
		农村成人教育覆盖率	%	0.09	30	65

（续）

目标层	一级指标	二级指标	单位	当年值	基本值	标准值
农村社会事业监测评价指标体系	农村文化事业发展	农村文化事业费用占 GDP 的比重	%	0.05	2	5
		文教娱乐支出占农村居民总消费	%	10.51	15	20.6
		农村网络及广播电视普及率	%	74.31	85	100
		乡（镇）文化馆的数量占比	%	92.52	95	100
		农村文化市场规模营业总收入（万元）占比	%	4.9	30	50
		乡（镇）组织文化活动占全国的比重	%	53.54	55	60
	农村生态环境事业	森林覆盖率	%	21.36	23	30
		生态文明指数（ECI2014）		82.14	90	100
		绿色生态文明指数（GECI2014）		69.17	85	100
		农村改水累计收益率	%	95.8	98	100
		亩均化肥使用量	千克	21.9	4	8
		废旧农膜的回收率	%	15	50	100
		污水处理率	%	10	50	100
		卫生厕所普及率	%	60	85	100
		全国农村节能环保支出占比	%	0.000 6	5	15
		乡镇企业占全国“三废”排放总量的比重	%	59	7.2	10
	农村卫生事业	农村医院病床使用率	%	59.9	80	100
		农村居民参加城乡居民基本医疗保险比例	%	98.8	99	100
		参加城乡居民基本医疗保险农户补偿收益比例	%	2.47	15	60
		卫生厕所普及率	%	60	85	100
		无害化卫生厕所普及率	%	57.5	70	100
	农村体育事业	教育文化娱乐消费支出占农村居民生活消费支出的比重	%	10.51	15	20
		乡（镇）村的体育场占全国体育场地总数的比重	%	7.82	30	50
		全国新增农民体育健身工程面积（万平方米）占全国新增场地面积比重	%	0.7	32	50
	农村社会保障事业	城镇基本养老保险的基金支出与城乡居民基本医疗保险的基金支出之比	%	3.17	30	50
		农村每月最低保障支出水平与城市每月最低保障支出水平之比	%	2.01	15	50
		农民工参与保险人数所占比重	%	16.24	50	100
		贫困发生率	%	5.7	0.1	0

（续）

目标层	一级指标	二级指标	单位	当年值	基本值	标准值
农村社会事业监测评价指标体系	农村残疾人事业	农村残疾人人均收入		7 829.9	13 432	14 617
		至少接受过一项康复服务服务比例	%	58.3	85	100
		残疾人文盲率	%	19.07	10	3
		农村残疾人就业率	%	78.86	85	100
		社会救助总人口比重	%	53.32	30	15
		残疾人社会福利比重	%	46.96	99.8	100
		农村残疾人扶贫发生率	%	8	4	1
	农村妇女儿童事业	农村妇女受教育程度	%	18.2	11	12
		农村妇女就业率	%	42.9	70	100
		5 岁以下儿童死亡率	%	12.9	1.3	0.58
		孕产妇死亡率	1/10 万	20.2	10	5

资料来源：中国农科院农业经济与发展研究所，2019。

四、小结

农村社会事业监测评价指标体系，重点在于“监测”二字，就是要实现惠及十几亿人口的更高水平、更全面的和更均衡的农村社会，实现乡村振兴；不仅是提高人民的物质生活水平，而且要提高人民的文化、教育和精神生活水平。只有实现这样的目标，国家才能真正走向繁荣富强。因此，对农村社会事业进程实行监测或量化时，不仅要包括反映人民物质生活水平提高的统计指标和临界值，而且还应包括全面反映精神文明和政治文明发展进程的指标。所以，建立一套能够反映农村社会事业的新内涵，能检测农村社会事业实现程度的指标体系具有重要意义。

参 考 文 献

[1] 中国农业科学院农业经济与发展研究所，四川农业大学四川省农村发展研究中心．中国农业现代化建设与发展水平研究报告［R］．世界银行第四期技术合作贷款项目国家农业政策分析与决策支持系统．2005 年 11 月．

[2] 四川农业大学四川省农村发展研究中心，中国农业科学院农业经济与发展研究所．中国农村全面小康社会评价［R］．世界银行第四期技术合作贷款项目，国家农业政策分析平台与决策支持系统，开放实验室项目子项目．2005 年 11 月．

[3] 洪大用．关于加快社会事业发展若干问题的思考［J］．教学与研究，2006（12）：

图书在版编目（CIP）数据

农村社会事业研究．2019 / 农业农村部农村社会事业促进司编．—北京：中国农业出版社，2020.5
ISBN 978-7-109-26796-1

Ⅰ. ①农… Ⅱ. ①农… Ⅲ. ①农村—社会事业—研究报告—中国—2019 Ⅳ. ①C916

中国版本图书馆 CIP 数据核字（2020）第 068950 号

农村社会事业研究 2019
NONGCUN SHEHUI SHIYE YANJIU 2019

中国农业出版社出版
地址：北京市朝阳区麦子店街 18 号楼
邮编：100125
责任编辑：赵　刚
版式设计：史鑫宇　　责任校对：吴丽婷
封面设计：关晓迪
印刷：北京通州皇家印刷厂
版次：2020 年 5 月第 1 版
印次：2020 年 5 月北京第 1 次印刷
发行：新华书店北京发行所
开本：700mm×1000mm　1/16
印张：14.5
字数：270 千字
定价：58.00 元

5－11.

[4] 周黎鸿，聂碧芳．农村社会事业发展与民生改善问题研究［J］．改革与战略，2009（10）：81－83，116.

[5] 李立清，李明贤．社会主义新农村建设评价体系研究［J］．经济学家，2007（1）：45－50.

[6] 赵强社．城乡基本公共服务均等化制度创新研究［D］．杨凌：西北农林科技大学，2012.

[7] 李彬，田皓．社会事业评价指标体系的建立及应用［J］．统计与决策，2005（15）：58－60.

[8] 刘贵芬．我国区域内社会事业协同发展评价指标体系构建研究［D］．长沙：湖南大学，2014.

[9] 彭国甫．地方政府公共事业管理绩效模糊综合评价模型及实证分析［J］．数量经济技术经济研究，2005（11）：129－136.

[10] 萧鸣政，张博．中西方国家治理评价指标体系的分析与比较［J］．行政论坛，2017（1）：19－24.

[11] 王雅芹，王震．城乡统筹视域下农村社会事业发展的基本路径——以河北唐山为例［J］．农业经济，2013（5）：9－11.

[12] 段庆林．中国农村社会保障的制度变迁（1949—1999）［J］．宁夏社会科学，2001（1）：22－30.

[13] 张宏宇．基于城乡统筹视角的农村城镇化利弊分析及建议——以江苏省徐州沛县任庄村为例［J］．法制博览，2015（36）：144－145.

[14] 陈鸿彬．城乡统筹发展定量评价指标体系的构建［J］．地域研究与开发，2007（2）：62－65.

[15] 邓玲，王彬彬．统筹城乡发展评价指标体系研究——基于成都市温江区的实证应用［J］．西南民族大学学报（人文社科版），2008（4）：80－84.

[16] 李彬，田皓．社会事业评价指标体系的建立及应用［J］．统计与决策，2005（15）：58－60.

[17] 郭平，刘贵芬．基于协同视角下我国区域内社会事业发展差异的衡量——以三大区域内有代表性的省份为例［J］．湖湘论坛，2014（1）：58－63.